KB202904

천국을 눈으로 보며 누리는비밀

강요셉 지음

예수님은 천국의 비밀을 확실하게 알기를 원하신다.
크리스천은 생명이 있을 때 천국을 누려야 한다.

예수님은 이 땅에 천국을 건설하시려고 친히오셨다.
이 세상은 한시적인 천국이고 영원한 천국이 있다.

하나님은 이 땅에 천국이 이뤄지기 소원하신다.

성령

천국을
눈으로 보며
누리는 비밀

성령

들어가는 말

천국에 대하여 모든 크리스천들이 관심이 많습니다. 어떤 목회자는 예수님이 재림할 때 천국이 임한다고 말하기도 합니다. 어떤 목회자는 믿음 생활을 하다가 이 세상을 떠나면 천국에 들어간다고 말하기도 합니다. 교계에서는 천국에 대한 여러 가지 의견이 분분합니다. 좌우지간 천국에 관심이 많은 것은 사실입니다. 그래서 기도하다가 천국을 보았다는 성도들이 간증을 하는 것을 부러워하기도 합니다. 천국의 간증에 대한 책들도 많은 것이 사실입니다. 천국에 가서 상급과 면류관을 받겠다고 열심히 봉사하고, 전도하기도 합니다. 사람은 영적인 존재이기 때문에 영원을 사모하는 것입니다. 천국에 대한 관심이 많은 만큼 진리를 정확하게 알고 믿어야 되고, 천국을 누려야 합니다.

예수님은 분명하게 현실 세계에 천국을 건설하러 오셨습니다. 산상수훈(마4장-10장)에서 이 땅에서 천국생활에 대하여 예언하고 계십니다. 예수님의 말씀대로 해석한다면 천국은 두 가지입니다. 이 땅에서 천국을 누리다가 영원한 천국에 들어가는 것입니다. 예수를 영접하면서 천국이 시작이 되는 것입니다. 예수를 영접하고 유형 교회에 들어가 믿음 생활을 하면서 말씀과 성령으로 육체와 혼에 역사하는 세상 신을 몰아내면서 천국을 누리는 것입니다. 이렇게 끝까지 예수님을 부인하지 않고 천국을 누리며 살다가 예수님이 재림하시거나 이 세상을 떠나 영원한 천국에 들어가는 것입니다. 성도는 이 세상을 하직하는 날이 중요합니다. 이 세상을 떠나면서 예수님을 부인하면 영원한 천국에 들어갈 수가 없습니다.

이 책에는 지금 이 세상에서 천국을 누리는 비결에 대하여 중점적으로 다루었습니다. 생명이 살아 있을 때 천국을 누리는 것이 예수님의 뜻이기 때문입니다. 천국을 누리려면 성령으로 세례를 받아야 합니다. 성령의 인도를 받으면서 천국을 누리는 것입니다. 아무쪼록 이 책을 통하여 천국에 대한 진리를 바르게 알고 적용하시기를 바랍니다. 그래서 이 땅에서 천국을 누리시다가 영원한 천국에 입성하시기를 소원합니다.

주후 2016년 3월 20일
충만한 교회 성전에서
저자 강요셉목사.

세부적인목차

1부 현 세상에 천국을 만드시는 예수님

1장 세상에 천국을 건설하러 오신 예수님

(요 3:16)"하나님이 세상을 이처럼 사랑하사 독생자를 주셨으니 이는 그를 믿는 자마다 멸망하지 않고 영생을 얻게 하려 하심이라"

하나님은 모든 크리스천들이 지금 이 땅에서 천국을 누리기를 원하십니다. 천국은 책의 제목과 같이 비밀을 바르게 알고 사모해야 누린다고 생각합니다. 천국에 대하여 바르게 알지 못하면 교계에 문제를 일으키고 있는 어느 사이비집단 사람들과 같이 사후에 천국에 들어간다고, 천국에 들어가려면 자기 집단에 속해야 되고, 자기 집단의 교주가 말한 대로 열심히 순종해야 된다고 알고 믿어, 교주의 종노릇, 아니 노예생활을 할 수 있기 때문입니다. 분명하게 천국은 어느 집단에 속해야 가는 곳이 아닙니다. 하나님의 뜻(생각)은 예수를 믿는 모든 크리스천들이 성령으로 세례를 받고 성령의 인도를 받으며 지금 이 땅에서 천국을 누리며, 아브라함의 복을 받아 누리며, 하나님의 나라를 건설하다가 이 세상을 떠나 영원한 천국에 입성하는 것입니다. 예수님도 산상수훈(마4-10장)에서 그렇게 말씀하셨습니다.

그런데 많은 크리스천들이 재림예수를 기다리면서 세상을 떠나야 천국을 누리는 것으로 잘못알고 있는 것이 사실입니다. 이 땅에서 천국을 누리는 것은 뒤로하고 죽은 다음에 하늘나라에 가서 상급을 받겠다고 열심히 신앙생활을 합니다. 자신 안에 임재하신 천국에 관심을 갖지 않으니 자연스럽게 현실 세상에서는 여러 가지 환란과 풍파를 당하면서 살아갑니다.

크리스천들은 항상 천국에 대하여 궁금하게 생각합니다. 하지만 정작 천국은 이 세상 일이 아니고 아직 먼 곳에 있는 천국을 이야기하는 경우가 많습니다. 그래서 누가 깊은 임재(입신) 가운데 천국을 갔다가 왔다고 간증하는 것을 부러운 눈초리를 하면서 듣기도 합니다. 필자는 천국은 죽고 난 후에 크리스천들이 들어가 누릴 곳이 아니라, 세상을 살면서 살아가는 지금 이 순간, 예수님께서 크리스천들에게 주신 천국을 찾아야 되고, 천국을 마음껏 누리는 것이라고 생각하고 믿고 있습니다. 예수를 믿고 성령으로 거듭난 크리스천은 이 땅에서 천국을 누리는 권리가 주어진 것입니다. 이 땅에서 천국을 누리다가 사후, 또는 예수님 재림 시에 영원한 천국에 입성하는 것입니다. 하나님의 나라 시민권이 있는 성도들이기 때문입니다.

우리 크리스천들의 사고가 바뀌어야 합니다. 발상과 생각의 전환이 절대적으로 필요합니다. 특별하게 영적인 일은 관심이 중요합니다. 자신이 이 땅에서 천국을 누리는 것에 관심을 갖게 되면 천국을 누릴 수가 있다는 말입니다. 천국에 대한 관심이 사후에 가서 누리는 것으로 알고 있으면 그대로 된다는 말입니다.

예수님은 분명하게 이 땅에 지금 천국을 건설하려고 오셨습니다. 예수님이 십자가에서 이루어 놓으신 천국을 누려야 합니다.

삶에서 예수를 누리지 못하니 항상 주님을 믿으면서도 세상에서 힘들어하는 것, 매일 매순간 우리들은 너무나 시장하고, 갈급하고, 또 그것을 원하지만 정작 갈수록 갈급해지기만 하는데 도대체 원인이 무엇이며, 무엇이 문제인지 모르고 살고 있지 않습니까? 어떻게 하나님과 함께 하면서 우리는 항상 목마르고 갈급한 걸까요? 돈에 목마르고 사랑에 목마르고, 은혜에 목마르고, 명예에 목마르고…. 이 모든 것들은 심령에 계신 하나님과 교통하지 못하기 때문에 생기는 현상입니다. 오로지 하나님만이 우리들의 갈급함을 해결하실 수가 있는데 그분과의 교통이 원활하지 못하기 때문에 자꾸 영에서 신호를 보내는 것입니다.

그런데 영이 활성화되지 못하니 알아차리지를 못하는 것입니다. 자연스럽게 갈급한 것입니다. 지금 세상에는 방황하는 성도들이 많이 있다고 합니다. 방황하는 성도들의 특성이 영적인 갈급함을 채우지 못하여 돌아다니는 것입니다. 이 책에서 중점 주제로 다루고 있는 지금 천국을 누리지 못한 연고입니다. 예수님은 분명하게 지금 천국을 누리기를 소원하십니다. 모든 크리스천들이 지금 천국을 누려야 하나님께서 성도들을 통하여 하나님의 나라를 건설할 수가 있기 때문입니다.

하나님은 빌립보서 2장 13-14절에서 "너희 안에서 행하시는 이는 하나님이시니 자기의 기쁘신 뜻을 위하여 너희에게 소원을 두고 행하게 하시나니, 모든 일을 원망과 시비가 없이 하라" 하나님은 예수를 믿는 자에게 소원을 두고 행하신다는 것입니다. 그러므로 하나님의 부름을 받고 순종하여 예수를 믿었다는 것은 말로 표현할 수 없는 축복입니다.

첫째, 예수님은 이 땅에 천국을 이루시기 위하여 오셨습니다. 예수 그리스도는 만왕의 왕이십니다(계19:16). 그는 이 땅에 하나님 아버지의 보내심을 받고 오셔서 하나님의 나라(천국)에 대해 선포 하셨습니다."…회개하라 천국이 가까이 왔느니라"(마4:17)라고 외치심은 그가 공생애를 시작하시면서 선포하신 말씀이십니다. 천국이 가까왔다는 것은 천국의 주인이 왔으니 그의 속한 자들이 나타나 나라가 임박해했다는 것입니다. 천국이 이루어지기 시작하는 것은 예수님이 성령으로 세례를 받고 40일 동안 주리시면서 마귀에게 시험을 받으시고 천사의 도움을 받으며 시작이 됩니다. 예수님의 공생애의 사역이 천국 복음을 전파하시고, 천국 복음을 가르치시고, 귀신을 몰아내시고, 병을 고치시는 사역이셨습니다(마4:23). 이 사역은 이 땅에서 소망이 끊어진 절망 속에 살아가고 있는 자들에게 사막에서 오아시스가 되는 소망이십니다. 지옥 같은 생활에서 천국의 자유함을 누리는 것입니다. 질병으로 귀신에게 고통당하는 것이 지옥입니다. 이 땅에는 지옥과 천국이 공존하고 있는 것입니다.

모든 크리스천은 이 땅에서 천국을 누리다가 사후에 영원한 천국에 들어가야합니다. 영원한 천국이란 어떤 곳인가? 어떤 제

약도 받지 아니하는 자유롭고 편안한 곳으로서 하나님이 준비하신 사후의 세계로서 예수 믿는 자들이 가는 나라입니다. 성경은 천국에 대하여 "모든 눈물을 그 눈에서 닦아 주시니 다시는 사망이 없고 애통하는 것이나 곡하는 것이나 아픈 것이 다시 있지 아니하리니 처음 것들이 다 지나갔음 이러라"(계21:4)라고 가르쳐 주셨습니다. 이곳은 이 땅에서 천국을 누리는 성도들이 들어가는 곳입니다. 이 땅에서 천국을 누리려면 이 천국을 얻어야 합니다. 곧, 이 천국을 소유해야 합니다. 하나님이 통치하는 하나님의 나라인 이 천국을 누가, 어떻게 소유할 수 있을까요? 이에 대하여 오늘 만왕의 왕 되신 예수 그리스도께서 잘 가르쳐 주시고 있습니다. 그는 말씀하시기를 "심령이 가난한 자는 복이 있는 자로서 천국이 그들의 것이라"(마5:3)고 가르쳐 주셨습니다.

심령이란 육체의 상대적 개념으로서(고전7:34), 영적인 상태를 가르치고 있습니다. 여기에서 '가난한 자'란 영적인 가난을 자각한 사람들이며(눅18:13), 신앙적으로 겸손한 자를 말합니다. 가난한 자들은 자신들의 무능함을 인하여 하나님을 전적으로 의지하지 않을 수 없음을 가르칩니다. 가난한 자는 자신의 필요를 갈구합니다. 사람은 영혼과 육체로 만들어져 있기에 영혼과 육체의 먹을 양식이 각각 다릅니다. 영혼은 하나님의 입에서 나왔기에 하나님의 입에서 나온 말씀을 먹어야하고, 육체는 흙에서 나왔기에 흙에서 나온 식물을 먹어야 합니다. 그러므로 예수님은 우리를 만드시고, 우리의 폐부를 잘 아시기에 우리 인간에게 먹을 양식에 대해 잘 가르쳐 주셨습니다(마4:4). 우리는 속사람 곧 우리의 영혼에게 양식을 공급해야 합니다. 그 양식은 하나님 말씀이요 생명의 양식인 예수 그리스도이십니다. 그러기에 주님은 우리에게 말씀하시기를 "나는 하늘로서 내려온 산 떡이니 사람이 이 떡을 먹으면 영생하리라 나의 줄 떡은 곧 세상의 생명을 위한 내 살이로라 하시니라"(요6:51), "내 살은 참된 양식이요 내 피는 참된 음료로다"(요6:55) 하셨습니다.

그러므로 우리는 천국을 얻기 위해 반드시 예수를 갈망하는 심령이 가난해야 합니다. 영적으로 갈급해야 한다는 말이기도 합니다. 천국을 얻어 지금 살아서 천국을 누려야 합니다. 천국을 누리는데 있어 우리는 꼭 죽은 후에 가서만 누리는 것이 아니라, 이 땅에서도 누려야 합니다. 그럼 천국은 이 땅에서도 있다는 말입니까? 그렇습니다. 천국은 이 땅에서도 있습니다.

천국에는 크게 두 종류가 있습니다. 하나는 영원한 천국이요, 다른 하나는 한 시적인 천국입니다. 영원한 천국은 우리가 예수 믿고 사후에 가서 영생복락을 누리는 곳으로서 우리 주님께서 먼저 가셔서 준비하신 곳이요(요14:2,3), 다른 하나는 이 땅에 있는 천국으로서 하나님의 통치 권 아래 있는 모든 곳입니다. 즉 가정에도 이웃에도 하나님의 영양권 아래 있어 하나님의 통치를 받는 자라면 그 속에 천국이 있습니다(눅17:20). 바리새인들이 예수께 "하나님의 나라가 어느 때에 임하나이까"라고 물으실 때 예수님은 대답하셨습니다. "하나님의 나라는 볼 수 있게 임하는 것이 아니요. 또 여기 있다 저기 있다고도 못하리니 하나님의 나라는 너희 안에 있느니라"(눅17:20,21). 그러므로 우리는 이 땅에서도 우리 안에 있는 천국을 누려야 합니다. 지금 자신 안에 있는 천국을 누려야 영원한 천국에 입성할 수가 있습니다. 그러므로 지금 천국을 누리는 것이 중요합니다. 오늘날 믿는 자들 중에 자기 안에 있는 천국을 누리지 못하기에 기쁨과 감사를 상실한 채 절망에 빠져 스스로 목숨을 끊는 자들이 빈번하게 일어나고 있습니다. 이 땅에서 천국을 누리기 위하여 교회와 목회자가 굉장히 중요합니다. 목회자는 유형교회에서 크리스천들이 주님이 위임한 권위를 사용하여 이 땅에서 세상 신을 몰아내고 천국을 만들 수 있도록 가르치고 훈련해야 합니다. 성도는 주님의 권위를 사용할 수 있어야 합니다. 성도는 목회자를 잘 만나야 살아서 천국을 누릴 수가 있습니다.

둘째, 포로 된 자에게 자유를 전하기 위해서 왔다고 말씀하신 것입니다. 예수님께서 포로 된 자에게 자유를 주겠다는 것은 정치적인 노예해방이 아니라, 영적인 정신적인 차원에서의 해방이었던 것입니다. 그리스도의 생애를 통해서 볼 때 예수님은 악마의 포로에서 죄악의 묶임에서 절망의 포로에서 해방시키는 영적인 정신적인 개인의 자아 생애 속에서의 위대한 자유와 해방을 가져온 것입니다. 예수님의 생애를 통해서 볼 때 주님은 가는 곳마다 악마에게 묶인 자를 놓아주셨습니다. 더구나 거라사인의 이 영적이고 정신병 들린 사람을 보십시오. 그는 부모와 처자를 버리고 뛰쳐나와서 정신이 귀신에게 사로 잡혀서 무덤에서 벌거벗고 돌로서 자기 몸에 상처를 입히며 주야로 고함치며 지냈습니다. 아무도 이 사람을 도와줄 수 없었으나 예수께서 건너가서 이 거라사인을 한마디 말씀으로 군대 귀신에게서 놓아주시고 정신이 올바르게 돌아오게 하시어, 부모와 처자에게로 돌아 갈 수 있게 만들어 주셨습니다. 오늘날도 예수님께서 우리 가운데 포로 된 자에게 자유를 준다는 것은 이와 같은 악마의 포로에서 해방시켜주시는 일을 합니다.

우리는 수없이 많은 양심의 죄 사회 도덕적인 죄 하나님에 대한 죄악으로 말미암아 고통당하고 있는 것입니다. 이 죄책에서 우리가 어떠한 종교를 가지나, 선한 행동을 하나 적선을 하나, 이것으로서 우리 마음의 고통을 해방시켜 줄자가 없는 것입니다. 오직 예수님께서 오셔서 우리의 죄를 그 일생에 짊어지시고 십자가에 올라가셔서 죄 없는 자로서 다 청산하여 주셔서 과거와 현재와 미래의 죄를 청산하심으로 예수님 안에서 죄책에서 해방을 얻을 수가 있는 것입니다. 바로 이와 같은 죄에서 놓여나서 하나님 앞에 부끄럼 없이 설 수 있는 사람으로 만드는 이와 같은 자유를 주님께서 선호하여 주신 것입니다. 이 세상에 살면서 수많은 절망이 우리에게 다가옵니다. 우리는 생활 속에서 실망하고 절망할 때가 얼마나 많습니까? 사람은 절망에서 일어나지 못할 때가 많습니다. 이럴 때 예수님께서 오신 것은 우리를 절망에서 해방시켜 주시는 것입니다. 그리스도의 품안에서 이 땅이 아닌 영원한 삶을 약속하시고, 하나님 아버지의 세계로 우리를 허락해 주십니다. 나아가서 그리스도를 의지하고 내어 맡길 때 하나님을 사랑하는 자 그 뜻대로 부르심을 입은 자들에게 모든 것이 합력하여 선을 이룬다는 약속을 주셨습니다. 끈기 있게 우리는 인내를 가지고서 시간의 여유를 가지고 주님의 도우심을 기대할 수 있는 소망을 우리에게 주시는 것입니다.

이래서 주님께서 우리에게 말씀한 것은 정치적인 그리고 사회적인 노예 해방을 말하는 것이 아니라, 영적인 자유와 악마에서의 해방, 죄악에서의 해방, 절망의 포로에서 해방시키는 일을 주께서 하셨습니다. 지금도 성령으로 말미암아 주님께서 우리 가운데 이러한 기적을 베풀어주시고 계신 것입니다. 주님은 악마에게 눌린 자들을 해방시켜서 천국을 누리도록 일하신 것입니다. 주님은 이 일을 믿는 우리에게 위임하셨습니다. 모든 믿는 성도가 주님이 하셨던 일을 해야 합니다. 그래서 성도는 교회에서 목회자에게 권위를 사용하여 악마에게 눌린 자들을 해방시키는 영성훈련을 받아야합니다. 권위를 사용해야 천국을 누립니다.

셋째, 눈먼 자에게 다시 보게 함을 전하겠다고 말씀하신 것입니다. 예수님이 말씀한 것은 실제로 눈먼 자를 주님께서 안수해서 고쳐주셨습니다. 영적인 눈을 열어주셨습니다. 태어날 때부터 장님 된 사람을 안수해서 주님께서 흙을 눈에 발라주시고 실로암에 가서 씻으라고 하셔서 실로암에 가서 눈을 씻으매 눈이 밝아졌습니다. 육신의 눈은 아무리 떠서 밝히 본다고 하더라도 인간이 살면 칠십이요, 강건하면 팔십을 살다가 눈이 가는 것입니다. 사람이란 나이를 먹으면 눈이 나빠지고, 또 이 세상에서 죽으면 눈이 없어지는 것입니다. 우리에게 가장 중요한 눈이란 영적인 눈을 말한 것입니다. 이 세상에 태어나서 어디에서 와서 무엇 때문에 살며, 어디로 가는지를 보지 못하는 그런 육신의 정욕과 안목의 정욕과 이 세상의 자랑밖에 보지 못하는 그런 눈…. 물질의 썩을 것 밖에 보지 못하는 그런 눈을 가진 이것이 절망이라는 것입니다. 분명히 자기가 가는 길이 영원한 멸망의 언덕길을 건너서 벼랑으로 떨어지는데도 불구하고 그것이 있는 줄도 모르고 히히 낙낙하고 웃으며 춤추며, 가다가 영원한 멸망으로 떨어지는 이것이 인간에게 다가오는 가장 무섭고 처절한 절망인 것입니다.

그런데 예수님께서 오셔서 하신 말씀은 이 영의 눈을 뜨여 주므로 말미암아 이 멸망할 세상에서 새 하늘과 새 땅과 새 예루살렘과 영원한 새로운 역사를 창조하신 그 하나님께로 나아갈 수 있는 길을 보고 믿고, 구원을 받게 하는 일을 해주시겠다고 약속을 해주신 것입니다. 사람이 천년을 살더라도 자기 영혼을 잃어버리면 무슨 소용이 있겠습니까! 사람이 한번 나서 죽는 것은 정한 이치요, 죽고 난 다음에는 심판이 있습니다. 영웅호걸이라도 죽음을 피할 수는 없습니다. 여기에서 우리 주 예수께서 오시어서 우리의 영적인 눈을 뜨여주시고, 비로소 우리 인생은 하루살이 같은 존재요. 이 세상의 삶 전체가 행인과 나그네와 같지만, 예수님의 은혜로 천국을 누리면서 살다가 때가 이르면 반드시 영원한 천국에 들어가 하나님 앞에 심판을 받게 되어 있다는 사실을 깨닫게 하셨습니다. 주님께서 이 멸망의 길을 피해서 영원한 하나님이 예비한 세계로 들어가도록 인도해 주시는 것을 보여 주시는 것입니다. 바로 주께서 우리 가운데 와서 하는 역사가 영원한 세계를 천국을 보게 하는 역사인 것입니다.

넷째, 눌린 자를 자유하게 하시겠다고 했습니다. 어떤 사람들은 이것을 문자 그대로 해석해서 "정치적인 압제 하에서 경제적인 압제 하에서 종교적인 압제 하에서 주님이 자유운동을 시킨다. 그러므로 우리가 결사대 조직을 짜서 데모를 하고 폭동을 일으키고, 그리고 힘의 폭력이라도 써서 눌린 자를 자유하게 하는 것이 하나님의 뜻이다." 이렇게 말하는 사람이 있는데…. 성경말씀은 그렇게 인간의 철학으로 간단히 해석해서는 안 됩니다. 예수님의 말씀은 예수님의 행적을 통해서 실제로 증명을 해야 되는 것입니다. 예수께서 눌린 자를 자유하게 한다고 해서 로마의 압제 하에 있는 이스라엘 백성들을 해방시키기 위해서 독립군을 일으킨 적도 없고, 사회 폭동을 일으킨 적도 없고, 밀란을 일으킨 적도 없습니다. 예수님께서는 사회적인 압제 하에 있는 사람들을 놓아주기 위해서 어떤 공산주의 사회를 형성한 적도 없습니다. 예수께서 눌린 자를 자유하게 한다고 하시면서 정치적인 압제와 사회적인 압제에 있는 사람들을 실제적으로 사회제도적으로 주께서 놓아주는 그러한 일을 한 적은 없습니다.

그럼 예수님께서 거짓말을 하셨을까요? 예수님께서 놓아준 것은 정치적, 사회적으로 눌린 자를 놓아준 것이 아니라, 마귀에게 눌린 자를 놓아주신 것입니다. 사도행전 10:38절에 "하나님이 나사렛 예수에게 성령과 능력을 기름 붓듯 하셨으매 저가 두루 다니시며 착한 일을 행하시고 마귀에게 눌린 모든 자를 고치셨으니 이는 하나님이 함께 하셨음이라"고 말씀하고 있는 것입니다. 이러므로 예수께서 그의 생애 속에 정치적, 사회적인 압제에 놓인 것을 사회제도적으로 놓아준 적은 없지마는 주께서 마귀와 귀신에게 눌린 자를 가는 곳마다 놓아주신 것입니다. 이러므로 예수님의 발길과 손길이 가는 곳에 병이 물러가고 귀신이 떠나가고, 귀신에게 눌린 자에게 절망에 처한 자들이 해방을 얻어 천국을 누리게 된 것입니다.

오늘날도 예수님이 하시는 일은 이러한 영적인 사역을 하시는 것이지, 주님께서 정치적인 사회적인 차원에서 의미적인 일을 하고 계시지는 않습니다. 성령으로 말미암아 귀신에게 눌린 자를 주님께서 고쳐주셔서 올바르고 건강한 아버지, 어머니, 남편, 아내, 자녀, 사회인이 되어서 그래서 씩씩하게 살아갈 수 있게 해주는 이러한 일을 주님께서 해주시는 것입니다. 오늘날도 귀신에게 눌려 죽어가던 사람들이 주 예수 그리스도의 이름으로 해방을 받아 천국을 누리는 사람들이 얼마나 많은지 모릅니다. 예수님은 오늘날도 눌린 자를 자유하게 하는 일을 성령의 인도하시는 가운데서 우리를 통해서 행하고 계신 것입니다. 눌린 자가 자유하게 됨으로 이 땅에서 천국을 누리게 하셨습니다.

다섯째, 지옥 같은 삶에서 벗어나 이 땅에서 천국을 누리게 하기 위해서 오셨습니다. 자신과 가정과 세상에서 역사하는 세상신을 쫓아내야 천국을 누리게 되는 것입니다. 주님이 공생애 기간동안 가시는 곳마다 귀신을 쫓아내셨습니다. 귀신이 떠나가야 천국이 되기 때문입니다. 주님께서 승천하시고 세상신, 귀신을 쫓아낼 권세를 우리에게 주신 것입니다. 귀신은 능력을 가지고 있습니다. 힘이 있어요. 능력을 가지고 있습니다. 그냥 싸워서는 우리는 어림도 없습니다. 그러나 예수님은 우리에게 귀신을 쫓아낼 권세를 주셨습니다. "야~ 더러운 귀신아 주님께서 내게 권세를 주셨다." 그러면 한길로 왔다가 일곱 길로 도망을 치는 것입니다. 자기가 권세가 있는 것을 알아야 됩니다. 모르면 귀신에게 당하는 것입니다. 알고 명령을 하면 마귀와 귀신이 달려들지 못하는 것입니다. 빌립보서 2장 9절로 10절에 "하나님이 그를 지극히 높여 모든 이름 위에 뛰어난 이름을 주사 하늘에 있는 자들과 땅에 있는 자들과 땅 아래에 있는 자들로 모든 무릎을 예수의 이름에 꿇게 하시고" 예수 이름에 무릎을 꿇게 만들어 놓은 것입니다. 마태복음 10장 1절에 "예수께서 그의 열두 제자를 부르사 더러운 귀신을 쫓아내며 모든 병과 모든 약한 것을 고치는 권능을 주시니라" 그러므로 우리는 예수님이 부여한 권세자라는 것을 알고 사용하는 사람이 되어야 되는 것입니다. 주님은 귀신을 늘 쫓아내라고 하신 것입니다. 귀신하고 같이 살라고 말 안했습니다. 우리는 너무나 귀신하고 오랫동안 같이 살았는데 귀신을 쫓아내라고 명령했었습니다. 귀신을 쫓아내야 천국을 누릴 수가 있습니다. 베드로전서 5장 8절로 9절에 "근신하라 깨어라 너희 대적 마귀가 우는 사자 같이 두루 다니며 삼킬 자를 찾나니 너희는 믿음을 굳건하게 하여 그를 대적하라" 귀신을 쫓아내야 천국을 누릴 수가 있습니다.

우리가 하나님께 기도하는 것처럼 매일 귀신을 쫓아내야 되는 것입니다. 아침에 일어나서도 "너희 원수 귀신아 나에게서 떠나가라. 우리 가정에서 떠나가라. 나의 일터에서 떠나가라! 나를 훼방하지 말라." 예수 이름을 사용하여 명령하면 귀신은 쫓겨나가는 것입니다. 그러면 우리가 세상에서 귀신에게 훼방을 받지 않게 되는 것입니다. 마가복음 16장 17절에 "믿는 자들에게는 이런 표적이 따르리니 곧 그들이 내 이름으로 귀신을 쫓아내며" 귀신을 쫓아내야 천국을 누릴 수가 있습니다. 자신과 집안에 귀신이 있으면 우환, 질고가 끝나지 않습니다. 자신과 가족이 지옥 같은 삶을 살아가는 것입니다. 천국을 이루기 위해서는 귀신을 쫓아내야 됩니다. 그냥은 안 나갑니다. 우리가 성령으로 충만한 가운데 예수 이름으로 명령을 해야 쫓겨나가는 것입니다. 예수님께서 성도들에게 귀신을 쫓아내어 천국을 누리기를 소원하여 권능을 주신 것입니다. 성도들은 권능을 사용하여 귀신을 쫓아내야 이 땅에서 천국을 누릴 수가 있습니다.

여섯째, 우리를 영원한 천국으로 데리고 가시기 위해서 오신 것입니다. 우리는 이 땅에서 행인과 나그네 길을 영원히 걷지 않습니다. 우리 발이 모두 가시와 엉겅퀴를 밟아서 걸레처럼 찢어지고 상처투성이가 된 채로 살게 하기 위해서 오신 것은 아닙니다. 우리 예수님은 이 땅에서 천국을 누리며 살다가 영원한 천국인 영광스럽고 아름다운 세계로 인도하시기를 원하시는 것입니다. 예수님께서는 요한복음 14;1-3절에 "너희는 마음에 근심하지 말라 하나님을 믿으니 또 나를 믿으라 내 아버지 집에 거할 곳이 많도다, 그렇지 않으면 너희에게 일렀으리라. 내가 너희를 위하여 처소를 예비하러 가노니 가서 너희를 위하여 처소를 예비하면 내가 다시 와서 너희를 내게로 영접하여 나 있는 곳에 너희도 있게 하리라"고 말씀하고 있는 것입니다. 우리를 위해서 주님은 영광스럽고 아름다운 처소를 예비해 놓았습니다.

눈물과 근심과 탄식과 이별하는 것이나 곡하는 것이나 앓는 것이나 죽는 것이나 배고픈 것이 없는 세계인 것입니다. 이 영광스러운 세계를 주님께서 예비해 놓으시고 주님께서는 우리를 그곳으로 데려가기 위해서 또다시 두 번째 세상에 오실 것입니다. 예수님이 말씀하시기를 내가 곧 길이요 진리요 생명이니 나로 말미암지 않고서는 아버지께로 올 자가 없다고 말씀한 것입니다. 인간의 과학으로 가는 것 아닙니다. 지식으로 가는 것도 아닙니다. 종교로 가는 것도 아닙니다. 의식으로 가는 것도 아닙니다. 예수가 바로 우리의 길이 되시는 것입니다. 예수를 구주로 모신 사람은 그 길 안에 들어온 사람인 것입니다. 예수를 믿는 사람은 바로 그 길 안에 들어와 있는 사람인 것입니다.

모든 크리스천은 이 땅에서 천국을 누리기 위하여 성령으로 세례를 받고, 성령으로 충만받아, 생명의 말씀과 성령의 권능을 가지고 예수님과 12제자들이 하셨던 것처럼 세상신을 몰아내야 합니다. 유형교회는 영적군사로서 살아가도록 영성훈련을 해야 합니다. 성도에게 유형교회는 참으로 중요합니다.

2장 현 세상이 천국 되기를 원하시는 예수님

(마 4:16-17)"흑암에 앉은 백성이 큰 빛을 보았고 사망의 땅과 그늘에 앉은 자들에게 빛이 비치었도다, 하였느니라. 이 때부터 예수께서 비로소 전파하여 이르시되 회개하라 천국이 가까이 왔느니라 하시더라"

예수님께서는 모든 크리스천들이 지금 이 땅에서 예수님과 천국을 누리기를 원하십니다. 예수께서는 제자들에게 기도를 가르치셨습니다. 오늘날 주기도문이라고 알려진 말씀이 그것입니다(마 6:9~13). 이 기도문 중에 "나라이 임하옵시며 뜻이 하늘에서 이룬 것 같이 땅에서도 이루어지이다"(마 6:10)라는 말씀이 있습니다. 예수님은 나라와 하나님의 뜻이 이루어지는 것이 관계가 있음을 분명히 하셨습니다. 여기에 "나라"라고 번역된 말은 헬라어로 "바실레이아"인데 "왕국"이라는 말입니다. 헬라 말로 왕을 "바실류스"라고 합니다. 그러므로 "바실레이아"는 왕이 다스리는 나라인 것입니다. 여기서 말하는 왕이 누구이겠습니까? 말할 필요도 없이 만왕의 왕이신 예수님이시오, 천국은 그가 다스리시는 나라인 것입니다.

지금 예수님은 각 성도들의 심령에 임재하신 성령으로 이 땅에 천국을 건설하고 계십니다. 지금 이 땅에서 성령으로 천국을 건설하고 계신다는 말입니다. 그래서 예수를 믿고 성령으로 거듭나 성령의 인도를 받는 모든 크리스천들은 이 땅에서 천국을 누려야 합니다. 천국을 누리지 못하는 성도는 예수님과 관계가 없는 사람일 수도 있습니다. 그런데 많은 목회자와 성도들이 재림 예수를 기다리며 사후에 들어가는 영원한 천국에 관심을 집중하고 있습니다. 사후에 들어갈 천국에서 받을 상급을 위하여 예배드리고, 봉사하고, 헌금하고, 구제하고, 선교하고 있습니다. 이렇게 보이는 면에 치중하다가 보니 자연스럽게 자신들의 심령에 임재 하여 있는 천국(교회)에 관심을 두지 못하고 믿음 생활하고 있는 것입니다. 문제는 자신의 심령에 천국이 임재 하여 있다는 것도 모르고 믿음 생활하는 성도들이 있을 것입니다. 예수님은 성도들의 시선을 밖에서 자신의 안으로 이끄십니다. 육적인 삶에서 영적인 삶으로 바꾸십니다. 분명하게 지금 살아서 천국을 누리지 못하면 영원한 천국에 들어가기 힘들 수가 있다는 것입니다. 분명하게 예수님은 지금 천국을 누리는 삶에 대하여 말씀하고 계십니다. 예수님께서 산상수훈(마4-10장)에서 이 땅에서 천국의 삶에 대하여 자세하게 설명하고 계십니다.

첫째, 공생애의 시작이 "회개하라 천국이 가까이 왔느니라." 이다. 예수님의 공생애 초기 사역으로 공생애의 시작은 예수님의 첫 외침 "회개하라 천국이 가까이 왔느니라."(마4:17)부터 시작이 됩니다. 세례요한으로부터 물세례를 받으신 예수님은 구약의 모든 약속을 인계받고 "천국이 이미 왔다"고 하셨습니다. '천국'은 한 마디로 말하면 '하나님의 임재(His presence)'

를 말합니다. "천국인 내가 이미 너희들 옆에 와 있으니까 회개하라!"고 말씀하신 것입니다. 우리 안에 오신 하나님의 임재로 우리가 하늘의 신령한 축복을 누리며 예수님의 형상을 닮아 그 사랑 안에서 거룩하게 살아 갈 수 있게 되었습니다. 그래서 천국이 이 땅에서, 내안에서 시작되는 것입니다. 천국은 분명하게 이 땅에서 내 안에서 이루어져야하는 것입니다.

유대인은 죽고 나서 천국에 가는 것을 당연하게 여겼지만, 천국은 하늘에만 있어서 보이지 않고 만질 수도 없다고 생각했습니다. 그러나 예수님은 우리를 이 땅 가운데서 천국을 누리게 하려고 오셨습니다. 구약시대 내내 비밀에 감춰져있던 하나님의 나라를 밝히 보여 주신 것입니다. 지금 크리스천은 성령으로 하나님의 나라 천국을 보면서 누리며 살아가고 있는 것입니다.

예수님은 12제자를 부르신 뒤에 천국의 모습과 하나님이 어떤 분이신가를 말씀해 주셨습니다. 천국과 하나님에 대해 말씀하신 예수님이 십자가에서 죽으시고 부활하신 후 성령님이 오심으로써 하늘에 감춰져있었던 천국의 비밀이 이 땅에 나타난 것이 교회입니다. 이 교회는 유형교회만이 아니고 무형교회도 포함이 된다고 보는 것이 옳은 것입니다.

주님이 친히 갈릴리에서 행하신 '전도와 가르침(양육)과 질병과 약한 것을 치유하고 구제(마4:23)'가 이 땅에 주신 교회의 사명입니다. 지옥이었던 질병과 약한 것이 해결이 되면서 천국이 되는 것을 주님이 친히 실천하신 것입니다. 예수님이 주로 사역하신 갈릴리 호수 북쪽은 수리아(아람)땅입니다. 앗수르에 망한 북이스라엘 10지파는 다 흩어졌고, 그 뒤에 앗수르와 수리아 사람들이 나사렛을 점령하여 살았습니다.

예수님의 초기 사역의 특징은 천국복음을 전파하고, 모든 병을 고치며 귀신을 쫓아내심으로 구약에 약속된 (사61:1-3)메시아임을 이스라엘 백성들에게 나타내신 것입니다. 인간의 삶에 고통이 해결이 되면서 자연스럽게 천국이 이루어진 것입니다. 예수님께서 가시는 곳마다 병든 자가 고침을 받고 귀신들이 쫓겨나가니 천국으로 변화된 것입니다.

둘째, 산상수훈의 축복(마5-7장). 주님이 하신 공생애 기간의 2편의 설교중 하나는 '산상수훈'이고, 십자가를 지시기전에 하신 '감람산 강화(마24-25장)'입니다. 에수님의 산상수훈을 통하여 '이 땅에서 어떻게 천국을 누리며 살기 원하는가?'하는 하나님 아버지의 마음을 알 수 있게 됩니다.

1)어떻게 하면 세상에서 천국을 누릴 수 있을까? 갈릴리 호수 서북부 가버나움 마을 뒷동산에서 내려다보이는 호수는 무척 아름다운데 그곳에서 천국 인이 누리는 축복에 대해 설교를 하셔서 그곳 이름을 '축복의 산(Mt.Beatitude)'이라고 합니다.

마태복음 5-7장은 '팔복, 빛과 소금의 삶, 하나님의 의에 대한 가르침, 구제와 금식, 재물관, 이웃사랑의 구체적인 사례로 천국인의 삶의 자세'에 대해 말씀하셨습니다. 당시 예수님을 따르는 무리들의 관심은 '외적으로 나타나는 기적과 병 고침'에 집중되어 있었습니다(마4:23-25). 그래서 그들의 관심을 바꾸기 위하여 천국의 비밀을 가르치기 시작했습니다.

천국은 지금 생명이 있을 때 '우리 안(자신들의 안)에서 이루어지는 것'임을 알려 주셨습니다. 사람들의 관심을 육체적인 것, 눈에 보이는 외적인 것에서 보이지 않는 내면으로 집중시키기 원하셨습니다. 예수님은 언제나 세상을 향하여 보이는 것을 보는 육적인 눈을 자신을 보는 영적인 눈이 되도록 말씀을 전하셨습니다. 육적인 사람을 영적인 사람으로 바꾸는데 중점을 두신 것입니다. 보이는 유명한 사람을 따르던 성도들을 영이신 하나님을 보고 따라가는데 중점을 두시고 설교를 하셨습니다. 영이신 예수님의 말씀을 들을 수 있어야 천국을 누릴 수가 있기 때문입니다. 이적으로 구원이 일어나는 것이 아니고, 말씀을 들어야 영이 깨어나 구원을 얻기 때문이기도 합니다.

산상수훈의 핵심은 죽고 나서 '하나님 나라에 어떻게 들어가는가?'가 아니고, '어떻게 하면 이 험한 세상에서 천국을 누릴 수 있는가?'입니다. 그래서 산상수훈을 '천국헌장'이라고 부릅니다. 천국 인이 지키고 사는 규범이요, 성령의 법입니다. "그러므로 이제 그리스도 예수 안에 있는 자에게는 결코 정죄함이 없나니 이는 예수 안에 있는 생명의 성령의 법이 죄와 사망의 법에서 너를 해방 하였음이라"(롬8:1-2). 예수 안에 있는 것이 중요합니다. 그 분의 말씀을 듣고 순종하는 자가 예수 안에 있는 자입니다(요14:21). 예수님은 영이시기 때문입니다. 말씀에 순종함으로 세상을 살아가면서 힘든 환란 가운데서도 천국을 누릴 수 있는 능력을 힘입게 됩니다. 세상이 줄 수 없는 평안을 누리게 됩니다. 우리가 성령 안에서 성화의 삶을 살 수 있습니다. 성령 밖에서는 성화란 기대하기 힘든 것입니다. 성령의 초자연적인 5차원의 역사가 일어나야 세상 것들이 떠나가기 때문입니다. 세상(육)적인 것들이 떠나가야 영으로 거듭나기 때문입니다. 성령께서 주시는 능력으로 주님의 형상을 닮아 가는 것에 초점을 맞추면 됩니다.

2) 천국 헌장, 팔복(마5:1-12). 팔복은 유대인들이 기다리던 메시아의 정치적 변혁(이스라엘 왕국의 독립)이나 외형적인 물질 축복이 아니라, 사람들의 마음속에서 일어나는 내면적 변화에 초점을 맞추고 있습니다. 밖에 관심을 두던 사람들을 내면적(영적)인 관심을 갖도록 하는 것에 중점을 두고 있다는 것입니다. '하나님 나라는…… 너희 안에 있다.'(눅17:20-21).

천국은 우리 안에 찾아오신 성령님을 통해 내 안에서 느껴지는 것임을 최초로 선포하셨습니다. 팔복은 성령의 임재를 통해 예수님의 사랑을 자신의 내면에서 깊이 느끼는 사람이 이런 8가지 삶의 자세를 가지게 되고, 그 결과 축복(천국)을 누리며 영원한 천국에 큰 상급이 예비 되어 있다는 의미입니다.

8복은 8가지 삶의 자세입니다. 천국의 평강을 체험하는 것입니다. 이는 살아서 지금 평강을 누리는 것입니다. 죽어서가 아닙니다. 팔복은 이웃사랑을 위한 나의 희생과 고난이 전제 되어야하기 때문에 '좁은 문(마7:13)으로 들어가는 것이다, 그래서 찾는 이가 적다' 고 말씀하셨습니다.

① '심령이 가난한 자 → 천국이 저희 것이요' 죄와 사망의 법으로 사는 세상 사람들은 내 생각, 내 계획으로 꽉차있어서 심령이 배가 부른 상태입니다. 세상 것을 버리고 심령을 가난하게 하라는 말입니다. 오직 자기의 지혜와 능력을 의지하다가 그것이 안 되면 엄청난 좌절과 절망을 체험하게 됩니다. 성령의 법으로 사는 사람은 마치 어린아이와 같아서 '내 생각, 내 계획'이 없어야 합니다. 단지 엄마 품에 안겨서 모든 것을 맡기면 엄마가 알아서 다 해 줍니다. 하나님의 생각과 계획으로 살아가는 것입니다. 내 생각 내 계획대로 살려고 하면 '죄와 사망의 법'아래 살면서 날마다 지옥을 체험하게 되는 것입니다. 그러나 내 생각과 내 계획, 내 주장을 다 내려놓고, 주님 안에서 가난한 심령이 될 때 주님의 은혜와 말씀과 성령으로 천국을 체험하게 됩니다.

심령이 가난한 사람의 대표인물이 '베드로'입니다. 베드로가 밤새 수고하였으나 고기를 한 마리도 잡지 못했습니다(눅5:5). 그때 예수께서 '깊은 데로 가서 그물을 내리라' 했을 때에 자기 생각을 내려놓고 주님 말씀에 순종하였습니다. 그렇게 순종했을 때 그물이 찢어질 만큼 많은 물고기를 잡을 수 있었습니다(눅5:6). 이렇게 '내 모습 이대로 주님 품에 안길 수 있는 상태가 심령이 가난한 것이고, 이때가 주님을 만나는 때'입니다. 나로서는 아무것도 할 수 없다고 고백할 때 비로소 천국을 누릴 수 있게 됩니다. '천국이 저희 것이요'는 현재형이고 지금 천국을 체험하는 것입니다. 내가 없어져야 천국을 체험합니다.

　3) '애통하는 자 → 위로를 받을 것이요' 사람들은 모두 고통을 싫어합니다. 그러나 죄와 사망의 법아래 사는 사람들은 실제로 환난, 근심, 걱정 속에서 살아가는 것입니다. 이렇게 사는 것이 지옥의 삶인 것입니다. 우리가 겪는 고난의 90% 이상은 우리의 죄와 욕심으로 인한 잘못된 선택에서 비롯된 것입니다. 그러나 욥처럼 순금같이 단련시키기 위한, 성령의 기름 부으심으로 새 사람으로 만들어 사명을 주려고 연단과 고난을 주는 경우도 있습니다. 그래서 예수님을 잘 믿어도 고통이 올 수가 있습니다. 천국백성은 고난을 축복의 시작이라고 믿는 사람입니다. 고통을 겪으면서 육이 깨어지고, 자의식을 벗어남으로 감사하게 되고, 위로를 받게 됩니다. 고통을 체험하면서 깨달으면서 자신의 무능함을 알게 되는 것입니다. "주님! 저는 아무것도 아닙니다. 이 고통 속에서 제가 할 수 있는 것은 아무것도 없습니다. 주님만 바라봅니다. 주님만 의지 합니다"하고 주님 앞에 고백하면서 자아가 깨어지는 것에 감사할 수 있습니다.

　이런 사람이 하나님의 진정한 위로를 체험할 수 있습니다. 이것이 천국의 축복입니다. 기도하지 않으면 안 된다고 할지라도 위로를 받을 수 없습니다. 성령의 인도를 받아 기도해야 내 죄의 실상을 볼 수 있습니다. 성령으로 기도해야 자신의 참 모습이 보이게 됩니다. 애통하며 죄를 회개할 때 세상신이 떠나고 성령의 위로가 내 안을 가득 채울 수 있게 됩니다. 이때 "나를 믿는 자는 성경에 이름과 같이 그 배에서 생수의 강이 흘러나리라"(요7:38)는 말씀이 이루어지게 됩니다. 죄로 인한 눌림이 있을 때 성령의 인도를 따라 애통해 하면서 기도하면 내 자의식이 깨어지고 하나님의 위로가 임하게 됩니다. 내 심령을 비워야 성령이 애통해하게 하십니다. 마음을 열면 성령께서 자꾸 심령을 정화하십니다. 심령이 가난한 자가 애통하게 됩니다.

4) '온유한자 → 땅을 기업으로 받음' 로마 사람들의 덕목은 용맹이었습니다. 용기와 힘을 가진 사람이 세상 용기와 힘으로 땅을 차지하게 되었습니다. 주님은 재산을 많이 가진 자를 부러워하지 말고, 성령으로 스스로 낮추고 온유함과 겸손함으로 이웃을 섬기라고 하셨습니다. 이렇게 자기를 낮추고 이웃을 섬기면 하늘나라의 땅을 기업으로 주겠다고 약속했습니다. 온유한 사람은 다른 사람이 자신을 비난해도 보복하거나 핑계삼지 않고 겸손히 받아들입니다. 이것이 또 다른 차원에서 자신을 비우는 자세입니다.

5)'의에 주리고 목마른 자 → 배부름' 세상에서는 돈이 많고 출세한 사람이 배가 부르게 됩니다. 비록 세상 적으로 가진 것이 부족해도 자기가 가지고 있는 것을 나누기를 즐거워하는 천국백성은 하나님이 주시는 생명 양식으로 배부르게 됩니다. 가난한 사람에게 조금이라고 더 주려고 안타까워하는 사람이 '의에 주리고 목마른 사람'입니다. 이런 성도가 이 땅과 하늘나라에서 배부르고 충만하게 됩니다. "공법을 물같이, 정의를 하수

같이 흘릴지어다."(암5:24)는 말씀처럼, 하나님의 공의는 물 흐르듯이 아래로 흘려주는 것입니다.

6)'긍휼히 → 긍휼히 여김을 받게 됨' 팔복은 전반부 4복(비우는 자의 축복)과 후반부 4복(채워진 자의 능동적 자세)로 나눌 수 있습니다. 심령을 비워 성령으로 배부르게 채워진 성도는 능동적으로 이웃을 긍휼히 여기며, 청결한 마음을 나타내며, 자신이 평강을 누릴 뿐 아니라, 주위에 평강을 가져다주며 '의(rightteousness)'를 위해 기꺼이 핍박을 받습니다. 늘 성령으로 채워지는 사람은 자신에게 상처를 주는 사람을 미워하기보다 오히려 그의 연약함을 위해 기도하게 됩니다. 성령의 은사를 가지고 고통당하는 이웃을 치유합니다. 자신도 늘 실수가 많다는 것을 깨닫는 사람일수록 남을 긍휼히 여기게 됩니다. 자신의 부족함을 깨닫는 것은 성령님의 법을 따라 사는 사람이 받은 축복입니다. 나보다 못한 사람을 진심으로 긍휼히 여기고 위로하는 사람은 천국에 속한 사람이고 천국을 누릴 수 있습니다.

7)'마음이 청결한 자 → 주님을 보게 됨' '하나님을 볼 것'이라는 말은 '하나님을 내안에서 체험한다.'또는 '하나님의 사랑을 내 안에서 느낀다.'는 뜻입니다. 세상 생각을 쫓아가지 말고 성령의 인도를 따라 말씀과 기도로 세상 생각을 청소하고 마음을 깨끗이 해야 합니다. 성령으로 기도하여 심령을 비움으로 성령님으로 배불리 채워진 성도는 마음에 있는 세상 생각을 청소하고 청결한 성도는 이 세상에서 천국을 누리며 하나님을 체험할 수 있습니다. "이 세대를 본받지 말고 오직 마음을 새롭게 함으

로 변화를 받아"(롬12:2)와 일맥상통한 자세입니다.

8) '화평케 하는 자 → 하나님의 아들이라 일컬음을 받음' 세상은 화평과 거리가 멀고 계속 경쟁시키고 싸우게 하고 이간질시킵니다. 육에 속한 사람도 이와 같습니다. 사단의 자식일 수밖에 없습니다. 가정, 교회, 직장에서 화평케 지내기위해서는 내가 손해를 봐야합니다. '내가 조금 손해를 보자'하는 마음이 있을 때 화평케 됩니다. 말씀과 성령과 기도로 심령을 비움으로 성령으로 배부르게 채워진 성도는 혼자만 평강을 누리는데 그치지 않고 능동적으로 주변을 화평케 합니다.

9) '의를 위해 핍박을 받는 자 → 천국이 저희 것 임' 의를 위하여 핍박을 받는다는 것은 하나님 나라를 위해 대가를 치르겠다는 믿음을 갖는 것입니다. 자신 안에 하나님 나라를 세우기 위해, 교회를 세우기 위해 대가를 치르겠습니다. 힘들고 어렵지만 내가 그 고통을 감수하겠다고 하는 성도는 반드시 천국을 소유할 수 있습니다. "아무든지 나를 따라 오려거든 자기를 부인하고 자기 십자가를 지고 나를 좇을 것이니라"(막8:34). 충만함으로 이웃을 긍휼히 여기고, 충만함으로 마음을 청결케 하고, 충만함으로 이웃을 화평케 하려고 하면 오히려 핍박을 받지만 그에게는 이미 천국이 와 있는 것입니다.

10) '소금과 빛' "너희는 세상의 소금이니 소금이 만일 그 맛을 잃으면 무엇으로 짜게 하리요 후에는 아무 쓸 데 없어 다만 밖에 버려져 사람에게 밟힐 뿐이니라"(마5:13). 그리스도인은 소금의 짠맛을 내야 합니다. "우리가 이 보배를 질그릇에 가졌

으니"(고후4:11). 영을 담는 그릇인 우리가 예수의 영으로 가득 차서 다른 사람에게 생명의 물을 전해주어야 합니다. 소금이 되기 위해서는 성령님의 인도하심을 따라 죄와 더러운 생각을 깨끗이 씻어내고 하나님의 선한 것으로 채워 나가야 합니다.

말씀과 기도로 내 안에 선한 것과 하나님의 영으로 채워져야 합니다. "선한 사람은 그 쌓는 선에서 선한 것을 내고"(마 12:35). 내게서 나오는 선한 것(말씀과 성령)으로 이웃과 사회의 썩어져 가는 부분을 썩지 않게 해야 합니다. 성도가 선한 것으로 속을 채우면 세상과 구별되어 값이 나가는 사람이 될 수 있습니다. "너희는 세상의 빛이라… 이같이 너희 빛을 사람 앞에 비추게 하여 저희로 너희 착한 행실을 보고 하늘에 계신 너희 아버지께 영광을 돌리게 하라"(마5:14-16).

우리 안에 말씀으로, 생명으로, 성령으로 빛으로 찾아오신 예수님이 내안에 계실 때 빛이 될 수 있습니다. 우리 안에 오신 빛을 어둠 속에 있는 사람들에게 비춤으로써 그들이 빛을 받아 어둠에서 나오도록 빛의 역할을 해야 합니다. 빛을 비추는 것은 전도와 말씀 전하는 것과 구제(선한 행실), 중보기도, 선교, 치유 등이 포함됩니다.

우리가 내 육신의 소욕과 자아를 내려놓거나 희생을 하지 않고는 어두운 이웃, 눌린 이웃, 어려운 이웃에게 빛을 줄 수 없습니다. 말씀과 성령으로 내 자아가 깨어져야 이웃에게 선한 행실을 할 수 있게 됩니다. 내 것을 포기하고 희생해야 합니다. 나의 육이 깨어질 때 내 안에 계신 빛이 밖을 비추게 됩니다. 우리가 매일 질그릇인 우리 자신을 깨기 위하여 십자가 밑에 엎드려야 합니다. '소금과 빛이라는 것은 세상과 구별된 존재'라는 뜻입니다. 세상은 어두움 가운데 헤매고 있지만, 성도는 마음에 찾아오신 기이한 빛과 생명을 이웃에 비춤으로써 이웃들을 어둠 속에서 구해내는 '구별 된 자'입니다.

결론적으로 이와 같은 팔복의 말씀은 사람의 힘으로는 실천할 수가 없고, 오직 성령으로 실천할 수가 있습니다. 성령으로 충만 받지 않으면 본성이 변화되지 않아 예수님의 말씀을 삶에 적용하기란 그리 쉽지 않을 것입니다. 예수를 믿은 크리스천이라고 하더라도 육체에 세상 신이 역사할 수가 있기 때문에 예수님의 말씀을 적용하기란 그리 쉽지 않는 것입니다. 반드시 성령으로 세례를 받아 전인격이 성령의 지배를 받아야 세상을 살아가면서 예수님의 말씀과 같이 천국을 누릴 수가 있는 것입니다.

그리고 관심이 중요합니다. 자신이 먼저 천국을 누려야 가정을 천국으로 만들 수가 있을 것이요, 나아가 유형교회를 천국을 만들 수가 있을 것입니다. 자신도 천국을 누리지 못하면서 가정이나 교회나 세상을 천국 만든다는 것은 어불성설입니다. 하나님은 크리스천의 현실 문제를 하나님의 방법으로 해결하게 하시면서 천국을 누리게 하십니다. 예수님이 산상수훈(마4-10장)에서 이런 말씀을 하신 것은 현세에 천국을 누리며 살아야 영원한 천국에 들어갈 수 있기 때문입니다. 현실문제의 해결에 대한 것은 필자가 얼마 전에 출간한 "현실 문제를 하나님께 해결 받으려면"을 읽어보시면 많은 유익이 있을 것입니다.

3장 성령의 인도로 천국을 만드시는 예수님

(막1:12-13)"성령이 곧 예수를 광야로 몰아내신지라. 광야
에서 사십 일을 계시면서 사탄에게 시험을 받으시며 들짐승과
함께 계시니 천사들이 수종들더라"

예수님은 초지일관 성령의 인도를 받으셨습니다. 이 땅에서
세상신과 싸우며 살아가는 예수님의 일꾼들에게 본을 보이기
위해서 입니다. 성령의 인도를 받아야 크리스천들이 이 땅에서
천국을 누릴 수가 있기 때문입니다. 예수님이 요단강에서 세례
요한에게 물세례를 받고 성령이 비둘기 같이 임하기 전에는 말
씀을 전할 때 지옥(악령)이 드러나지 않았습니다. 성령의 이끌
림을 받으며 광야에서 마귀의 3번의 시험을 승리하고, 천사의
수종을 들면서 회당에서 말씀을 전할 때부터 세상신이 드러나
기 시작을 한 것입니다. 이로보아 성령으로 세상신이 떠나가야
이 땅에서 천국을 누릴 수가 있기 때문에 예수님이 믿는 우리들
에게 본을 보이기 위하여 친히 성령의 인도를 받으신 것입니다.

예수님은 철저하게 성령의 인도를 받으셨습니다. 잉태될 때
도 세례요한에게 물세례를 받을 때도 성령의 인도를 받으셨습니
다. 이는 예수를 믿고 하나님의 자녀가 된 성도들이 세상을 살아
갈 때에 성령의 인도를 받아야 한다는 교훈을 주시기 위해서입
니다. 성령의 인도를 받아야 하는 이유는, 성령의 인도를 받아야

권능 있는 삶을 살아갈 수가 있습니다. 성령의 인도를 받아야 예수님의 성품으로 변화될 수가 있습니다. 주님의 마음을 품어야 하나님의 음성을 듣고 그분의 뜻을 알고 순종할 수가 있기 때문입니다. 성령의 인도를 받아야 천국을 누일 수 있습니다.

첫째, 예수님은 초지일관 성령의 인도를 받았습니다. 태어나실 때는 성령으로 잉태되는 은혜를 받았습니다. (마태복음 1:20)"이 일을 생각할 때에 주의 사자가 현몽하여 이르되 다윗의 자손 요셉아 네 아내 마리아 데려오기를 무서워하지 말라 그에게 잉태된 자는 성령으로 된 것이라" 마리아는 성령에 의하여 하나님의 아들의 어머니가 되도록 은혜를 받았습니다. 이는 이사야에게 임한 이사야서 7장 14절 "그러므로 주께서 친히 징조를 너희에게 주실 것이라 보라 처녀가 잉태하여 아들을 낳을 것이요 그의 이름을 임마누엘이라 하리라" 하신 그리스도가 탄생하시기 700년 전에 주어진 예언은 이제 성취된 것입니다.

성령으로 잉태되었다는 것은 하나님 자신에 의해 낳아져 완전한 하나님이시라는 의미이며, 동정녀 마리아에게서 나셨다는 것은 인간에 의해 나셔서 완전한 인간이라는 의미입니다. 오늘 성경은 예수님의 탄생의 배경과 과정에 대해서 18절에서 이렇게 설명하고 있습니다. "예수 그리스도의 나심은 이러하니라 그의 어머니 마리아가 요셉과 약혼하고 동거하기 전에 성령으로 잉태된 것이 나타났더니"(마1:18). 성경은 예수님의 탄생에 대해 "동거하기 전에 성령으로 잉태되어"라는 말을 붙였습니다. 이 이야기는 남자를 모르는 여자가 아이를 낳을 수 있는가?라는 질문에 대한 답변으로 기록한 것입니다.

예수님의 동정녀 탄생에 대하여서는 역사적으로도 받아들였습니다. 우리가 사도신경에서 "이는 성령으로 잉태하사 동정녀 마리아에게 나신 것을 믿습니다"라고 고백하는 것은 예수님이 성령에 의해 처녀 마리아에게서 잉태되시고 태어나셔서 사람이 되셨다는 사실을 믿는 것입니다.

그리고"성령으로 잉태"되었다는 고백은 "마리아"에게 조금도 초점이 맞추어져 있지 않다는 것을 보여주고 있습니다. 만일 이 말이 없다면 우리는 "동정녀 마리아"에게 초점을 맞추었을 것입니다. 그러나 마리아는 단지 하나님이 사용한 평범한 여인일 뿐입니다. 성경은 그녀의 어떠함에 대해 너무하다 싶을 정도로 아무런 언급이 없습니다.

누가복음에는 2장에는 예수님이 어려서 유월절에 예루살렘 성전에 갔을 때 제사장들과 논쟁하는 것에 대한 마리아의 반응에 예수님의 대답을 기록하고 있습니다. "그의 부모가 보고 놀라며 그의 어머니는 이르되 아이야 어찌하여 우리에게 이렇게 하였느냐 보라 네 아버지와 내가 근심하여 너를 찾았노라 예수께서 이르시되 어찌하여 나를 찾으셨나이까 내가 내 아버지 집에 있어야 될 줄을 알지 못하셨나이까 하시니 그 부모가 그가 하신 말씀을 깨닫지 못하더라"(눅2:48~50).

예수님께서 동정녀에게서 탄생하셨다는 이야기는 오늘 우리에게만 이상한 것이 아니라 그 시대의 사람들에게도 이상했습니다. 그것은 요셉에게도 이상했습니다. 그뿐 아니라 그것이 이상하지 않았더라면 우리의 신앙고백에 들어오지도 않았을 것입니다. 동정녀 탄생은 지식의 대상이 아니라, 신앙의 대상이기 때문에 우리의 신앙고백에 들어온 것입니다.

그러므로"우리가 이러한 예수님을 믿는 것은 정말 하나님의 은혜이며, 선물이다"는 것을 깊이 깨닫고 그분을 찬양할 뿐만 아니라 감사해야 할 것입니다. 무엇보다도 우리의 좁은 이성과 지식 그리고 지혜를 가지고 자신의 생각 속에 가두어 놓지 말고 성령으로 잉태 하사 동정녀인 마리아에게 나신 예수 그리스도를 온전히 믿을 수 있어야하겠습니다. 예수님이 성령으로 잉태되었다는 것은 우리의 거듭남도 성령에 의한 것임이어야 한다는 것을 의미합니다. 우리가 하나님을 믿고 하나님의 자녀가 되는 것은 성령으로 거듭남에서 출발합니다. 육에서 난 것은 육이고 영으로 난 것은 영입니다(요3:6). 육으로 태어난 우리는 이제 성령으로 다시 태어남으로 거듭나야 합니다(요3:5).

예수님께서는 태어나셔서 30이 되시자 요단강에서 요한에게 물세례를 받으셨는데 하나님께서 감동하시어 성령으로 세례를 하셨습니다. 세례 받으실 때에 상징으로 성령이 비둘기 같이 임하십니다. 주님은 성령 세례를 받으시고 난 다음 성령을 통해서 3년 반 동안 사역을 하셨습니다. 마3:16~17에 보면 "예수께서 세례를 받으시고 곧 물에서 올라 오실째 하늘이 열리고 하나님의 성령이 비둘기 같이 내려 자기 위에 임하심을 보시더니 하늘로서 소리가 있어 말씀하시되 이는 내 사랑하는 아들이요 내 기뻐하는 자라 하시니라” 예수님께서 요단강에서 세례 받으시고 올라오실 때 성령이 그 위에 임하신 것입니다. 그래서 하나님의 아들로 하나님께로부터 증거를 얻게 된 것입니다. 하나님은 그리스도가 하나님 아버지에게 복종하셨기 때문에 그의 아들이라고 인정하사 말씀하셨습니다. 예수님은 물세례를 받으실 필요가 없으셨으나 그를 따르는 모든 성도들에게 본을 보이기 위하여 기꺼이 본이 되어 주신 것입니다.

예수님께서 성령으로 세례를 받으신 것은 이 시대를 살아가는 성도들이 성령으로 세례를 받아야 하기 때문에 친히 본을 보이신 것입니다. 성령은 살아계신 하나님을 알게 하시는 살아있는 성령입니다. 성령의 실체를 느끼고 알아야 합니다. 그래서 성령으로 세례를 받아야 한다는 것입니다.

목회자들은 성도들에게 무조건 성령으로 세례를 받아야 한다고 하지 말고 왜 성령으로 세례를 받아야 하느냐는 것을 알게 해야 합니다. 이것을 바르게 알고 성령으로 세례를 받으려고 해야 한다는 것입니다. 왜는 간단합니다. 예수님이 요단강에서 세례요한에게 물로 세례를 받은 다음에 성령으로 세례를 받으셨기 때문입니다. 성령으로 세례를 받고 성령의 이끌림을 받아 광야에 가서서 마귀의 시험을 성령의 인도와 말씀으로 승리하시니 천사가 수종을 들고 그때부터 회당에서 말씀을 증거 하실 때 권능으로 귀신들의 정체가 폭로되었습니다.

성령으로 세례를 받으시기 전에는 그저 말씀만 전하셨으나 성령의 세례를 받고 말씀을 전하니 권능이 나타나기 시작을 한 것입니다. 마가복은 1장 27절은 이렇게 말합니다."다 놀라 서로 물어 이르되 이는 어찜이냐 권위 있는 새 교훈이로다 더러운 귀신들에게 명한즉 순종하는 도다 하더라" 사람들이 다 놀라서 말했습니다. "이는 어찜이냐 권세 있는 새 교훈이로다 더러운 귀신에게 명한즉 순종하는도다" 예수님의 권세는 귀신의 순종으로 나타납니다.

그리고 예수님이 성령으로 세례 받는 것을 강조하셨기 때문입니다. "요한은 물로 세례를 베풀었으나 너희는 몇 날이 못 되어 성령으로 세례를 받으리라 하셨느니라"(행1:5). 몇 날이 못되어 성령으로 세례를 받는 다고 말씀하십니다. 그러면서 이렇게 말씀하십니다. "오직 성령이 너희에게 임하시면 너희가 권능을 받고 예루살렘과 온 유대와 사마리아와 땅 끝까지 이르러 내 증인이 되리라 하시니라."(행 1:8). 우리에게 성령이 임하시면 예수님의 증인이 되어진다고 말씀하십니다. 어떻게 해야 주님의 증인이 되어질까 고심하고 애쓰는 것이 아니라, 성령이 임하시면 증인이 되어 진다는 것입니다.

예수님을 닮아가는 것이 우리의 노력으로 되어지는 것이 아닙니다. 성령이 임하시면 성령께서 우리를 예수님을 닮은 삶으로 만들어 가십니다. 우리가 애를 써가며 예수님을 닮아가려는 것은 율법의 신앙이고, 성령께서 예수님을 닮아가게 만드시는 것이 은혜의 삶입니다. 성령께서 우리의 마음 안에 성전을 만들어 가십니다. 우리가 할 수 있는 일은 모든 일에 하나님만 인정하는 삶입니다. 말씀을 듣고 순종하는 것입니다.

우리가 바르게 알아야 할 것은 예수님을 닮아간다는 것은 예수님과 같은 권세도 포함이 됩니다. 예수님과 권세 있는 삶을 살면서 예수님의 지상명령을 순종하려면 반드시 성령으로 세례를 받아야 합니다. 성령으로 세례를 받은 다음부터 땅의 사람이 하늘의 사람으로 바뀌는 것입니다. 반드시 하늘의 사람으로 변해야 땅의 사람에게 역사하던 귀신이 떠나가기 때문입니다. 귀신이 떠나가야 자유 함을 찾을 수 있습니다.

그래서 예수님이 이렇게 말씀하시는 것입니다. "믿는 자들에게는 이런 표적이 따르리니 곧 저희가 내 이름으로 귀신을 쫓아내며 새 방언을 말하며 뱀을 집으며 무슨 독을 마실지라도 해를 받지 아니하며 병든 사람에게 손을 얹은즉 나으리라 하시니라"(막16:17). 그럼 이제 어떻게 해야 성령으로 세례를 받을 수 있느냐는 것입니다. 우리가 바르게 알아야 할 것은 위로부터 임하시는 성령은 오순절 마가의 다락방사건으로 종료가 되었습니다. 지금은 성령으로 세례를 받은 사람이 말씀을 전하고 기도할 때 성령세례가 임합니다. 그러므로 성령의 세례와 불로 장악이 되려면 성령의 역사가 있는 장소에 가는 것이 빠릅니다. 성령의 불로 장악되고 성령의 역사를 체험하려면 성령의 역사가 있는 장소에 가는 것이 좋습니다. 자신이 과거 한번 성령의 세례를 체험했었다면 혼자 기도해도 성령의 불로 장악될 수가 있습니다.

자신이 한 번도 성령의 세례를 체험하지 못했다면 성령의 기름부음심이 있고 성령의 불의 역사가 나타나는 장소에 가서 성령의 불로 충만 받는 것이 맞습니다. 성령의 체험과 장악은 장작불의 원리와 같습니다. 성령의 불로 충만하고 성령의 역사를 체험한 사람들이 많이 모이는 장소는 성령의 역사가 강합니다. 성령은 어디에 계시는가, 먼저 내 영 안에 계십니다.

그리고 우리 안에 계십니다. 또 말씀 안에 계십니다. 그러므로 성령체험을 하지 않았다면 성령의 역사가 있는 장소에 가셔야 성령을 쉽게 체험하고 장악을 당할 수가 있습니다. 또 한 방법은 성령 받은 자에게 가셔서 말씀을 듣고 안수를 받는 방법이 있습니다. 위로부터 임하시는 성령의 역사는 오순절 마가의 다락방에서 임하셨습니다. 그 이후는 그때 성령 받은 사람이 말씀을 전하고 안수 할 때 임했습니다(행19:1-7). 성령의 불로 충만한 사람에게 전이 받는 것입니다. 성령으로 세례 받고 장악되기 원하십니까? 성령이 역사하는 장소로 가십시오. 그래야 빨리 성령으로 장악될 수가 있습니다.

예수님이 사역을 시작하시기 전에 성령이 준비하게 인도하십니다. 예수 그리스도께서는 곧 성령께 이끌려 광야로 나가서 40주 40야 금식하시고 마귀를 정복하고 성령의 능력으로 돌아오셨습니다. 성령은 그가 여러 시험을 격퇴하도록 도우셨으므로 시험을 이기셨던 것입니다. 그리고 예수 그리스도의 3년 반의 사역이라는 것은 성령을 통해서 주님은 말씀하시고 기도하시고 가르치시고 병을 고치시고 죽은 자를 살리신 역사를 베풀었지 성령을 통하지 않고는 예수님은 역사하지 않았었습니다.

눅4:18~20에 보면 "주의 성령이 내게 임하셨으니 이는 가난한 자에게 복음을 전하게 하시려고 내게 기름을 부으시고 나를 보내사 포로 된 자에게 자유를, 눈먼 자에게 다시 보게 함을 전파하며 눌린 자를 자유케 하고 주의 은혜의 해를 전파하게 하려 하심이라"고 말씀하신 것입니다. 여기에서 예수 그리스도의 사역이란 성령님의 역사 없이는 전혀 이뤄질 수가 없는 것입니다. 그리스도는 성령의 능력으로 설교하셨습니다. 이때 강한 성령의 권능이 나타났습니다(막1:21-27).

복음증거 사역을 하실 때 성령의 인도를 받았습니다. 성령에 이끌려서 육신의 질고를 치유하는 사역을 하시는 것을 보게 됩니다. (사도행전 10:37-38)"곧 요한이 그 세례를 반포한 후에 갈릴리에서 시작하여 온 유대에 두루 전파된 그것을 너희도 알거니와 하나님이 나사렛 예수에게 성령과 능력을 기름 붓듯 하셨으매 그가 두루 다니시며 선한 일을 행하시고 마귀에게 눌린 모든 사람을 고치셨으니 이는 하나님이 함께 하셨음이라" 요한복음 5장에서 예수님께서 성령에 이끌려서 병고침의 사역을 하셨습니다(요5:1-9). 예수님은 아버지가 하셨던 것을 하신다고 말씀하셨습니다. 성령으로 하나님의 뜻을 알고 순종했습니다. 하나님의 뜻은 병든자를 고치고, 귀신들린자를 억압에서 해방받게 하는 것입니다.

(요한복음 5:19-20)"그러므로 예수께서 그들에게 이르시되 내가 진실로 진실로 너희에게 이르노니 아들이 아버지께서 하시는 일을 보지 않고는 아무 것도 스스로 할 수 없나니 아버지께서 행하시는 그것을 아들도 그와 같이 행하느니라. 아버지께서 아들을 사랑하사 자기가 행하시는 것을 다 아들에게 보이시고 또 그보다 더 큰 일을 보이사 너희로 놀랍게 여기게 하시리라" 천국복음을 전파하시고 병든자를 고치는 것은 하나님이 하시는 일이라는 것을 알 수 있습니다.

십자가상에서도 성령의 인도를 받았습니다. 그리스도는 죄가 없으신 완전한 분으로써 하나님에게 자신을 희생의 제물로 드리셨습니다. 성령은 그리스도가 복종하실 수 있도록 도우셨습니다. (빌2:8)"사람의 모양으로 나타나사 자기를 낮추시고 죽기까지 복종하셨으니 곧 십자가에 죽으심이라" 성령의 도우심으로 그리스도는 십자가의 죽음에 복종하시게 되었던 것입니다. 그리스도는 인간으로써 고난을 당하셨습니다. (막14:36)"이르시되 아빠 아버지여 아버지께는 모든 것이 가능하오니 이 잔을 내게서 옮기시옵소서 그러나 나의 원대로 마시옵고 아버지의 원대로 하옵소서 하시고" 그는 기꺼이 하나님의 뜻을 따라 행하셨으며 심지어 그것은 십자가상에서의 고난을 의미합니다.

부활하실 때도 성령의 인도를 받았습니다. 성령으로 죽은 자 가운데에서 부활하여 영적인 능력으로 하나님의 아들로 인정을 받았습니다. (로마서1:4)"성결의 영으로는 죽은 자들 가운데서 부활하사 능력으로 하나님의 아들로 선포되셨으니 곧 우리 주 예수 그리스도시니라" 믿는 자는 성령으로 새 생명 얻습니다. (로마서8:1)"그러므로 이제 그리스도 예수 안에 있는 자에게는 결코 정죄함이 없나니" 그의 성령이 역시 우리의 영을 살리실 것입니다. 믿는 자는 영적인 사죄를 받습니다. 아담이 지은 원조의 사함을 받습니다. 자범죄는 성령의 인도로 본인이 해결해야 합니다. 예수를 믿고 교회에 들어와서 제일 먼저 해결해야 합니다.

둘째, 성령의 인도함을 받아야 하나님의 아들입니다. 예수님은 공생애 기간 동안 철저하게 성령의 인도를 받으셨습니다. 성령의 인도로 갈릴리 호수를 지나 거라사 인의 지방에 가셔서 군대 귀신들린 자를 구원하셨습니다. 사마리아로 가셔서 우물가에서 여인을 만나 구원하기도 하셨습니다. 베데스다 연못가에서 38년 된 병자를 치유하시기도 하셨습니다. 저는 지금까지 세상을 살아오면서 성령의 인도를 받지 않고 사람의 말을 듣거나 사람을 믿고 일을 맡겼을 때 실패와 낭패를 당한 것이 한두 번이 아닙니다. 직접 성령의 인도를 받을 때는 일이 술술 잘 풀렸습니다. 저의 지론은 성령의 인도를 직접 받아야 한다는 것입니다. 성령의 음성을 듣고 움직이는 습관을 들이는 것이 중요합니다.

그래서 하나님은 로마서 8장 14절에서 "무릇 하나님의 영으로 인도함을 받는 사람은 곧 하나님의 아들이라" 말씀하시는 것입니다. 예수님께서도 성도들이 세상을 살아가면서 성령의 인도를 받게 하기위하여 공생애 기간 동안 철저하게 성령의 인도를 받으셨습니다. 예수를 믿고 성령으로 거듭난 성도는 예수님과 같이 성령의 인도를 받아야 세상에서 승리할 수가 있습니다.

성령의 인도를 받아야 자신에게 들리고, 말하는 말씀이 율법인지 진리인지 깨달아 알 수가 있습니다. 어디를 가나 강단에서 말씀을 전하고, 들리는 말씀이 율법인지, 진리인지 알기 때문에 자신의 영을 자신이 지켜서 하나님의 복을 받아 거부가 될 수가 있습니다. 성령께서 말씀을 깨닫게 하시기 때문입니다. 성도는 성령의 인도를 받는 것은 무엇보다도 중요합니다. 성령의 인도를 받는 자와 그렇지 않은 자의 삶은 극명한 대조를 이룹니다. 성령은 그야말로 성령의 인도를 받으며 진리를 알고 성령으로 사는 성도를 영으로 인도하는 것이기에 극히 은밀하고 주관적입니다. 드러내놓고 나타내지 않습니다.

그렇다면 무엇으로 분별할 수 있습니까? 성령의 열매로 알 수 있습니다. 분명한 성령의 역사는 눈에 보이지 않게 인도하시나 눈에 보이는 열매를 맺게 하십니다. 성경 대로입니다. 오직 성령의 열매는 "사랑과 희락과 화평과 오래 참음과 자비와 양선과 충성과 온유와 절제라." 이러한 열매로 인하여 일체의 삶이 변화가 됩니다. 생명의 말씀으로 속사람이 변화되어, 자기 체질을 버리게 됨으로 새사람으로 거듭나게 되는 것입니다. 하늘의 사람으로 바뀌게 됩니다. 이전에 행했던 육신적 욕심으로부터 벗어나 영의 일을 추구하게 됩니다. 속일 수가 없는 것입니다. 성령의 역사는 시작은 미약했어도 그 나중은 창대하게 하십니다. 성령께서 믿음을 자라나게 하시기 때문입니다.

반면 성령의 인도를 받지 않는 자들은 모두들 사람을 의지합니다. 타인이든 자기 자신이든, 그러한 사람들의 독선과 독단은 의의 열매가 아닌 불순종의 열매를 맺게 됩니다. 성령의 역사와 인도에 순종이 없습니다. 성령은 하나님이십니다. 성령 하나님의 인도를 받지 않음인데 누구에겐들 순종할 수 있겠습니까? 그러한 자들의 열심히는 오히려 특심입니다. 누구보다 열심히 믿습니다. 행위로 열심히 해야 만족을 누리기 때문입니다. 그러나 인간적인 열심은 하나님께 상달되지 않습니다. 하나님은 영이시기 때문입니다. 반드시 성령의 인도를 받아 순종하는 열심만 받으십니다.

인간적인 사람은 성경대로가 아닌 사람의 말대로, 하나님 말씀이 아닌 사람의 말을 듣기 위해 예배에 참석합니다. 귀를 솔깃하게 하고, 마음을 후련하고 시원케 하고, 따뜻하게 위로하는 달콤한 사람의 말을 듣기 위해 많은 시간을 할애합니다. 이성적인 말씀을 즐겨서 듣기 때문에 도무지 구습이 변하지를 않는 것입니다. 하나님께 열심인 척하면서, 그렇게 함으로 위로와 영적인 힘을 얻으려 합니다. 사람을 의지하며 사람의 인도를 받는 자들은 사소한 일도 결정하지 못하고 사람에게 의논합니다.

마치 신탁이라도 받으려는 듯 순종의 모양새를 갖추고, 용한 점쟁이에게 점을 치는 것과 진배없습니다. 그들의 역겨운 행태는 분명 하나님의 자녀의 행보는 아닐 것입니다. 당연하게 하나님이 기뻐하시지 않습니다. 그러나 그들은 예수님을 믿고 있습니다. 성령의 인도를 한 번도 받아보지 못했으나 자신들도 하나님의 자녀임을 믿습니다. 그들에게서는 단 한 가지의 열매조차도 찾아볼 수 없습니다. 자기를 부인한 흔적이 없습니다. 예수의 남은 고난을 채운 흔적이 없습니다. 다만 행위에는 열심입니다. 행위로 하나님을 움직이려고 합니다.

영이 깨어나지 않은 고로 열심히 하면 하나님께서 기뻐 받으시는 줄로 착각하는 것입니다. 경건의 모양은 누구보다 거룩하며, 성실과 지속의 모양도 따를 자가 없습니다. 그래서 다 속게 됩니다. 그러나 반드시 드러나게 하시는 이가 계시니 "만물 위에 계신이라. 그 앞에서는 누구도 감춰진 것이 드러나지 않음이 없음이라. 곧 그리스도 예수라." 믿음은 믿음으로, 행위는 행위로 드러내십니다. 반드시! 지금이 아니라면 앞으로 그리 하실 것입니다. 어떤 인생 앞이라도 수많은 문제들이 포진해 있습니다. 그 문제 앞에서 드러내십니다. 완전히 다릅니다. 문제 앞에서 드러나는 각자의 믿음이 다릅니다. 그리스도 안에서 견고한 믿음의 뿌리로 터를 닦은 자는 흔들리지 않습니다. 성령의 인도를 받는 성도는 어떠한 문제 앞에서도 담대합니다. 성령의 인도를 받는 자들은 이러한 믿음으로 이루어 가십니다.

노력으로가 아니라, 하나님의 은혜로 되어지는 것이기에 감사와 기쁨이 넘치는 것입니다. 그들의 삶에는 열매가 있습니다. 그리스도는 그의 핏 값으로 부르신 성도들에게 가장 좋은 것을 주셨습니다. 곧 성령이십니다. 각자에게 적합한 수준과 방법대로 인도하시니 완전한 것입니다. 모두에게 안성맞춤입니다. 신비롭고 경이로운 일이라 사람의 언어로는 적절한 표현을 찾기가 쉽지 않습니다. 그러나 성령께서는 나를 알고 나는 성령을 압니다. 교감입니다. 기도할 때, 묵상할 때, 예배드릴 때 일어나는 이 신비로운 교감을 무어라 형언하겠습니까?

성령의 인도로 채우시는 믿음의 능력을 표현하기가 쉽지 않습니다. 오직 믿음으로 알 수가 있습니다. 우리가 사는 것은 믿음의 주이신 그리스도를 따르는 삶입니다. 그리스도의 것으로 지음을 받고 부르심을 받지 않았습니까? 하나님에게 속한 자입니다. 그리스도인은 완전한 요새입니다. 흔들림이 없는 반석입니다. 하나님의 자녀 된 내가 누구하고 의논을 해야 합니까? 하나님의 자녀답게 성령님과 의논을 해야 합니다. 이제 혈육과 의논하는 것을 멈추어야 합니다. 더 이상 혈육을 의지해서는 안 됩니다. 하나님의 자녀로 바뀐 사람답게 성령님에게 의논하여 대소사를 결정해야 합니다. 성령의 사람답게 세상을 살아가야 합니다. 그래야 성령님의 인도와 보호가 있습니다,

사람과 의논하지 아니하고, 사람에게 인정받으려 하지 아니하고, 오직 하나님 앞에 선 것은 성령의 인도로 되는 것입니다. 성령을 따르는 자는 믿음으로 채우십니다. 오직 믿음으로만 되는 것입니다. 이것이 은혜입니다. 큰 은혜입니다. 준비된 그릇입니다. 성령의 인도를 받는 자들은 성령으로 열매를 맺게 됩니다. 믿음은 종류가 많습니다. 다 같은 믿음이 아닙니다. 믿음에 따른 열심히는 그 믿음의 색깔대로 열매를 맺게 됩니다. 영을 믿고 따르는 자는 영의 열매를, 육을 믿고 따르는 자는 육의 열매를 맺음이니 곧 사망입니다. 완전히 다릅니다. 육신적인 부귀영화는 이 세상을 사는 동안 잠깐 누릴 수 있을 뿐 영원하지 않습니다. 사망은 영원한 심판 속에서 저주를 받았음이니 지옥의 형벌입니다. 열심으로 믿고 따르는 믿음이 그리스도로 말미암았다면 무엇보다 성령의 인도를 받고자 애써야 합니다. 성령의 인도를 받으려면 성령의 감동에 순종해야 합니다. 성령님을 주인으로 알고 대소사를 의논하고 질문해야 합니다. 그러면 성령께서 당신을 인도하실 것입니다.

충만한 교회에서는 매주 목요일 밤 19:30- 성령 ,은사, 내적치유집회를 정기적으로 진행하고 있습니다. 성령체험을 원하시는 많은 분들이 찾아오셔서 성령세례를 받고, 성령은사를 받으며, 질병과 마음의 상처를 치유 받고, 귀신들을 떠나보내고 있습니다. 성령으로 기도하며 성령의 강력한 역사가 일어나서 오시는 분들이 많은 은혜를 받고 있습니다.

4장 천국 되려면 하나님만 바라보라하신 예수님

(마 24:4-5)"예수께서 대답하여 이르시되 너희가 사람의 미혹을 받지 않도록 주의하라. 많은 사람이 내 이름으로 와서 이르되 나는 그리스도라 하여 많은 사람을 미혹하리라."

세상에서 성직자들의 미혹처럼 무서운 것은 없습니다. 왜냐하면 사기꾼들에게 미혹 당하는 경우에는 금전의 손해만 보면 됩니다. 그러나 잘 못된 성직자들의 미혹은 몸과 금전과 시간과 영혼의 생명까지 빼앗아가고 맙니다. 그러나 그보다 더 주의해야 할 미혹은 자신 안에 있는 욕심의 미혹입니다. 누가 아무리 나를 미혹해도 내가 거부하면 그만이지만, 보고 듣는 것에 솔깃한 마음이 든 것은 이미 마음이 동의했기 때문입니다. 가장 경계해야 할 사람은 종교가입니다. 그러나 더 경계해야 할 것은 자신의 마음입니다.

본문 말씀은 제자들 모두는 사전에 서로 의논하고 감람산에 이르러 은밀하게 묻는 것입니다. 이러한 소문이 밖으로 퍼진다면 자칫 일을 그르칠 수 있기 때문에 제자들의 특권을 누리면서 종용히 묻고 있는 것입니다. 마가복음(막 13:1-4)에서는 제자들 중의 실세인 베드로와 야고보와 요한과 안드레가 종용히 묻습니다.

베드로와 안드레는 친 형제이며 야고보와 요한 역시 친 형제입니다. 그들은 다른 제자들보다 예수를 가장 먼저 만난 사람들입니다. 그러나 누가복음(눅 21:5-7)에서는 특정인이 아닌 어떤 사람이 묻는 것으로 기록되어 있습니다. 이러한 제자들의 우문(愚問)에 대한 첫 대답이 "너희가 사람의 미혹을 받지 않도록 주의하라"는 것입니다.

실상인즉 "너희 마음 안의 돌 성전이 돌 위에 돌 하나도 남지 않고 무너지는 그 때가 이르면 사람의 미혹을 받지 않도록 주의하라"는 말씀입니다. 쉽게 설명하면 육신의 눈으로 보이는 사람에게 소망을 두지 말라는 말씀입니다. 보이는 사람에게 소망을 두고 따르다가 그가 보이지 않으면 스스로 설수가 없기 때문입니다. 보이지 않는 하나님께 소망을 두어야 보이는 사람이 떠나거나 보이지 않더라도 실망하지 않는 다는 말입니다.

육신의 눈에 보이는 예수님이 돌 위에 돌 하나도 남지 않고 다 무너지는 때(십자가에서 해 받으시면)는 예수 그리스도를 통하여 얻어 보겠다는 제자들의 세상에 대한 욕심이 무너지는 때를 비유하여 말씀하신 것입니다. 실제로 예수님이 십자가에서 해 받으시자, 제자들은 모두 희망을 잃어버리고 본업으로 돌아갔습니다. 부활하신 예수님이 찾아가셔서 베드로에게 2번을 사랑하느냐고 물으시고, 3번째, "내가 주님을 사랑하는 줄을 주님께서 아시나이다 예수께서 이르시되 내 양을 먹이라"(요 21:17하). 말씀하시며 이제는 주님을 의지하지 말고 주님을 대신하여 "내 양을 먹이라"고 사명을 확인하여 주십니다.

즉 우리 크리스천들이 "열심인 신앙심으로 얻어 보겠다는 기복신앙과 보이는 사람에게 잘 보이려고" 믿음 생활하는 것은 무너져야 할 돌 성전인 것입니다. 성령의 인도로 보이지 않는 영원한 하나님을 신앙의 대상이 되게 하라는 말씀입니다. 요한복음에 보면, 예수께서 당신이 죽으신 후 제자들의 심경이 어떠한 것을 이미 아시고 말씀하십니다. "내가 진실로 진실로 너희에게 이르노니 너희는 곡하고 애통하겠으나 세상은 기뻐하리라. 너희는 근심하겠으나 너희 근심이 도리어 기쁨이 되리라."(요 16:20). 그런 후에야 제자들은 스승인 예수 그리스도의 진면목을 보게 되는 기쁨을 누릴 것입니다.

예수님께서 베드로에게 사명을 주시는 그 때에 이르러서야 보이는 눈으로 세상이 원하는 것으로 기쁨을 누리지 아니하고, 하나님이 원하시는 것으로 기쁨을 누리게 되는 것입니다. 그 기쁨은 누구도 빼앗을 자가 없는 영원한 기쁨이 되는 것입니다. 그 기쁨은 하나님을 사랑함에서 발원한 기쁨이기 때문입니다. 그 기쁨 이외에 어떠한 기쁨으로도 거룩함에 이르지 못할 것이기 때문에 우리 모두의 소망이 되어야 합니다. 그렇지만 제자들의 관심사인 '주의 임하심과 세상 끝 날'에 대한 소망은 현재로서는 스승의 생각과 도저히 만날 수 없는 평행선입니다.

"지금은 너희가 근심하나 내가 다시 너희를 보리니 너희 마음이 기쁠 것이요 너희 기쁨을 빼앗을 자가 없으리라. 그 날에는 너희가 아무 것도 내게 묻지 아니하리라. 내가 진실로 진실로 너희에게 이르노니 너희가 무엇이든지 아버지께 구하는 것을 내 이름으로 주시리라. 지금까지는 너희가 내 이름으로 아무 것도 구하지 아니하였으나 구하라. 그리하면 받으리니 너희 기쁨이 충만하리라."(요 16:22-24). 그 때가 되면 아버지께 구하는 모든 것을 받을 수 있고 기쁨이 충만하리라고 예언하시지만, 바로 그 때에 오히려 사람의 미혹을 받지 않도록 주의하라고 경계하십니다. 쉽게 말하면 제자들이 예수 그리스도와 같은 능력이 있을 때에 사람의 미혹(추종)을 받는다면 그는 적그리스도요 루시퍼가 될 것이기 때문입니다.

사람의 미혹이란 다른 사람이 나를 미혹한다는 뜻이 아니라, 나 스스로 세상 사람들이 좋아하는 미혹에 빠진다는 의미도 포함합니다. 즉 세상 사람들이 추종하는 인물이 되어 재물과 권력과 명예의 미혹에 빠질 것임을 말씀하신 것입니다. 그 미혹을 피하려고 예수는 그를 추종하는 허다한 무리들을 얼마나 자주 피하셨습니까? 그 미혹을 피하려고 세례 요한의 옥에 갇힘과 죽음의 소식을 접하고도 말없이 멀리 피하셨던 것입니다.

예수께서 사람이 원하는 미혹에 빠졌다면 유대의 임금이 되었지 절대로 십자가에 못 박히지 않았을 것입니다. 예수께서는 하나님께로부터 받는 기쁨이 무엇인지 알기 때문에 세상으로부터 받는 기쁨을 취하지 않았던 것입니다. 예수의 기쁨을 마귀라도 빼앗을 수가 없었던 것입니다. "많은 사람이 내 이름으로 와서 이르되 나는 그리스도라 하여 많은 사람을 미혹하리라."(마 24:5).

천사장 루시퍼가 자기의 자리를 떠나 하나님과 견주려 할 때 그는 사탄이 되었습니다. 섬김의 자리를 버리고 군림의 자리를 탐하였기 때문입니다. 스승인 예수께서 제자들에게 경계하신 것이 그 때에 이르러 루시퍼와 같이 섬김의 자리를 버리고 군림의 자리를 탐할 것을 경계하셨던 것입니다. 예수 이후 신약 시대인 지금까지 얼마나 많은 자칭 예수가 출현했습니까?

오늘 예수께서 우리들에게 강력한 메시지를 전하고 있는 것입니다. 너희 안의 율법 신앙, 즉 돌로 지은 예루살렘 성전이 돌 위에 돌 하나도 남지 않고 무너지고, 하나님의 생명의 복음이 들릴 때에 사람의 미혹을 받아 너 스스로 세상 사람들이 원하는 영광을 취하지 말고 십자가를 지라 하시는 것입니다. 그 때에 사람의 미혹을 받는 자들이야말로 히브리서 기자가 강조하였던 한 번 빛을 받고 하늘의 은사를 맛본 사람들인 것입니다(히 6:4-6). 우리 모두는 말세에 거짓 선지자가 많이 일어나 사람들을 미혹할 것이라고만 알았습니다. 즉 거짓 선지자가 나를 미혹하는 것이지, 내가 거짓 선지자가 되어 많은 사람을 미혹하게 될 것이라는 것은 조금도 깨닫지 못하였던 것입니다. 예수께서 제자들에게 그 때에 이르러 "사람의 미혹을 받지 않도록 주의하라"고 말씀하신 이유가 여기에 있습니다.

제자들과 예수께서 대화하고 있는 지금, 제자들은 철저히 사람의 미혹을 받고 있습니다. 스승인 예수를 통하여 사람의 영광을 취하려고 하고 있습니다. 그와 마찬가지로 세상의 모든 사람들은 정도의 차이만 있을 뿐 사람의 미혹을 받고 있고, 그 재미와 소망으로 살아가고 있습니다. 그런 사람들에게 사람의 미혹을 받지 말라고 경계하시는 것이 아닙니다. 지금 그들에게는 아무리 경계한들 쇠귀에 경 읽기일 뿐이기 때문입니다. 그러나 하나님의 말씀을 배우고 묵상하고 상고하는 자들에게는 율법 신앙의 종말의 때가 있을 것이며, 그 때에 또 사람의 미혹을 받는다면 다시 새롭게 하여 회개하게 할 수 없으므로 사람의 미혹을 받지 말라고 하시는 것입니다. 미혹을 받지 말아야 할 것은 대략 이렇습니다.

첫째, 날과 시간을 정하는 시한부 종말론. 예수님의 재림을 사모하여 간절히 기다리는 것은 마지막 때 성도의 본분입니다. 그러나 예수 이름으로 와서 그리스도의 이름을 말하면서 날과 시간을 정하여 미혹케 하는 것입니다. "많은 사람이 내 이름으로 와서 이르되 나는 그리스도라 하여 많은 사람을 미혹케 하리라"(마태복음 24:5). 그리스도의 초보로 성숙하지 못하고 성경을 제대로 알지 못하면 날과 시간을 정하여 예언함으로 현혹되어 그 날과 그 시간이 그냥 지나감으로 허탄한 말에 실망하여 하나님을 등지고 살거나 또 다른 이단에 빠져 지금까지 허우적거리고 있다는 사실입니다.

성경말씀에는 분명히 그날과 시간은 아무도 모릅니다. 예수께서 그날과 시간은 아버지의 권한 아래 두셨습니다. 어느날에 임할는지 아무도 모르므로 성도는 정신을 차리고 깨어 있어야 합니다. "그러나 그 날과 그 때는 아무도 모르나니 하늘의 천사들도 아들도 모르고 오직 아버지만 아시느니라"(마태복음 24:36). 영계의 천사들도 모릅니다. 그런데 누가 미혹하기를 천사가 그날과 그때를 계시하였다고 예언하는 자를 능히 예수 이름으로 물리치기를 바랍니다. 속지말고 현혹되지도 말아야 합니다. 아들도 모른다는 것은 예수께서 하나님 아버지와 동등하시지만 아버지의 권한에 두심으로 아버지께서 그날과 그때에 예수님의 강림이 이루어지게 하실 것입니다. "이러므로 너희는 장차 올 이 모든 일을 능히 피하고 인자 앞에 서도록 항상 기도하며 깨어 있으라 하시니라"(누가복음 21:37). 우리가 해야 할 것은 말씀과 성령으로 충만하여 이 땅에서 천국을 누리는 삶을 살다가 보면 예수님 재림 시에 영원한 천국에 들어가는 것입니다.

둘째, 말씀 안에서 성령으로 말미암지 않고 사람의 심령으로 나는 예언으로 징조를 말하는 자. "여호와께서 말씀하셨다고 하는 자들이 허탄한 것과 거짓된 점괘를 보며 사람으로 그 말이 굳게 이루기를 바라게 하거니와 여호와가 보낸 자가 아니라"(에스겔 13:6). 가장 경계에 경계를 더하고 경계에 경계를 더할 것이 이것입니다. 자기 마음에서 나는 대로 예언하여 "이것이 징조다"라고 하는 자를 경계해야 할 것입니다.

마지막 때를 살면서 예수님의 재림을 사모하는 자들이 가져야 할 자세는 하나님의 말씀과 성령으로 무장하는 것입니다. 마귀는 성령의 역사와 말씀이 없는 곳으로 다닙니다. 마지막 때 영적 게으름은 말씀을 읽지 않는다는 것과 정신을 차리고 기도하는 시간이 부족하다는 것입니다. 그러면서 열심히 이리저리 종말을 가르치는 곳으로 말씀 안에서 성령으로 하지 않고 자기 마음으로 예언하는 자를 찾아다니고 머리를 숙이고 있습니다.

이런 자들의 입에는 항상 "사랑하는 아들아 내가 너를 크게 쓸 것이다. 사랑하는 딸아 내가 네게 큰 특별 사명을 줄 것이다. 내가 너를 오대양 육대주를 다니면서 복음을 전하도록 하겠다"는 자기를 높여 혹하게 하는 것을 볼 수 있습니다. 또한 종말론적인 인터넷 기독교 카페에서 누가 심령으로 예언하는 것을 눈여겨보고 현혹된다는 것입니다.

물론 기독교 카페 중에 이런 것을 경계하여 담대하게 차단하는 카페지기님들이 있어 하나님께 감사합니다. 그러나 무분별하게 마음에서 나는 예언에 대한 징조를 하나님의 말씀이라 하여 그대로 방치할 때 아직 어린신앙의 형제자매들이 현혹됨에 심히 염려스럽습니다. 마음에서 나는 소리로 하나님 말씀이라 하여 이것을 믿지 않으면 큰 일 날 것처럼 협박하는 자들도 있는 것을 보면 참으로 혼란케 됨을 봅니다.

그러므로 분별할 것은 인자의 임함과 세상 끝의 징조는 성경에서 예언하는 말씀의 징조를 보고 믿어야 할 것이지 사람의 미혹으로 성경에도 없이 마음에서 생각나는 대로 예언하여 징조를 말하는 자를 경계하여 미혹되지 않은 지혜와 지식을 가지고 영들을 분별하기를 바랍니다.

"인자야 너는 이스라엘의 예언하는 선지자를 쳐서 예언하되 자기 마음에서 나는대로 예언하는 자에게 말하기를 너희는 여호와의 말씀을 들으라 주 여호와의 말씀에 본 것이 없이 자기 심령을 따라 예언하는 우매한 선지자에게 화가 있을진저"(에스겔 13:2~3). 참으로 심각한 문제는 종말을 외치면서 유명세를 타는 목사들이 있다는 것입니다. 이런 분들이 하나님이 특별히 자기에게 계시해주심으로 하나님의 음성을 들었다면서 징조를 예언하면서 안 믿으면 화가 있을 것이라고 협박까지 하는 것입니다. 그러나 이는 십중팔구 허탄한 묵시요, 거짓된 점괘와 같습니다. "너희가 말하기는 여호와의 말씀이라 하여도 내가 말한 것이 아닌즉 어찌 허탄한 묵시를 보며 거짓된 점괘를 말한 것이 아니냐"(에스겔 13:7). 반드시 성령의 인도를 받아야 합니다.

셋째, 현세 천국은 없고 예수님이 재림하시고 죽으면 천국 간다고 미혹하는 자. 세상에는 특정 집단에 속해야 영원한 천국에 들어간다고 미혹하기도 합니다. 하나님의 말씀에는 어느 특정한 단체에 속해야 천국에 간다고 말씀하시지 않았습니다. 절대로 천국은 사후세계에 가는 것이 아닙니다. 지금 이 땅에서 천국을 누려야 합니다. 예수를 믿고 성령으로 거듭나 성령의 인도를 받는 모든 크리스천들은 이 땅에서 천국을 누려야 합니다. 천국을 누리지 못하는 성도는 예수님과 관계가 없는 사람일 수도 있습니다. 그런데 많은 목회자와 성도들이 재림 예수를 기다리며 사후에 들어가는 천국에 관심을 집중하고 있습니다. 사후에 들어갈 천국에서 받을 상급을 위하여 예배드리고, 봉사하고, 헌금하고, 구제하고, 선교하고 있습니다. 이렇게 보이는 면에 치중하다가 보니 자연스럽게 자신들의 심령에 임재 하여 있는 천국(교회)에 관심을 두지 못하고 믿음생활하고 있는 것입니다. 문제는 자신의 심령에 천국이 임재 하여 있다는 것도 모르고 믿음 생활하는 성도들이 있을 것입니다. 어떤 집단에 속한 자들을 보면 꼭 종들과 같은 신앙생활을 하고 있습니다. 특정집단에 속한다고 영원한 천국에 들어가지 못합니다. 이는 분별이 약한 성도들을 미혹하는 것입니다. 그 단체의 교주는 사람들의 미혹(추종)을 받기 때문에 그는 적그리스도요 루시퍼가 될 것이 뻔합니다. 하나님의 자리에 앉아있기 때문입니다. 책을 읽는 분은 누구인지 잘 아실 것입니다. 공개되는 것이기 때문에 실명을 거론할 수가 없어서 이렇게 기록합니다. 세상과 교계에 돌아가는 것을 보시면 바르게 이해하실 수 있습니다.

넷째, **성령의 은사와 기독교의 근본교리를 부정하는 자에게 미혹당하지 말라.** 쉽게 설명한다면 성경적인 지식과 체험이 균형을 이루지 못한자들을 주의하라는 것입니다.

1) **유명하다고 현혹되지 말라.** 믿음이 약한 사람들은 대개 매스컴을 탄다거나 성도들의 입을 통하여 유명하다고 하는 목회자에게 끌립니다. 유명하다는 목회자를 찾아가서 목회자에게 무엇을 얻을까 집중합니다. 바르게 알아야 할 것은 사람에게는 얻을 것이 없습니다. 잘못하면 목회자에게 미혹을 당할 수가 있

습니다. 미혹을 당한다함은 하나님은 뒤로하고 목회자에게 소망을 둔다는 뜻입니다. 하나님은 자신 안에 임재 하여 계십니다. 자신 안에 하나님과 영의 통로를 열려고 노력해야 합니다. 유명하다고, 외모가 반듯하고 도덕적으로 깨끗해 보여도, 하나님은 그 중심을 보십니다. 외모나 학벌이나 보이는 것말고 열매를 보고 분별을 하시기를 바랍니다.

과연 회개에 합당한 열매가 있는지, 성령의 열매가 있는지, 정말 말씀에 충실한지, 그 속을 보아야 할 것입니다. 때를 따라 양식을 먹이는 충성되고 지혜 있는 종인지, 말씀 지식과 체험이 균형을 이루는지, 성령의 역사가 있는지, 아님 자기 배만 채우기 위하여 인기를 얻기 위하여 성장목회만 관심 있는지 분별하여야 할 것입니다. 또한 교회 건물도 미혹의 대상입니다. 교회 건물이 중요한 것이 아니고, 자신 안에 있는 심령교회가 더 중요합니다. 교회건물이나 목회자의 유명세를 보고 교회를 선택하지 말고, 자신의 심령교회가 잘되어 이 땅에서 천국을 누릴 수 있는 교회를 선택해야 할 것입니다.

외모를 보지 않고 그 중심을 보는 하나님의 눈으로 보아야 하겠습니다. 오늘날 외형적인 교회와 외모가 좋은 목회자의 설교에는 예수중심의 설교, 십자가의 설교, 고난의 설교, 천국과 지옥에 대한 영계를 바라보게 하는 설교, 이 땅에서 천국을 누리는 설교, 심령 교회를 관리하게 하는 설교, 예수님의 재림을 기다리는 설교, 삼위일체 중심의 설교, 성도들의 심령을 치유하는 설교인지 분별하기를 바랍니다. 종말을 외치며 돌아다니면서 자기 사리사욕을 채우고 있는지 눈여겨보시기 바랍니다. 오르지 교회성장, 제자훈련이다 하여 확장하고, 복지한다고 외모에 치우쳐 종교다원화, 세속화되어 있는지 거룩한 분별을 가져야 하겠습니다.

2) 인본주의적 목회는 성경의 사실적 문자도 부정한다. 은혜로 시작했다가 교만해짐으로 헛된 인본주의를 열심히 좇아가는 자들이 있습니다. 성령으로 기도하고 성령을 좇아가지 않고 인간의 틀 속에 갇혀 성령의 은사를 부정하고 성경의 사실도 부정하여 더디 오리라 하여 상징으로 보는 경우를 봅니다. 정말로 주의하여 보아야 합니다. 하나님은 경건의 모양만 있고 경건의 능력이 없는 자에게서 떠나라 말씀하십니다. 종말을 외치면서 성경에도 없는 내용을 더하거나 빼거나 하는 일들이 비일비재하게 일어나고 있습니다. 대체적으로 성령의 은사를 부정하는 것은 성령체험이 없이 목회를 하니까, 표면적으로는 열정적으로 소리를 지르더라도, 그런 성령의 함께 하심이 없는 목회는 하나님의 사랑이 없는 꽹과리 소리와 같습니다. 이런 분들은 소리를 지를 대로 지르면서 감정이입으로 사람들을 현혹하면서 성령의 세례와 은사를 부정하고 있습니다. 이런분의 삶에 성령의 열매가 있는지 분별해야 합니다.

어떤 분들은 기독교의 교리 중 잘 정리된 사도신경을 가지고 성경에 어디 있느냐, 가톨릭의 전유물이다 하면서 무언가 엄청 똑똑한 체 아는 체하지만 실상 똑똑한 것도 없고 아는 것도 없고 신령한 체 하지만 신령하지 않은 자들입니다. 마지막 때에 마지막을 외치면서도 성령의 은사를 부정하고 기독교의 전통적 근본교리마저 부정하는 것은 거짓의 영이 들어갔거나 귀신의 가르침에 있다고 볼 수밖에 없습니다. 요한계시록 22장 18~19절에 보면 "만일 누구든지 이것들 외에 더하면 하나님이 이 책에 기록된 재앙들을 그에게 더하실 터이요, 만일 누구든지 이 책의 예언의 말씀에서 제하여 버리면 하나님이 이 책에 기록된 생명나무와 및 거룩한 성에 참예함을 제하여 버리시리라"(요한계시록 22:18~19). 하나님은 무섭기도 하십니다.

다섯째, "예언을 멸시치 말라"는 바른 이해로 직통계시를 물리쳐야 합니다. 직통계시란 성령님을 통하지 않고 직접 하나님께 계시를 받는다고 하는 것을 말합니다. 계시를 성령으로 깨달아 전해야 합니다. "성령을 소멸치 말며 예언을 멸시치 말고 범사에 헤아려 좋은 것을 취하고 악은 모든 모양이라도 버리라"(살전 5:19~22). 성령의 감동으로 예언을 하라는 것입니다.

여기서 "예언을 멸시치 말라"는 말씀은 자기 마음에서 생각이 나는 대로 예언하는 자를 인정하라는 말씀이 결코 아닙니다. "예언을 멸시치 말라"는 말씀이 데살로니가전서 5장 20절로 데살로니가전서의 마무리 말씀입니다. 데살로니가전서는 예수님의 재림에 대한 바른 이해를 말씀하심으로 올바른 방향으로 가게 하는 종말론의 바른 신앙자세입니다.

데살로니가전서의 전체 장은 예수님의 재림에 관한 종말예언으로 가득차 있는 말씀입니다. 데살로니가전서는 상징이 아닌 문자적으로 실제입니다. 실제로 예수님 재림하실 때 천사장의 나팔소리가 나고 죽은 자들이 일어나고 살아있는 자들도 변화를 받아 올라가는 것은 결코 상징이 아닌 곧 다가올 실제 사건입니다. "예언을 멸시치 말라"는 것은 데살로니가 전서의 예수님의 재림에 대한 종말예언을 멸시하지 말라는 것입니다.

요한계시록은 주 예수 그리스도의 계시로 된 예언서입니다. "이 예언의 말씀을 읽는 자와 듣는 자들과 그 가운데 기록한 것을 지키는 자들이 복이 있나니 때가 가까움이라"(요한계시록 1:3). 이 예언의 말씀은 요한계시록에 기록된 예언들입니다. 요한계시록에 기록된 예언을 멸시하지 말고 믿는 자가 되어야 하겠습니다. 요한계시록은 때가 가까이 왔으므로 인봉하지 않은 예언의 말씀입니다. 그러므로 마음에서 나는 직통계시를 받으면서 이것이 하나님의 말씀이라 하여 징조를 말하고 마음에서 나는 소리를 성경말씀의 예언 위에 두고 믿으라고 강요하듯 겁주는 것은 분명 점괘요 허탄한 것을 쫓게 하는 것입니다.

"그러므로 사랑하는 자들아 너희가 이것을 미리 알았은즉 무법한 자들의 미혹에 이끌려 너희 굳센 데서 떨어질까 삼가라. 오직 우리 주 곧 구주 예수 그리스도의 은혜와 저를 아는 지식에서 자라가라 영광이 이제와 영원한 날까지 저에게 있을지어다"(벧후 3:17~18). 아멘입니다.

5장 현세에서 천국과 지옥을 보게 한 예수님

(눅 16:23~24)"그가 음부에서 고통 중에 눈을 들어 멀리 아브라함과 그의 품에 있는 나사로를 보고, 불러 이르되 아버지 아브라함이여 나를 긍휼히 여기사 나사로를 보내어 그 손가락 끝에 물을 찍어 내 혀를 서늘하게 하소서 내가 이 불꽃 가운데서 괴로워하나이다"

예수님은 현재 세상에 천국과 지옥이 공존하고 있는 것을 느끼면서 살아가라고 말씀하십니다. 분명하게 공존하고 있는 것이 사실입니다. 조나단 에드워드는 어느 날 설교를 하면서 "만약 내가 여러분에게 단 5초만 지옥을 보여줄 수 있다면, 하나님 앞에서 신실하게 살지 않을 사람이 없을 것이다."라고 말했습니다. 존 웨슬리도 가장 효과적인 설교는 지옥을 설명하는 것이라고 말했습니다. 유명한 철학자 임마누엘 칸트는 "이 세상에서 부조리하고 불공평한 처사를 볼 때마다 천국과 지옥은 반드시 있어야 한다고 생각한다."라고 말했습니다.

동물들은 천국과 지옥에 대한 의식이 전혀 없습니다. 잘 먹고 잘 살면 되지 천국과 지옥이란 개념은 동물에게는 없습니다. 인간도 불신앙에 있는 분들이 종종 천국과 지옥이 어디 있느냐고 조롱합니다. 그러나 인간은 심지어 불신자라 할지라도 누구나 그의 마음의 깊은 잠재의식 속에 천국과 지옥에 대한 개념을 가지고 있습니다. 사후의 세계에만 천국과 지옥이 있는 것이 아니라, 현실세계 속에 이미 우리는 천국과 지옥이 있는 것을 역사적으로나 현실적으로 체험하고 있습니다. 천국이 어디 있느냐. 지옥이 어디 있느냐? 죽어서 갈 때까지 기다릴 필요 없이 이미 이 땅에 사는 동안에 우리는 천국도 체험하고 지옥도 체험하는 것입니다.

첫째, 마음으로 체험하는 천국과 지옥. 육체적인 쾌락과 욕망에 끌려 살며 거짓과 미움과 분노와 불안, 공포, 낙심, 좌절, 절망의 수렁에 빠져 허우적이며 사는 삶은 이미 그 마음에 지옥을 경험하고 있습니다. 이 세상에서 불안과 공포와 초조와 좌절과 절망과 미움과 분노에 꽉 들어 쌓여서 술로 세월을 보내고 폭력으로 세월을 보내는 그 사람의 마음에 지옥이 안 들어 있고 무엇이 들어 있습니까? 지옥 같은 마음의 고통을 느끼게 되는 것입니다. 그러므로 이미 이 세상에 사는 동안에 마음의 지옥을 체험한 사람이 많습니다.

우리 인생은 히브리서 9장 27절처럼 "한번 죽는 것은 사람에게 정해진 것이요 그 후에는 심판이 있으리니" 누구든지 반드시 이 세상에서 살아온 그대로 심판이 있는 것입니다. 심판을 어떻게 받을 것이냐. 이미 내 마음속에 내 심령이 나를 심판하고 있습니다. 내 마음에 고통과 괴로움과 불안과 처절한 고통이 있으면 지옥이 벌써 내 마음에 있고 지옥의 심판이 나를 기다리고 있는 것을 알 수 있는 것입니다.

영화 제작자로 20대에 세계적인 억만장자가 된 미국의 하워드 휴즈는 말년에 정신병에 걸렸습니다. 그는 많은 재산이 있었지만 머리도 깎지 않고 손톱도 매의 손톱같이 길어지고 병균이 있을까 싶어서 사람들과 만나지도 아니하고 음식도 닭 스프만 먹다가 영양실조에 걸려서 죽었습니다. 그가 죽고 난 다음에 누구 한 사람 와서 울어줄 사람도 없었고 위로해줄 사람도 없었습니다. 억만장자였지만 그의 마음은 생지옥이었습니다. 그렇게 살아서 무엇 합니까? 벌써 살아있는 동안에 그는 지옥을 체험한 것입니다. 미국의 석유 왕 폴 게이트는 역시 엄청난 부자로, 말년에 그가 영국에 있을 때 한번은 신문기자가 물었습니다. "폴 게이트씨 당신의 인생은 행복했습니까?" 그러자 그는 "행복이 어디 있느냐?"고 버럭 고함을 치고 말았습니다. 세계적인 부자였지만 그는 진정한 행복이 무엇인지 몰랐습니다. 돈이나 지위나 명예나 권세가 평안과 기쁨과 행복을 가져오지 못하는 것을 보여주는 것입니다. 이 세상의 쾌락과 부귀영화와 공명으로 인생의 자랑을 삼고 그것이 인생의 참 가치인 줄 알고, 그 안에 안주하는 사람들의 최후는 이처럼 외롭고 쓸쓸하며 처참합니다. 이들의 삶은 재물과 명예와 영화로움으로 겉으로는 화려한 것 같지만 마음속에는 지옥을 경험하고 산 것입니다. 벌써 지옥에 내려가기 전에 마음속이 지옥으로 꽉 들어찬 것입니다. 욕심과 탐심과 욕망으로 꽉 들어찬 그 마음에는 지옥불이 활활 타고 마음에 기쁨과 평안을 찾아볼 수가 없었던 것입니다.

그러나 우리가 주 예수님을 믿고 죄를 회개하고 성령으로 심령을 정화하고, 마음에 믿음, 소망, 사랑, 평강, 희락, 진실, 거룩함을 갖고 살면서 성령으로 기도드리고 감사하며, 교회에 나가고 성도들과 교제하며 성령으로 충만하여 마음에 평안과 기쁨을 갖고 살면 현실 세계에서 천국이 우리 마음속에 들어온 것입니다. 우리가 옛날에 예수를 모르고 세상에 살다가 예수를 믿고 난 다음에 하나님께 수고하고 무거운 짐을 다 맡기고 성령으로 충만할 때 마음에 얼마나 놀라운 믿음, 소망, 사랑, 의, 평강이 강물같이 넘치지 않습니까? 벌써 마음속에 천국이 들어와 있는 것을 느낄 수가 있는 것입니다.

누가복음 17장 21절에 "또 여기 있다 저기 있다고도 못하리니 하나님의 나라는 너희 안에 있느니라" 하나님의 나라는 우리 마음속에 언제나 임하여 있는 것입니다. 우리가 이 세상 환경이 아무리 어렵더라도 예수님이 마음 중심에 계시고 우리가 성령으로 충만하게 기도하면서 살면 마음의 평화가 바로 천국인 것입니다. 이 세상의 부귀영화 공명보다 더 가장 중요한 것이 마음의 평안입니다. 마음의 평안은 돈 주고 못삽니다. 지위나 명예나 권세를 주고 살 수가 없습니다. 오직 예수님 안에서 성령이 임재하실 때 주는 평안 이것이 참된 평안이요, 평안이 있어야 행복한 것입니다. 평안하게 잠자리에 들어가고 평안하게 깨어나고 하루를 살아도 마음속에 평안을 가지고 살 수 있으면 그것이 행복이요, 천국이 바로 그 마음속에 있는 것입니다.

반대로 마음의 평안이 없고 불안하고 초조하고 두렵고 공포가 있고 마음이 답답한 마음을 가지고 있으면 자도 편하지 않고 깨어나도 편하지 않고 밥을 먹어도 편하지 않고 하루 종일 친구를 만나도 편하지 않고 마음속에 불안이 꽉 들어차면 그는 사는 것이 아니라 벌써 지옥을 맛보고 있는 것입니다.

둘째, 사회적 천국과 지옥. 우리가 또한 사회적 천국과 지옥도 체험하고 있는 것입니다. 오늘날 이 세계가 지옥 속에 있는 세계도 있고 천국 같은 세계도 있는 것입니다. 정부의 권위와 법질서가 무너진 나라를 생각해 보십시오. 폭력과 집단 난투와 부정과 부패가 만연하고 빈부격차가 심하고 가정과 사회질서가 문란하고, 평화가 사라지고 도적이 들끓고, 신용이 사라지고, 사회보장이 무너지고, 이러한 생지옥의 사회가 되면 벌써 이 세상사는 것이 지옥인 것입니다.

FAO 평가에 의하면 북한은 2006년 식량부족으로 2천 3백만 인구의 다수가 만성적인 영양실조에 시달리고 있다는 것입니다. 이러한 세계가 바로 지옥 아닙니까? 정부의 권위와 법질서가 무너져 폭력과 집단 난투와 부정부패가 만연하면 빈부격차가 심해지고 평화가 사라지고 약자는 무참히 짓밟힙니다. 바로 이러한 것을 '생지옥'이라고 말할 수 있는 것입니다. 오늘날 신문에 보면 범죄천국이라 그런 말이 있는데 범죄천국이 어디 있습니까? 범죄지옥이지…. 사회질서가 무너지고 범죄가 횡행하면 범죄천국이 아니라 범죄지옥인 것입니다.

그러므로 사회가 생지옥이 될 수 있고 정부가 생지옥이 될 수 있는 것입니다. 우리도 6.25사변을 통해서 나라가 무질서하고 전쟁에서 수많은 사람이 죽어가고 파괴될 때 온 나라 전체가 생지옥과 같았습니다. 내일을 예언할 수 없는 비극 속에 살았습니다. 그러나 그때와 비교하면 지금 우리가 사는 우리 한국 사회는 천국입니다. 이만큼 질서가 잡히고 평안하고 안전한 나라가 또 어디 있습니까? 그래도 평안한 마음으로 밤거리에 걸어 다닐 수 있는 나라가 오늘날 이 세상에 얼마나 있습니까? 벌써 나라도 지옥과 같은 나라도 있고 천국과 같은 나라도 있는 것입니다.

베드로전서 5장 8절로 9절에 "근신하라 깨어라 너희 대적 마귀가 우는 사자 같이 두루 다니며 삼킬 자를 찾나니 너희는 믿음을 굳건하게 하여 그를 대적하라 이는 세상에 있는 너희 형제들도 동일한 고난을 당하는 줄을 앎이라" 마귀는 우리의 환경을 혼란하게 만들고 부정적으로 만들고 살기 어렵게 만들기 때문에 우리는 항상 마귀를 경계하고 대적하고 물리쳐야 되는 것입니다. 에베소서 6장 12절에 "우리의 씨름은 혈과 육을 상대하는 것이 아니요 통치자들과 권세들과 이 어둠의 세상 주관자들과 하늘에 있는 악의 영들을 상대함이라" 마귀는 수많은 귀신의 떼를 거느리고 개인도 가정도 사회도 국가도 혼란과 고통 속에 빠뜨리기를 원하는 것입니다. 도적질하고 죽이고 멸망시키고 무질서하게 만들어서 생지옥을 만들려고 하는 것입니다. 그렇기 때문에 우리는 항상 주님 앞에서 기도하고 마귀를 대적하여 물리쳐야 되는 것입니다.

정치가 안정되고 정부의 법질서가 확실하고 사회질서가 정연하고 부정부패가 사라지고, 빈부격차가 줄어들고 사회보장제도가 견실하고, 신용이 살아나고, 집단폭력이 사라지고 윤리와 도덕이 바로서고, 교회가 그 사명을 다하여 사회에 빛과 소금이 되며, 시민이 평화롭고 꿈과 희망을 갖고 사는 사회는 이미 천국입니다. 이 땅에 사는 동안에 벌써 그런 나라는 천국이라고 말할 수 있는 것입니다.

저는 이런 이야기를 읽어본 적이 있습니다. 한 부인이 세상 살이가 너무나 힘들어서 자신을 하나님이 계신 곳으로 데려가 달라고 기도를 했습니다. 하루는 천사가 나타나서 "하나님이 네 기도를 응답 했으니 곧 너를 데려 가겠다. 그러나 네가 할 일이 있다. 집안을 깨끗이 정리해 놓고 와야지 이렇게 어지럽게 해놓고 너만 천국에 오면 어떻게 하느냐? 집안을 깨끗이 정리정돈 하라!" 그래서 열심히 집안을 소제하고 정리정돈을 했습니다. 그리고 기도했습니다. "집안 정리정돈을 다 했으니까 이제 데려가 주십시오." 천사가 와서 "저 마당에 잡초가 저게 뭐냐? 마당에 잡초가 많아서 보기가 흉하니 다음 사람이 와서 살더라도 이런 집에서 살려고 하겠느냐? 잡초를 정리하고 아름다운 나무를 심고 꽃을 가꾸고 난 다음에 천국에 오너라!" 그래서 열심히 정원을 가꿨습니다. 잡초를 뽑고 아름다운 꽃을 심고 나무를 심고 정원을 돌보고 난 다음에 "이제 천국에 갈 때가 되었으니 이제 나를 데려 가 주십시오." 하니까 천사가 나타나서 "아직 멀었다. 왜냐하면 너의 집 앞을 봐라! 거지가 와 있는데 먹이지도 아니하고 입히지도 아니했지 않느냐? 너 이웃집하고 사이가 나쁘지 않느냐. 그것을 정리해 놓고 난 다음 천국에 와야지 그들을 그대로 두고 천국에 올 수는 없다." 그래서 그때부터 거지에게 잘 먹이고 입히니까 거지들이 줄을 서서 옵니다. 그래서 다 먹이고 입히고 이웃 사람들에게 친절히 하고 사랑을 베풀고 또 남편과 자식들에게 아주 사랑과 친절을 베풀어서 인기 100%가 되었습니다.

그래서 주님께 "이제는 다 되었지요?" 하니까 천사가 와서 그부인의 손을 잡고 창문가에 나와서 창문을 활짝 열어 놓고 "바깥을 한번 바라보아라!" 보니 정원에는 꽃이 만발하고 나비가 날아다니고 새들이 노래합니다. 사람들이 보는 곳마다 손을 흔들고 감사하는 것입니다. 남편도 우리 집사람이 제일이라고 하고 자식들도 우리 어머니가 제일이라고 하니 가만 보니까 천국에 갈 필요가 없이 여기가 천국이거든요. 그래서 천사보고 "아이 나 천국은 좀 있다가 가겠습니다. 여기서 좀 더 살게 해주십시오." 그렇게 말했다는 것입니다. 천국은 자기가 만들기에 달려있는 것입니다. 자기가 천국을 만들 수도 있고 지옥을 만들 수도 있는 것입니다. 우리가 스스로 마음을 화평하게 하고 가정과 생활에 화평을 누리면 천국을 우리 환경 속에 만들 수가 있는 것입니다. 로마서 15장 13절에 "소망의 하나님이 모든 기쁨과 평강을 믿음 안에서 너희에게 충만하게 하사 성령의 능력으로 소망이 넘치게 하시기를 원하노라" 성령이 오시면 소망도 있고 마음속에 평강이 충만하게 되는 것입니다. 소망과 평화가 넘치면 마음속에 천국이 역사하는 것입니다. 그러므로 우리는 천국을 다른데서 찾지 말고 우리의 마음에서 우리의 환경에서 찾아야 되는 것입니다. 말씀과 성령으로 심령을 정화하면 천국이 되는 것입니다.

어떤 사람이 천국과 지옥을 보고 온 이야기를 적은 것을 읽어 보았습니다. 그가 꿈에 천국과 지옥을 갔는데 지옥에도 좋은 방에 사람들이 다 앉아 있는데 모두 다 빼빼하게 야위고 못 먹어서 꼬락서니가 말이 아니었습니다. 그런데 방 가운데는 큰 항아리가 있고 정말 맛있는 스프가 있는데 사람들이 전부다 스프를 숟가락에 떠가지고서 등 뒤로 자꾸 던져 버립니다. 왜냐하면 전부 뻗팔이라, 스프를 떠서 입에 못 넣고 등 뒤로 던져 버립니다. 그러니까 스프는 많은데 전부 등 뒤로 스프를 던져 버리니 굶주려서 얼굴이 횅하고 볼모양이 없습니다.

그 다음에 천국에 올라가니 똑같은 좋은 방에 스프가 있고 사람들이 있는데 거기도 전부 뻗팔인데도 전부 살이 찌고 포동포동하고 좋습니다. 어떤가 보니까 전부 뻗팔이지만 스프를 떠서 서로 먹이니까 뻗팔이라도 서로 다 먹을 수 있으니까, 그래서 다 살이 찌고 아름답게 보였습니다. 거기에서 잠에서 깨어나서 그가 깨달은 것은 "지옥은 욕심과 탐심으로 나만 알고 다른 사람은 모른다. 너는 죽어도 나는 살고, 너는 굶어도 나만 먹고, 너는 발가벗어도 나만 입겠다. 자기중심으로 사는 것은 어떤 환경에 갖다 놓아도 지옥이 되고, 행복과 사랑을 나누는 사람은 내가 가지고 있는 것을 남에게 나누어 주고, 또 서로 같이 공유하고 서로 사랑하게 되면 어떠한 환경에서도 행복하게 서로 같이 살 수 있다"는 것을 깨달아 알았다는 것입니다.

그러므로 천국은 서로 사랑하고 나누는데서 천국이 있고 행복이 있는 것입니다. 그와 같이 사람의 마음속에 이미 지옥도 체험하고 천국도 체험하고 우리 사회생활도 이 천국도 체험하고 지옥도 체험합니다. 그런데 진짜 영원한 천국과 영원한 지옥은 죽음 그 후에 다가오는 것입니다. 사람은 죽으면 없어지는 것이 아닙니다. 우리는 우리 육체에 옷을 입고 있는 것입니다. 우리 육체는 언젠가 늙어지고 다 썩어져 떠나게 되는 것입니다. 한 사람도 이 세상에 영원히 살 사람이 없습니다. 그러나 육체를 떠날 때 없어지는 것이 아니라, 우리의 속사람은 세상에서 누리던 대로 천국이 아니면 지옥으로 가는 것입니다. 내가 지옥으로 갈까요? 내가 천국으로 갈까요? 그렇게 물을 필요가 없는 것은 지금 내가 천국을 누리면 반드시 천국에 갑니다. 그러나 내가 지옥 같은 생활을 하고 있으면 반드시 지옥으로 가는 것입니다. 내 마음속에 지금 천국을 누리느냐. 지옥 같은 생활을 하느냐가 나의 미래를 결정하는 것입니다.

셋째, 영원한 천국과 지옥. 여기에 한 부자가 있어 권력도 있고 돈도 있어 연락하고 즐거움을 가지고 살지만 그 대문밖에는 거지 나사로가 병들고 굶주려 죽어가고 있는데 나누지를 않습니다. 밥 한 숟가락도 나누지 않고 국 한 숟가락도 나누지 않고 의복 한벌도 나누지 않았습니다. 그저 자기만 잘 먹고 잘 입고 희희낙락하며 나는 유대인이요. 아브라함의 자손으로 선택받았으니까 천국 갈 것이라 생각하고 살았으나 행위는 완전히 나쁜 행위를 하고 있었습니다. 그러나 그 대문밖에 있는 거지 나사로는 그 부자의 밥상에 떨어진 부스러기를 주워 먹고 개들과 함께 있다가 병들어서 죽었습니다. 천사들이 와서 그를 데리고 하늘에 올라가 낙원에 들어가서 아브라함의 품에 안겼습니다. 그런데 이 부자는 안 죽나요? 부자도 나이가 들어 죽어서 거대한 장례식을 치르고 장엄하고 화려한 공동묘지를 만들었지만 그 공동묘지 속에 그가 들어있다고 말하지 않았습니다.

그는 지옥에 떨어져서 불꽃 가운데 고통을 당하게 된 것입니다. 지옥은 말로 형용할 수 없는 불꽃과 같은 고통 속에 있는 곳입니다. 이 세상에서 마음에 지옥도 고통스럽고 사회적인 지옥도 고통스러운데 진짜 지옥은 말로 다 할 수 없이 고통스러운 곳입니다. 그곳에서 하늘을 쳐다보니 나사로가 낙원에서 아브라함의 품에 안겨서 즐기는 것을 보고 "아버지 아브라함이여 아버지 아브라함이여, 나는 지옥에 떨어져서 이렇게 고생을 하니 저 나사로를 보내어서 손에 물을 찍어서 내 혀를 서늘하게 해주소서." 그때 아브라함이 말하기를 "예~ 너는 세상에서 잘 먹고 잘 입고 잘살면서 이 나사로가 헐벗고 굶주리고 아프고 죽어갈 때 옷 한 벌, 밥 한 숟가락 나누지 않지 않았느냐? 너는 자신만 위해서 살다가 지옥에 떨어졌고, 이 나사로는 낙원에 와서 즐거워하고 있다. 또 그뿐 아니라 너와 우리 사이에는 큰 구렁이 있어서 그곳에서 이리로 오지도 못하고 여기서 거기로 넘어가지도 못한다." 그러니까 그 부자가 하는 말이 "아버지 아브라함이여, 나사로를 다시 세상으로 보내어 우리 집에 가서 전도하게 해주십시오. 내 형제가 다섯이 있는데 전부 다 나처럼 살고 있습니다. 그들이 다 지옥에 오면 이 고통을 당할 것이니 제발 그들에게 전도하게 해주십시오." 그것도 아브라함은 거부했습니다. 이 세상에는 성경이 있는데 성경을 듣고도 믿지 아니하면 죽은 자가 살아나서 간증을 해도 믿지 않는다. 우리에게 하나님께서는 말씀을 주셨는데 우리가 말씀을 저버리면 죽었다가 살아난 사람이 와도 그 말을 믿지 않는 것입니다. 말씀 속에서 우리는 구원의 은총을 받을 수가 있는 것입니다.

우리 하나님께서는 예수 그리스도를 통해서 우리에게 구원의 길을 활짝 열어 놓으셨습니다. 나는 죄가 너무 많고 불의하고 추악하기 때문에 천국에 못 간다는 말을 할 수가 없습니다. 왜냐하면 예수님이 십자가에 못 박혀 돌아가실 때 우편과 좌편에 강도가 달렸는데 흉악한 강도입니다. 살인하고 방화를 하고 흉악한 죄를 짓고 십자가에 못 박혔는데 그 강도 중 한사람은 예수님을 바라보고 회개하고 주여! 주의 나라에 임하실 때 나를 기억하여 달라고 했었습니다. 마음으로 믿어 의에 이르고 입으로 시인하여 구원에 이른다고 그는 마음으로 예수께서 하나님의 아들인 것을 십자가에서 비로소 깨닫게 되고 입술로 시인하니까 주님이 말씀하기를 오늘 너는 나와 함께 낙원에 있으리라고 말한 것입니다. 죽는 순간이 중요한 것입니다. 죽는 순간 예수님을 시인하면 천국입니다. 구원의 시간이 걸리지 않습니다. 구원이 순식간에 그의 마음속에 선물로 주어진 것입니다. 구원은 하나님을 원하는 사람에게 주는데 구하라 주실 것이요. 찾으라 찾을 것이요. 문을 두드리라 열릴 것이라고, 예수 그리스도를 우리가 구하기만 하면 구원을 공짜로 우리에게 주시는 것입니다. 하나님이 세상을 이처럼 사랑하사 독생자를 주셨으니 누구든지 저를 믿으면 멸망치 않고 영생을 얻으리라고 말한 것입니다.

미국의 목사요, 교수요, 시인인 밴 다이크의 「대저택」이라는 소설에 이런 이야기가 있습니다. 어떤 부자가 천국에 가서 천국의 안내를 받으며 여기저기 보고 다니는데 굉장히 좋은 저택이 있거든요. 감탄을 하고 "야~ 이렇게 좋은 저택을 누구를 위해서 지은 저택입니까?" "당신 하인을 위한 집입니다." "우리 하인을 위해서 어떻게 이 저택을 지었습니까?" "하늘은 잘못한 것이 없이 지상에서 올려 보내는 것을 가지고 집을 짓는데 당신 하인이 정성으로 하늘나라에 보화를 심었기 때문에 이런 큰 저택을 지었다." "아~ 참 놀랍다." 그 다음 쭉 구경을 하다가 아주 낡은 집을 하나 보았었습니다. 그래서 "이 저택은 누구 것입니까?" 그러니까 "바로 당신 저택이요." "아, 내 저택이 이럴 수 있습니까? 나는 그런 사람이 아닌데…." "당신이 하늘나라를 위해서 한 것이 무엇입니까? 하늘을 위해서 올려온 재료가 없습니다. 하늘은 정직한 곳이니 당신이 올려온 재료를 가지고 저택을 지어보니 이런 저택밖에 되지 않았다."고 했습니다. 그래서 이 사람이 꿈에서 깨어나고 난 다음부터 마음과 뜻과 정성을 다하여 하나님의 나라를 위해서 수고하고 일했다는 글을 읽어 본적이 있는 것입니다. 우리가 이 땅에 살면서 하나님의 나라를 위해서 힘써 일하는 것은 장차 우리가 하늘에 올라가서 하나님의 축복을 받을 씨앗을 심는 것입니다. 사람이 임종을 하면 그 사람이 천국가는지 지옥 가는지 알 수 있다는 이야기가 있습니다.

종교개혁 자이자 장로교의 창시자였던 존 칼빈은 "사람은 그 죽는 것을 보아야 그 삶이 어떠했는지를 알 수 있다."라고 말한 것입니다. 아무리 크리스천이라도 이 세상을 하직하는 순간이 중요합니다. 어떤 장로님이 한국에서 대학교 총장도 하시고 교회에 건축위원장도 하시다가 정년이 되어 미국으로 가셨습니다. 미국의 한인교회를 다녔는데 그만 간에 암이 생긴 것입니다. 백방으로 노력을 했으나 치유가 불가능했습니다. 담임목사님이 어느 주일날 예배를 마치고 성도들을 모시고 병원에 심방을 갔습니다. 면회 시간에 맞추어서 중환자실에 들어가 예배를 드리고 안수를 해보니 생명이 얼마 남지 않은 것입니다. 그래서 목사님이 장로님! 끝까지 예수 이름을 부르고 절대로 예수님을 놓지 말아야 합니다. 말했습니다. 그랬더니 장로님이 순간 무어라고 하느냐. 예수고 뭐고 다 필요가 없다고 하시면서 뒤로 넘어졌습니다. 그리고 며칠 있다가 세상을 하직했습니다. 이분은 생전에 천국을 누리고 사셨지만 마지막 순간에 예수님을 부인했기 때문에 영원한 천국에 들어가는 것이 불확실한 것입니다.

그래서 혈기와 분노는 반드시 치유되어야 합니다. 특별히 남편이 조언하면 분을 내는 여성은 남자에게 상처가 있는 경우입니다. 부인이 무슨 말을 하면 혈기부터 내는 남편도 마찬가지 여성에게 상처가 있는 경우입니다. 노인이나 어떤 특정 계통의 사람과 대화하다가 자기도 모르게 분노를 발하는 사람도 그런 유형의 사람에게 상처를 받았기 때문입니다. 이 세상에서 천국을 누리던 성도도 죽는 순간 혈기나 분노를 발하면 영락없이 하나님에게서 떨어질 수도 있습니다. 모세가 그런 경우입니다.

어느 장로님은 교회 수석장로님을 하셨는데 담임목사님을 쫓아내는데 일등공신을 하면서 믿음 생활을 하셨습니다. 어느날 교회에서 혈기를 내다가 뒤로 넘어졌는데 뇌진탕이라 일주일 후에 세상을 떠났습니다. 자녀들이 장로님의 사후세계가 걱정이 되니까, 천국에 들어가게 해달라고 기도를 많이 했습니다. 어느날 작은 딸이 장로님의 꿈을 꾸었습니다. 자신이 천국에 들어와 잘 있으니 걱정하지 말라고 하시더랍니다. 이 책을 읽는 분들의 판단에 맡깁니다. 사람의 심리가 꿈을 만들어 내기도 하기 때문입니다. 그래서 이 세상을 하직하는 순간이 중요하다는 것입니다. 무의식에 잠길 정도로 항상 마음으로 예수님에게 집중해야 합니다.

한국의 유명한 부흥사이며, '사랑의 배달부'라고 불리던 길선주 목사님은 임종 시에 주변에 있던 사람들에게 "하늘에서 내게 전보가 왔어. 이제 떠나야 돼. 다들 잘 있게."그렇게 말하고 떠났습니다. 주변에 있는 친구들을 보고 하늘에서 내게 오라는 전보가 왔어. 이제 내가 떠나야 돼. 잘 있게. 그리고 떠났습니다. 천국 간 일이 얼마나 확실합니까? 미국의 유명한 부흥사였던 무디 목사님은 죽기 직전에 그를 임종하려고 모여 있는 자녀들과 많은 일가친척들 앞에서 갑자기 벌떡 일어나더니 이렇게 말했습니다. "영광이로다! 땅이 물러가고 하늘이 내게 다가오는 도다. 그리고 여러분 내일 아침 신문에 무디가 죽었다고 보도 되더라도 믿지 마세요. 무디는 죽은 것이 아닙니다. 여러분이 보시는 대로 이렇게 하늘로 올라갑니다."라고 하더니 쓰러져서 눈 감고 세상을 떠나고 만 것입니다.

우리에게 사후의 세계는 분명히 있습니다. 인간이면 누구든지 영원한 천국아니면 음부로 가야만 합니다. 그것은 우리가 이 세상에 살면서 뿌린 씨앗의 열매를 그대로 거두는 것입니다. 우리가 우리의 선한 행위로 구원을 받는 것은 아닙니다. 예수 그리스도께서 우리의 죄와 불의, 추악과 저주와 절망을 걸머지고 십자가에서 한없는 고통과 괴로움을 당하여 우리의 죄악을 다 청산해 주셨기 때문에 예수님을 구주로 모셔야만 죄 사함을 받을 수 있는 것입니다. 인간의 선한 행위로써는 결코 천국을 갈 수 없습니다. 그러나 예수님의 보혈의 능력은 어떠한 죄인도 씻어주고 구원해 주고 천국에 가는 확신을 줄 수 있는 것입니다.

그러므로 이 세상에서 가장 큰 보배가 마음속에 예수님을 모신 것입니다. 그것보다 더 귀한 보배는 없습니다. 지위나 명예나 권세나 돈이나 세상의 부귀영화는 일시로 있다가 사라집니다. 그리고 그런 것들은 겉으로 보면 호화롭게 보이지만 마음속에는 절대로 평안과 기쁨과 천국을 주지 못합니다. 사람의 겉과 마음속은 다릅니다. 육체적인 쾌락과 즐거움이 마음에 평안과 기쁨을 주지는 않습니다. 마음의 평안과 기쁨은 하나님 앞에 화해해야 마음에 기쁨과 평안이 있는 것입니다. 성령으로 충만해야 평안과 기쁨을 누립니다. 예수 그리스도의 십자가 보혈로 하나님과 우리는 화해가 되고 하나님의 성령이 우리 마음속에 거하므로 우리는 평안하게 살다가 하나님의 나라에 들어갈 수가 있는 것입니다.

2부 지옥을 천국 만드시는 예수님

6장 세상에 천국을 만드시는 예수님

(골2:14-15)"우리를 거스리고 우리를 대적하는 의문에 쓴 증서를 도말하시고 제하여 버리사 십자가에 못 박으시고 통치자와 권세를 벗어버려 밝히 드러내시고 십자가로 승리하셨느니라."

예수님은 세상에 하나님의 나라(천국)을 만드시려고 사람의 몸을 입고 오셨습니다. 지금 세상은 사탄과 마귀의 통치자가 지배하는 지옥입니다. 아담과 하와가 하나님이 지으신 에덴동산에서 하나님을 경외하고 섬기고 살았으면 좋았겠는데, 이 마귀의 궤계에 빠져서 하나님을 반역하고, 그래서 자기와 후손과 이 땅과 그 가운데 있는 모든 영광을 마귀의 통치자와 권세아래 집어넣어서 종이 되고 말은 것입니다. 아담과 하와의 후손으로 태어난 모든 인류는 뱃속에서부터 종으로 잉태되고 태어날 때부터 마귀의 지배 하에서 태어나는 것입니다.

마귀는 모든 인류에게 무거운 짐을 지워줍니다. 마귀의 정부와 마귀의 권세 밑에 사는 사람들은 죄 짐을 벗을 수가 없습니다. 죄는 하나님의 법을 어기는 것입니다. 그러므로 죄란 하나님에 대한 정면 도전입니다. 사람들은 모두다 죄 짐을 짊어지고 죄를 짓고 하나님께 도전하고 하나님의 법을 짓밟고, 그래서, 하나님께 심판과 정죄를 받고 영원히 버림받게 하는 것이 마귀의 궤계인 것입니다.

아담과 하와가 마귀에게 속음으로 그 후손 모두가 혈통의 죄를 범했습니다. 모든 사람이 다 죄를 범했습니다. 한 사람도 하나님의 영광에 이르지 못하게 한 것입니다. 그 뿐 아니라 사람들의 마음속에 하나님에 대한 불신앙을 가져오고 반역을 가져오고 무신론을 가져왔습니다. 세속으로 채워놓고 이 세상과 세상의 풍속대로 살고 하나님은 생각지도 않고 하나님을 그의 생애 속에 완전히 쫓아내 버리고 말도록 만들었습니다. 그리고, 그들 속에 미움으로 꽉 채워놓아서 사람들은 물고 찢고 싸우고 피 흘리는 전쟁으로 인류역사를 피로 물들여 놓게 만들은 것입니다.

영도 마음도 몸도 여러 가지 병이 들어서 고통을 당하도록 만들어 놓았으며 가난과 저주의 쇠사슬로 묶어 놓아서 인도와 같이 거대한 대륙의 그 가난은 슬픔으로 가득합니다. 인도의 군중들의 삶을 바라보면 사는 것이 아니라 생존을 위한 거대한 몸부림이라고 설명 할 수 있습니다. 그들은 매일 매일 몸부림을 칩니다. 그것은 살아있기 위한 것입니다. 이런 것이 하나님의 뜻이 아닙니다. 이 가난과 이 저주, 이것은 마귀가 인류를 도적질하고, 죽이고, 멸망시키는 수단으로 사용하는 것입니다. 그리고 난 다음 사망과 지옥은 인류의 궁극적인 운명이 되고 말았습니다. 육체가 죽고 하나님을 모르는 영혼은 지옥으로 떨어져서 영원한 버림을 받게 된 것입니다.

이것이 옛 통치자와 권세 밑에서 지옥 같은 생활을 하던 인류의 모습입니다. 도적질을 당하고 죽임을 당하고 멸망을 당한 슬픔가운데 살았으니 인류는 이와 같은 운명에서 벗어나려고 온갖 몸부림을 쳐오고 있었습니다. 그들은 과학을 발전 시켜보기도 하고, 지식을 발전시키고, 사회 제도를 개혁하고, 국가 제도를 개혁하고, 주의와 주장을 만들고 몸부림쳐 왔습니다. 인류는 그렇게 몸부림쳐 왔지마는 죄의 사슬에서 벗어 날 수도 없고, 삶의 허무와 무의미와 비참한 삶에서 벗어날 수도 없었습니다. 죽음과 절대 무에서 해방을 얻지도 못했습니다. 인류는 그러므로 스스로 구원할 수 없다는 사실을 너무나 분명하고 깨끗하게 알게 된 것입니다. 그래서 모든 사람의 가슴속에 탄식을 하고 고통을 하고 있었습니다. 우리는 스스로 구원을 할 수가 없습니다. 하나님의 능력을 날마다 의지하는 모두가 되시기를 축원합니다.

이런 세상을 하나님의 나라(천국)를 건설하시려고 예수님을 보내신 것입니다. 하나님께서 이러한 인류를 불쌍히 여기사 인류를 구원하기 위해서 이천 년 전에 그 아들 예수님을 세상에 보내신 것입니다. 왜 예수님을 보내셨을까요? 천사를 보낼 수도 있었고 이 세상에 위대한 종교인을 일으켜 세울 수도 있었는데 왜 그 아들 예수를 동정녀 마리아를 통해서 이 땅에 사람으로 보냈을까요?

그것은 우리 인류를 참으로 구원하기 위해서는 마귀의 정부와 마귀의 권세가 점령한 이 땅에 하나님의 나라를 세워서, 하나님의 아들의 정부와 그 권세로 사람들을 건져내기 위한 것입니다. 그러므로 마귀의 나라에서 하나님의 아들 나라로 사람을 옮기기 위해서 하나님의 아들을 보내신 것입니다. 왜냐하면, 하나님의 아들은 하늘나라의 임금이기 때문입니다.

나라가 있으려면 임금이 있어야 됩니다. 요사이는 대통령이 있는 것처럼 임금이 있어야 정부를 세울 수 있고, 성령이 그 권세를 가지고 천사들이 권세가 되어서 하늘나라가 이루어지고 그래서 마귀 나라를 쳐부수고 하늘나라를 세우셔서 그곳에 하늘나라의 백성들을 모아서 살게 만들어 주시는 것입니다.

이렇기 때문에 하늘의 임금이 와야지 천사가 와서는 소용이 없습니다. 하나님의 나라가 설립되지 않습니다. 세상에 어떠한 사람을 세우면 그는 종교가나, 철학가나, 윤리나, 도덕가는 될 수 있을지 몰라도 임금은 될 수 없습니다. 하나님 아들 예수님만이 하늘나라의 임금이십니다. 그러므로 하늘나라를 세우기 위해서 예수님을 보내신 것입니다.

새로 세워진 통치자와 권세는 예수님이 세우신 것입니다. 예수님이 이 땅에 오셔서 먼저 외친 것은 회개하라. 그리고 기독교를 믿으라. 그렇게 말씀 안했습니다. 회개하라. 율법을 지켜라. 그렇게도 말씀하지 않았습니다. 회개하라. 종교의식과 형식을 집행하라. 그렇게도 말씀하지 않았습니다. 주님이 외친 것은 "회개하라. 천국이 가까이 왔다. 하늘나라를 세우러 내가 왔다. 마귀의 나라 가운데 하나님의 나라를 세우러 왔다." 그리고 난 다음 세상에서 주인 행세하는 통치자와 권세를 깨뜨리기 시작한 것입니다. 마귀의 통치자, 마귀의 정부를 깨뜨리고 마귀의 권세를 깨뜨립니다. 마귀를 쫓아내고, 귀신을 내 몰아쳐 쫓아내고, 병든 자를 고쳐내고, 죽은 자를 살려버리고, 굶주린 자들을 먹이시고, 천국을 전파하니 처처에 마귀의 통치자와 권세가 박살이 났습니다. 마귀와 귀신이 쫓겨 나갔습니다.

하늘나라가 사람들의 심령 속에 받아들여지고 하늘나라의 권세가 나타났습니다. 인산인해로 사람들이 예수님을 중심으로 모이고 예수님을 하늘나라의 왕으로서 그들이 모시려고 했습니다. 그러니 마귀가 이제 가만히 있겠습니까? 자기나라가 이제 무너지게 되었습니다. 자기의 통치자와 권세가 무너지고, 예수 그리스도의 통치자와 권세가 서게 될 것이기 때문에 그들은 결사적으로 로마사람을 충동하고 유대인들을 충동해서 그래서 예수님께 일전을 선포한 것이 바로 갈보리의 대 전쟁인 것입니다.

갈보리 산의 전쟁은 우주적인 전쟁입니다. 하나님에 대한 마귀의 도전입니다. 하나님이 인류를 구하기 위한 마귀와의 일전입니다. 바로 갈보리 산에서 그리스도와 마귀가 대적한 것입니다. 하늘나라와 지옥의 권세가 대적한 것입니다. 그곳에서 하늘의 통치자와 권세와 마귀의 통치자와 권세가 부딪친 것입니다.

눈에는 안보이지만 그곳에 하늘나라의 천사가 동원되었습니다. 마귀의 모든 귀신과 타락한 천사들이 동원되었습니다. 예수님은 마귀의 손에 잡혀서 로마의 법에 의해서 사형선고를 받고 유대인들의 모든 충동 속에서 십자가에서 몸이 찢기고 피를 흘리셨습니다.

십자가 전쟁에서 외면적으로 볼 때 마귀가 이긴 것 같았습니다. 그러나 우주의 통치자는 하나님입니다. 절대 주권자는 하나님인 것입니다. 그런데 마귀가 불의하게 자기에게 속하지 않은 그리스도를 자기가 심판해서 십자가에 못 박았습니다. 불의한 자가 의인을 십자가에 못박은 것은 우주에 있을 수가 없는 것입니다. 마귀가 하나님의 아들을 잡아서 십자가에 못박은 것을 하나님은 그대로 둘 수가 없었습니다. 왜냐하면 이것은 우주의 정의의 법을 어기는 것입니다. 어떻게 죄가 의를 심판합니까? 어떻게 마귀가 하나님의 아들을 심판합니까? 자기나라에 속하지 않은 사람을 자기나라 법으로서 어떻게 벌합니까?

그러므로 하나님께서 십자가상에서 마귀를 심판 하셨습니다. 마귀는 예수님을 십자가에 죽였고, 그 죽임을 통해서 하나님의 심판을 받아 마귀의 통치자와 권세가 다 깨어져 버리고 말은 것입니다.

그러므로 십자가 전쟁의 계산속을 들여다보면 마귀는 예수님을 십자가에 못 박고 삼일동안은 그들이 기뻐하고 즐거워하고 뛰었습니다. 이제 하나님의 아들을 죽였으므로 하늘나라는 이 땅에 서지 못한다. 하늘나라의 임금이 죽었으므로 하늘나라의 정부도 사라지고 권세도 사라지므로 마귀가 온 천하를 다스릴 수 있다고 그들은 공중에서 권세 잡은 마귀와 그 정부와 그 군대들이 모여서 박수를 치고 기뻐하고 즐거워하고 환호를 외쳤을 것입니다.

마귀는 삼일동안에 온 천하를 석권하고 잡았다고 생각했는데 그 삼일동안에 예수 그리스도는 그 고통을 통해서 아담과 하와가 하나님 앞에 빚진 죄악을 다 하나님 앞에 청산하고, 사망의 세력을 다 멸하고, 삼일만에 하나님의 능력과 권세로 부활하심으로 말미암아, 예수 그리스도는 그 흘린 피 값으로, 죄 없이 흘린 피 값으로 아담과 하와 이후에 모든 인류의 죄를 다 청산하심으로 십자가에서 율법을 철폐해 버리고 말은 것입니다.

율법이라는 것은 사람의 죄를 잡아 죽이는 것이 율법입니다. 그러므로 너는 살인했다. 너는 간음했다. 너는 도적질했다. 너는 네 이웃을 거짓 증거했다. 너는 이웃을 탐했다. 너는 하나님을 믿지 않고 있다. 너는 우상에게 절했다. 하나님의 이름을 망령되이 불렀다. 너는 안식일을 지키지 않았다. 모든 죄를 잡아 죽이는 것이 율법입니다.

그러므로 마귀는 이 율법을 가지고서 모든 사람을 죄로 꽁꽁 묶어서 하나님을 대적하게 하고 하나님께로부터 멀리 멀리 떠나게 만드는 것입니다. 그런데 예수님은 우리 일생의 죄를 다 청산해 버렸기 때문에 율법이 이제는 폐지되고 말은 것입니다. 주님께서는 십자가에서 우리를 거역하고 우리를 대적하는 의문에 쓴 증서를 다 도말 하시고 제하여 버렸습니다. 법을 제하여 버렸습니다.

우리가 빚을 지고 있을 때는 빚 문서를 가지고 와서 자꾸 우리에게 독촉하지마는 빚을 다 갚아버린 다음에는 빚 문서가 소용이 없습니다. 그것은 아무런 힘이 없습니다. 빚졌을 때 빚 문서가 소용이 있지 빚을 갚아버리고 난 다음에는 빚 문서는 찢어버려야 되는 것입니다. 우리가 죄악의 빚을 졌을 때 하나님의 법으로서 우리를 심판하고 마귀는 우리를 굉장하게 고통당하도록 몰아 부치지마는 예수께서 우리의 일생의 죄를 다 청산해 버린 다음에는 죄를 정죄하는 율법은 철폐되어 버리고 마는 것입니다. 그러므로 오늘날 우리가 율법을 지키므로 구원받는 것이 아니라 이제는 오직 믿음으로 구원을 받게 되는 것입니다.

죄를 지었음에도 불구하고, 못났음에도 불구하고, 버림을 당해야 마땅함에도 불구하고, 죄지은 그대로 빈 손든 그대로 예수를 믿기만 하면 남녀 노 유, 빈부귀천 할 것 없이 다 구원을 받게 되는 것입니다. 그러므로 마귀는 십자가에서 자기의 무기인 율법을 잃어버리고 말은 것입니다.

율법은 십자가에서 폐지되어 버리고 말은 것입니다. 부활하심으로 예수 그리스도는 마귀의 통치자를 해제해 버리고 무장을 해제해 버렸습니다. 마귀는 십자가에서 정부가 무너지고 그리고, 그 무장이 해제되었음에도 불구하고, 불신자들의 사이를 충동해서 불법적인 게릴라 운동을 하고 있는 것입니다. 그런데 예수님은 십자가를 통해서 당당하게 하나님의 아들 나라를 이 땅에 세우고 있는 것입니다.

이러므로 예수 그리스도의 나라가 이제는 이 땅에 임하게 된 것입니다. 십자가를 통하여 그리스도는 왕으로서 부활하셨고, 그리고 성령이 임하셔서 권세가 나타나고 천사들이 와서 우리를 옹위하게 된 것입니다. 이렇기 때문에 예수 그리스도의 나라는 임금님이 예수님이고 권세는 성령과 천사들인 것입니다. 이래서 하나님의 나라가 오늘날 우리 가운데 임하게 되는 것입니다.

우리가 예수 그리스도를 구주로 모시면 예수 그리스도는 우리 속에 하늘나라의 정부로써 들어오시고 그 다음 하늘나라의 권세인 성령이 임하시고 그 다음 하늘나라의 권세인 천사들이 우리를 둘러 진을 치게 되는 것입니다.

이러므로 지금 우리 눈에는 안보이지만 우리가 모인 이 자리가 바로 하늘나라인 것입니다. 예수님이 임금으로 계시고 성령이 권세로 임하시고 천사들이 군대로써 우리를 둘러 진 치고 있는 것입니다. 한 사람 한 사람의 가슴속에 예수를 구주로 모실 때 우리들 속에 임금님이 오시고 성령의 권세가 임하고 천사들이 믿는자들을 보호함으로 말미암아 크리스천 한 사람 한 사람이 하늘나라가 되는 것입니다. 이러므로 하늘나라가 여기 있다. 저기 있다고도 못하리니 천국은 너희 안에 있느니라고 말씀하고 있는 것입니다.

이러므로 우리는 연약하지 않습니다. 하나님의 아들이 나타나신바 되었으니 마귀의 일을 멸하려 하심이라 말씀하신 것입니다. 하늘나라가 우리 속에 와 있습니다. 우리가 하늘나라 안에 들어와 있는 것입니다. 이것은 종교가 아닙니다. 철학이 아닙니다. 나라와 나라의 전쟁이 십자가에서 일어나서 갈보리 산에서 예수 나라가 마귀의 나라를 정복하고 파괴하고 무장을 해제해 버린 신 것입니다. 이젠 예수 그리스도의 이름과 그 말씀의 권세와 성령의 권세와 천사의 능력을 의지해서 우리는 가는 곳마다 마귀의 나라를 제하고 마귀의 일을 멸하고 하늘나라를 전파하고 하늘나라를 나타내고 하늘나라 속에 들어와 살도록 만드는 것입니다.

그렇기 때문에 성경은 말씀하기를 하나님께서 우리를 흑암의 권세에서 건져내사 그 사랑의 아들의 나라로 옮기셨노니라고 말씀하고 있는 것입니다. 우리는 하나님의 사랑의 아들나라로 들어온 것입니다. 이것은 종교가 아닙니다. 이것은 나라가 바뀌어 진 것입니다. 국적이 새로워진 것입니다. 우리는 하늘나라가 우리 속에 와 있고 우리가 하늘나라 안에 들어와 있고 하늘나라 속에서 삽니다.

그러므로 우리는 이제 하늘나라의 법칙을 통해서 삽니다. 예수님의 통치를 받으며 성령님의 권세와 천사들의 능력을 의지해서 살아가기 때문에 우리는 당당하게 마귀의 모든 일을 멸하고 살아야 될 것입니다. 사랑하는 여러분 성령의 권능으로 마귀 권세를 부수고 날마다 승리하시기를 축원합니다.

예수 안에서 이 땅에 하나님 나라(천국)가 이루어집니다. 하나님의 나라를 주님께서는 어떠한 일이 일어나겠다고 선포하셨습니까? 누가복음 4:18-19에 보면 예수께서 나사렛 회당에 오셔서 당신이 세운 나라 가운데 어떤 일이 일어날 것을 말했습니다. "주의 성령이 내게 임하셨으니 이는 가난한 자에게 복음을 전하게 하시려고 내게 기름을 부으시고 나를 보내사 포로 된 자에게 자유를 눈먼 자에게 다시 보게 함을 전파하여 눌린 자를 자유케 하고 주의 은혜의 해를 전파하게 하려 하심이라"고, 말씀하십니다.

주님께서 지상에 가져온 나라 속에는 이와 같은 자유와 해방과 치료의 역사와 운동이 일어날 것을 말씀하는 것입니다. 그래서 하늘나라를 자꾸 영역을 넓혀가다가 주님이 강림하시는 그날에 주님께서 하늘나라에 다 데리고 올라가시는 것입니다. 이러므로 이 땅에 지금 하늘나라가 임하여서 역사하고 있는 것입니다. 그러면 그 하늘나라의 역사를 우리가 알고 우리 스스로가 그것을 체험하고 성령의 권능으로 무장해서 가는 곳마다 마귀의 통치자와 권세를 깨뜨리고 하늘나라의 통치자와 권세를 세워야 되는 것입니다.

하늘나라는 가난한 자에게 영육 간의 복음적 좋은 소식이 전해지는 것입니다. 하나님을 버리고 떠난 인간들은 마음에 의도 평강도 희락도 소망도 없었는데 예수를 믿고 하늘나라가 임하자, 그 마음속에 의와 평강과 희락과 영광이 가득하고 믿음, 소망, 사랑이 들어와서 영적인 가난에서 해방됩니다. 영적인 기쁨과 삶의 평안과 의미가 충만하게 됩니다. 그뿐 아니라 가난한 생활에서 해결되는 것입니다. 주님께서 우리에게 가난을 제하시고, 저주를 제하여 버립니다.

그리고, 하늘나라에서 주님이 예비한 축복 속에 들어와서 살게 하는 것입니다. 아브라함의 축복, 젖과 꿀이 흐르는 가나안 땅을 주님께서 우리에게 주시는 것입니다. 이것은 가난한 자에게 복된 소식을 증거 하는 것이 하늘나라의 역사인 것입니다. 가난과 저주는 하늘나라에는 없습니다. 그것은 마귀와 아담이 만들어 놓은 것이지 하나님이 만든 것은 아닙니다. 또, 포로 된 자에게는 자유를 주겠다고 말씀했는데 이 하늘나라의 역사는 자유의 역사인 것입니다. 하늘나라는 천국의 역사입니다.

죄와 마귀의 포로가 된 사람을 따라서 가고, 거짓말을 믿고 따라가고, 더러운 가운데서 마귀가 득실거리는 삶을 살던 인생들에게 하늘나라가 임하여서 저들을 불의에서 의롭게 씻어주시고, 거짓을 제하고, 참 그리스도의 진리를 따라 살게 하고, 그리고, 더러움을 제하여 버리며 득실거리는 마귀와 귀신들을 내쫓아버리고 거룩하게 성령으로 충만하게 살도록 만들어 주시는 것입니다. 그렇기 때문에 죄와 마귀의 포로에서 해방시키는 것이 하늘나라의 역사인 것입니다.

그리스도를 모시고 하늘나라가 들어오면 알코올 중독자가 고침을 받고, 마약 중독에서 해방을 받고, 음란하고 방탕한 생활에서 새롭게 되고, 사람이 의와 거룩함과 진리를 따라 살게 변화되는 이유가 그것인 것입니다. 하늘나라는 이와 같은 권세가 그 속에 나타나는 것입니다.

그리고 하늘나라에 들어온 우리들은 하늘나라의 역사로서 눈먼 자가 다시 보게 됩니다. 아담과 하와가 에덴동산에서 지음 받을 때는 영 안을 가지고 성부-성자-성령 삼위일체 하나님을 바라보고 하늘나라를 바라보고 동행했습니다마는 그들이 하나님을 반역하고 죄를 짓자 영적으로 죽어버리매 영 안을 잃어버렸습니다. 하나님을 바라보지도 못하고 하나님을 알지 못함으로 사람들은 완전히 눈에 보이는 육신의 정욕, 안목의 정욕, 세상자랑만 취하고 육신으로서 부귀, 영화, 공명만 취하고 살다가 죽어버리고 버림받고 마는 것입니다. 오늘날 세상 사람들을 보십시오. 왜 세상 사람이 하나님을 완전히 그들 생애 속에서 쫓아내 버렸습니까?

왜냐하면 하나님을 모르니까, 모르는 하나님을 어떻게 믿습니까? 안 보이는 하나님을 어떻게 믿습니까? 그러므로 그들 생애 속에 하나님을 보는 눈이 없기 때문에 완전히 하나님이 없는 물질 중심으로 탐욕 중심으로만 살고 있습니다. 그러나 하늘나라에 들어오면 성령의 능력으로 눈이 다시 뜨여지기 시작합니다. 영 안이 열려서 하나님을 알게 되는 것입니다. 하나님의 아들 예수님을 구주로 깨닫게 되고 성령님의 능력을 깨닫게 됩니다.

힘으로도 되지 아니하고, 능으로도 되지 아니하고 하나님의 성령으로 되는 것입니다. 이와 같은 성령의 능력이 임하시고, 그리고, 하나님 나라가 임하시는 것입니다. 이와 같이 영적인 눈이 열려지면, 하늘나라를 밝히 깨달아 알 수 있게 되는 것입니다. 물론, 하늘나라에 들어가면 육신의 눈도 밝아지지요. 하늘나라에 들어오면 영안이 밝아져서 영원히 살 수 있도록 천국을 바라보게 만들어 주시는 것입니다. 그리고 하늘나라에는 눌린 자가 자유를 얻습니다. 사도행전 10:38에 보면 하나님이 나사렛 예수에게 성령과 능력을 기름 붓듯 하셨으매 저가 두루 다 니시며 착한 일을 행하시고 마귀에게 눌린 모든 자를 고치셨다고 말한 것입니다. 마귀가 눌러서 병이 됩니다. 돌멩이 밑에 눌린 풀은 노랗게 떠갑니다. 돌멩이를 옮겨 버리면 파랗게 살아납니다. 사람들의 심장이 마귀에게 눌리고, 위장이 눌리고, 폐가 눌리고, 몸이 눌리면 심장병, 폐병, 신경통, 온갖 병이 생깁니다. 성령의 권능으로 마귀에게서 해방되면 자유하게 됩니다.

예수 그리스도 나라에 들어오면 하나님의 성령의 능력과 권세로 귀신이 쫓겨나가고 눌린 자가 자유케 되고 하나님의 은혜를 받아서 다 건강하게 되어 버리고 마는 것입니다. 그러므로 하늘나라에는 치료가 동반합니다. 치료가 없는 하늘나라는 하늘나라가 아닌 것입니다. 치료가 있어야 천국입니다.

마지막으로, 주의 은혜의 해가 전파되는 것이 하늘나라인 것입니다. 주의 은혜란 무엇입니까? 은혜란 선물로 받아서 사는 것을 말하는 것입니다. 내가 일하고 수고하고 행위로서 구원받는 것이 아니라 예수 그리스도께서 십자가에서 날 대신하여 죄를 다 갚아 주었기 때문에 이제는 선한 행위가 없어도 오직 믿음으로 말미암아 값없이 주님의 신세를 지고 구원을 받는 은혜의 해를 전파하겠다고 말씀한 것입니다.

7장 하나님의 꿈인 천국을 만드시는 예수님

(사 53:10)"여호와께서 그에게 상함을 받게 하시기를 원하사 질고를 당하게 하셨은 즉 그의 영혼을 속건제물로 드리기에 이르면 그가 씨를 보게 되며 그의 날은 길 것이요 또 그의 손으로 여호와께서 기뻐하시는 뜻을 성취하리로다".

예수님은 인간을 향한 하나님의 꿈을 이루신 분입니다. 우리들은 모두 크고 작은 꿈을 가슴에 품고 살아갑니다. 우리가 그 꿈을 이루지 못하면 우리 자녀들이 그 꿈을 우리 대신 이루어주기를 늘 소원합니다. 만일 우리의 자녀들이 받아준다면 그 꿈이 자녀들로 말미암아 이루어지도록 전력을 기울여 어떠한 희생도 마다하지 않고 자녀들의 기회를 부모들이 밀어줍니다. 이처럼 우리 하나님 아버지께서도 꿈을 가지고 계십니다. 하나님의 꿈은 무엇이며 그것이 어떻게 성취될 수 있을까요?

첫째, 인간을 구원하시려는 꿈을 이루신 예수님. 인간이 하나님을 배반하고 마귀와 짝을 하여 에덴을 떠났을 때 하나님께서는 이미 인간을 구원하실 꿈을 가지고 계셨습니다. 우리 인생을 다시 구원하겠다는 하나님의 꿈은 바로 예수 그리스도를 통해서 이루어진 것입니다. 예수 그리스도가 하나님의 꿈인 것입니다. 하나님께서는 예수님을 죄 없는 인간으로 태어나게 하사 인간의 죄를 대신 갚게 하시는 꿈을 가지고 계셨습니다. 그리고 예수님의 고난을 통하여 인간을 구원하시는 것이 하나님의 꿈이었습니다.

그러므로 예수 그리스도 안에서 하나님이 세우신 꿈의 구체적인 내용은 이러한 것입니다. 예수님께서 인간의 죄를 대속하기 위하여 십자가에 매달려 심판을 받으신 것입니다. 그 일을 통하여 믿는 자를 구원하시겠다는 것이 하나님의 꿈이신 것입니다. 사람들이 죄를 짓고 불의하고 추악하고 버림을 받아야 마땅한 존재인데 이 죄 지은 인간을 대신해서 예수님이 십자가에서 몸 찢고 피 흘려 죽으심으로 인간의 죄를 청산하겠다는 것이 우리 하나님 아버지의 꿈이신 것입니다.

이사야서 53장 10절에 보면 "여호와께서 그로 상함을 받게 하시기를 원하사 질고를 당케 하셨은즉 그 영혼을 속건제물로 드리기에 이르면 그가 그 씨를 보게 되며 그 날은 길 것이요 또 그의 손으로 여호와의 뜻을 성취하리로다."말씀한 것입니다. 하나님은 예수 그리스도를 통해서 인류의 죄를 다 청산하고 인류를 구원하는 꿈을 성취하려고 하신 것입니다.

또한 하나님께서는 예수님께서 심판을 받으심으로 하나님과 사람사이에 막혔던 원수된 담을 헐어내시고 주님 안에서 하나님과 인간이 화목하게 되는 꿈을 가지고 계셨습니다. 하나님은 어찌하든지 인간이 하나님을 떠나 버렸으나 다시 인간을 끌어안고 싶어 하셨습니다. 그래서 그리스도가 대신 심판을 받아 하나님과 사람 사이에 원수된 담을 헐고 하나님께서 사람에게 사람이 하나님의 품에 안기고 하나가 되는 이러한 꿈을 하나님은 가지고 계셨습니다.

또한 하나님께서는 예수님께서 채찍에 맞으시고 십자가의 고난을 당하심으로 우리의 질병과 우리의 슬픔을 대신 다 갚아 주심으로 예수님 안에서 믿는 자가 치료와 기쁨을 얻게 하는 꿈을 가지고 계셨습니다. 그러므로 예수 그리스도를 믿는 자마다 하나님의 치료를 받고 그리스도 안에서 슬픔에서 해방을 얻고 기쁨을 얻게 하는 그러한 꿈을 그리스도 안에서 하나님이 갖고 계셨습니다.

하나님께서는 하나님 앞에서 십자가에 높이 매달리심으로 저줏거리가 되신 예수 그리스도, 바로 이 예수께서 저주를 받음으로 인간에게 내려진 저주를 대신 갚게 하사 그를 믿는 자가 저주에서 해방을 얻는 꿈을 하나님은 갖고 계셨습니다. 누구든지 예수를 믿으면 저주가 다 물러가고 가시와 엉겅퀴가 물러가고 아브라함의 축복을 받는 꿈을 하나님은 꿈꾸고 계셨습니다.

그리고 예수님께서 죽으시고 장사지내시고 사흘 만에 부활하심으로 예수님 안에서 믿는 자가 함께 죽고 함께 장사된바 되고 함께 부활할 것을 하나님은 그 마음속에 꿈꾸고 계셨습니다. 그러므로 그리스도를 통해서 사망이 철폐되고 예수를 통해서 음부가 정복되고 그리스도 안에서 수많은 자녀들이 부활해서 하나님의 품에 안기는 이 꿈을 하나님은 그리스도 안에서 가지고 계셨습니다.

그러므로 예수님은 하나님의 꿈이요 하나님의 꿈을 이루시는 분이 바로 우리 주 예수 그리스도이신 것입니다. 이렇기 때문에 예수 그리스도를 떠나서는 하나님의 꿈은 전혀 없습니다. 예수 그리스도를 떠나서는 인간과 하나님과의 관계에서 아무런 꿈도 이루어질 수 없습니다. 예수님 안에 들어와야 꿈이 이루어지는 것입니다. 그러므로 유대인들이 여호와 하나님을 아무리 부르짖고 여호와 하나님을 아무리 열심히 섬겨도 예수님을 통하지 않은 하나님은 인간에게 아무런 꿈도 가지고 계시지 않습니다.

하나님의 꿈은 바로 예수 그리스도인 것입니다. 그리스도를 통해서 하나님은 인간에 대한 아버지 하나님의 꿈을 갖고 계시고 그 꿈을 이루시는 것입니다. 그러므로 예수 그리스도를 떠나서는 하나님의 꿈은 없습니다. 아무리 하나님의 이름을 부르짖고 아무리 몸부림을 친다고 해도 하나님과 인간은 아무 관계가 없는 것입니다. 이렇기 때문에 그리스도 예수만이 하나님의 꿈이라는 것을 알아야 되는 것입니다. 하나님의 꿈은 예수 그리스도 안에서 십자가에 몸 찢고 피 흘리는 고통을 통하여 이루어졌고 또 예수를 믿는 사람들 속에 하나님의 꿈이 이루어지는 것입니다.

둘째, 하나님의 꿈은 보혜사 성령이 알게 하신다. 확실히 알아야 될 것은 하나님의 꿈을 우리 마음속에 진실로 깨닫고 알리기 위해서 보혜사 성령님이 오셨다는 것입니다. 성령으로 말미암지 않고는 그리스도 안에서 이루려고 하는 하나님의 꿈을 이해할 사람이 아무도 없습니다. 고린도전서 1장 18장을 보면 "십자가의 도가 멸망하는 자들에게는 미련한 것이요 구원을 얻는 우리에게는 하나님의 능력이라"고 말하는 것입니다. 믿지 않는 자에게는 십자가의 도가 너무나 어리석고 미련한 것입니다. 그들은 그리스도의 십자가 안에 있는 하나님의 꿈을 인간의 이성으로 이해할 수 없기 때문인 것입니다.

고린도전서 12장 3절에 보면 "그러므로 내가 너희에게 알게 하노니 하나님의 영으로 말하는 자는 누구든지 예수를 저주할 자라 하지 않고 또 성령으로 아니하고는 누구든지 예수를 주시라 할 수 없느니라" 말하신 것입니다. 성령이 오셔야 비로소 성령이 그리스도 예수 안에 있는 하나님의 꿈을 우리에게 보여주시지 성령의 역사가 아니고는 아무리 공부를 하고 연구하고 수양과 도덕을 쌓아도 하나님의 꿈을 이해할 수가 없습니다.

하나님의 꿈이신 예수 그리스도의 탄생과 죽으심과 부활의 메시지는 인간의 이성으로서는 도저히 받아들이기 힘든 사건인 것입니다. 예수님께서 십자가에 못 박혀 죽으셨을 때 원수들은 기뻐하고 춤을 추고 좋아했었습니다. 왜냐하면 예수께서 죽으심으로 이제 그리스도의 복음 사역은 끝나고 유대교에 대한 위협은 끝났다고 생각한 것입니다. 실상은 예수 그리스도의 십자가가 하나님의 꿈을 이루는 것인데도 불구하고 그것을 유대인들은 이해하지 못했습니다. 그러므로 오히려 하나님의 꿈이 파괴되었다고 생각하고 기뻐하고 즐거워했습니다.

그리고 예수님을 3년 반 동안 따라다니면서 배움을 받았던 제자들조차도 망연자실했습니다. 예수 그리스도가 죽으심으로 말미암아 그들의 모든 꿈은 다 사라지고 희망은 다 깨어지고 이제는 절망밖에 남아 있지 않았다고 생각한 것입니다. 실상은 하나님께서 예수 그리스도를 통해서 십자가에 고난을 받게 하심으로 하나님의 꿈을 이루는 한 과정인데도 불구하고 이것은 유대인도 이해하지 못했고 예수님의 제자들도 이해하지 못했습니다.

예수님이 부활하신 후 40여 일 동안 제자들을 수없이 만나 보았었습니다. 부활한 예수님을 그렇게 만나고도 예수님의 죽으심과 부활이 무슨 의미가 있는지 제자들은 도무지 알 수가 없어 어리둥절했습니다. 왜 예수님은 구태여 죽으셨다가 또 살아나셔서 동에 번쩍 서에 번쩍 하면서 자꾸 나타나시는가? 이게 도대체 왜 우리를 번거롭게 하시는가? 살아날 바에야 죽지 않았으면 좋았는데 무엇 때문에 죽었다가 살아나시고 또 나타났다가 또 나타났다 번거롭게 하시는가? 그렇게 생각했었습니다.

그러나 오순절 날 성령께서 강림하시자 순식간에 예수 그리스도의 고난이 하나님의 인간 구원의 계획이요, 꿈이시라는 것을 확실하게 깨닫게 된 것입니다. 성령이 오시자마자 아 예수님이 오셔서 십자가에 몸 찢고 피 흘려 죽어서 사흘 동안 음부에 내려갔다가 사흘 만에 부활해서 일어난 것이 바로 하나님의 인류 구원의 계획이요. 우리에 대한 하나님의 꿈의 성취였구나. 이것을 순식간에 깨달아 알게 된 것입니다. 이러므로 성령이 오시기 전에는 예수님의 친 제자들조차도 부활하신 예수님을 눈으로 보고도 왜 예수님이 부활하셨는지 이유를 알 수가 없었던 것입니다. 오늘날 성령께서는 오순절 이후에 우리 가운데 역사하여 주서서 하나님의 성령은 우리의 마음을 열어 주시는 것입니다. 성령이 우리의 마음을 열어주지 아니하면 우리는 절대로 예수 그리스도의 죽으심과 부활이 하나님의 꿈인 것을 이해하지 못합니다. 하나님의 성령께서 우리가 말씀들을 때 우리의 마음 문을 열어 주셔야 되는 것입니다.

빌립보에서 바울과 실라가 복음을 증거할 때 성령께서 루디아의 마음을 열어 주심으로 그가 예수 그리스도를 믿게 되었고, 그 가족과 함께 세례를 받고 구원을 받았다고 말한 것입니다. 그러므로 오늘 이 시간에 예수를 구주로 모신 우리들은 모두 다 성령이 마음 문을 열어준 사람들인 것입니다.

그러므로 성령으로 말미암지 않고는 예수 그리스도를 주라고 할 수 없는 것입니다. 이런데다가 우리가 성령 충만한 세례를 받으면 예수님의 구원에 대한 능력 있는 신앙을 갖게 되는 것입니다. 성령이 충만해지면 그리스도의 죽으셨다 부활하신 그 진리와 그 은혜와 그 영광이 우리 속에 충만하게 되는 것입니다. 이렇기 때문에 성령님과의 깊은 교통만이 그리스도 안에서 살도록 우리를 이끌어 주는 것입니다.

하나님의 성령은 보혜사입니다. 보혜사라는 것은 하나님께로부터 보내심을 받아 우리를 돕기 위해서 항상 우리 곁에 계신 이를 말하는 것입니다. 하나님 아버지는 보좌에 계시고 예수님은 일을 다 완성하시고 보좌 우편에 와 계시지만, 성령은 이 땅에서 예수 그리스도의 십자가에 죽으셨다 부활한 것이 하나님의 인류 구원의 계획이요. 하나님의 꿈이라는 사실을 우리 가운데 끊임없이 깨닫게 해 주시는 것입니다. 기억나게 해 주시고, 가르쳐 주시고, 깨닫게 해 주시고, 능력을 주시고, 위로를 주시고, 은혜를 주시고, 꾸짖어 주시고, 온갖 일을 다 하는 것이 보혜사 성령님의 역사인 것입니다.

셋째, 하나님의 꿈과 우리들의 관계. 우리가 하나님의 꿈이신 예수 그리스도를 모시어 들이고 하나님의 구원의 꿈이 우리 안에 이루어지기 위하여 항상 애를 써야 되겠는데 어떻게 해야 될까요? 하나님은 예수 그리스도 안에서 우리를 구원하실 꿈을 꾸셨는데 그럼 우리는 어떻게 해야 될까요? 우리는 예수님에 대한 하나님의 꿈을 나의 꿈으로 받아들여야만 하는 것입니다. 십자가를 통하여 하나님이 꿈꾸신 그 꿈을 내 꿈으로 받아들여야 되는 것입니다. 하나님의 꿈, 나의 꿈, 하나님이 예수 그리스도 안에서 꿈꾸신 그것을 나의 꿈으로 내가 받아들여야 되는 것입니다. 눈에는 아무 증거 안보이고 귀에는 아무소리 안 들리고 손에는 잡히는 게 없을지라도 나의 생각이나 감각이나 현실적인 환경을 초월하여 하나님의 꿈을 나의 꿈으로 받아들여야만 하는 것입니다.

고개를 들어 갈보리 십자가를 바라보십시오. 그곳이 바로 하나님의 꿈이 있는 자리를 보는 것입니다. 십자가에 높이 달려있는 예수 그리스도를 보십시오. 몸을 찢고 피를 흘린 그리스도를 보십시오. 그것이 바로 여러분에 대한 하나님의 꿈입니다. 그 하나님의 꿈을 내가 받아들여야 되는 것입니다. 나의 대한 하나님의 꿈을 받아들이면 어떻게 될까요?

죄 사함에 대한 꿈을 받아들여야 되는 것입니다. 요한 1서 2장 2절에 "저는 우리 죄를 위한 화목 제물이니 우리만 위할 뿐 아니요 온 세상의 죄를 위하심이라."고 말씀하셨는데 그리스도의 십자가를 바라보고 하나님의 꿈인 예수 그리스도를 내가 받아들일 때 나는 죄 용서함을 받고 의롭게 되었다는 하나님의 꿈을 내 꿈으로 받아들이는 것입니다. 나는 용서받았다. 하나님 앞에 의롭다 함을 얻었다고 하는 그 꿈을 내가 확실하게 받아들여야 되는 것입니다. 나의 꿈으로 받아들이는 것입니다. 그것이 하나님의 꿈을 나의 꿈으로 받아들여야 되는 것입니다. 오늘 이 시간에 나는 예수 그리스도 안에서 용서받고 의롭게 되었습니다. 그 꿈을 내가 받아들이면 하나님의 꿈이 내 꿈이 되는 것입니다.

우리는 화해에 대한 꿈을 내 꿈으로 받아들여야 되는 것입니다. 골로새서 1장 20절에 "그의 십자가의 피로 화평을 이루사 만물 곧 땅에 있는 것들이나 하늘에 있는 것들을 그로 말미암아 자기와 화목케 되기를 기뻐하심이라."고 하셨습니다. 하나님은 예수 그리스도를 통해서 원수된 담이 무너지고 화목 되게 하는 꿈을 꾸고 계시는데 이 하나님의 꿈인 예수를 받아드리면 나는 이제 화목하게 된 것입니다. 그러므로 하나님의 꿈을 내 꿈으로 받아들이면 나는 이제 하나님과 화목하게 된 것입니다. 그러므로 하나님의 꿈을 내 꿈으로 받아들이면 이제 내가 하나님 안에 하나님이 내 안에 들어오시게 되고 내가 하나님 앞에 조금도 부끄럼 없이 두려움 없이 당당하게 나갈 수 있는 것입니다. 왜! 내가 하나님의 꿈을 받아들여서 내 꿈으로 만들었기 때문에 나는 하나님과 이제 화해되었기 때문인 것입니다.

치료와 기쁨에 관한 꿈도 그런 것입니다. 베드로전서 2장 24절에 "친히 나무에 달려 그 몸으로 우리 죄를 담당하셨으니 이는 우리로 죄에 대하여 죽고 의에 대하여 살게 하심이라 저가 채찍에 맞음으로 너희는 나음을 얻었나니"라고 말했는데 하나님은 예수 그리스도가 채찍에 맞고 십자가에 매달림으로 우리의 질병과 우리의 슬픔을 대신 질머지고 가는 꿈을 그 속에 이루어 놓았었습니다. 그 하나님의 꿈을 내가 받아들여서 내 꿈으로 만듭니다. 나는 이제 그리스도를 통해서 치료를 받았다. 나는 슬픔에서 놓여남을 받았다. 이 하나님의 꿈을 내 꿈으로 받아들이면 우리 하나님의 꿈이 내 것이 되어버리고 마는 것입니다.

그리고 하나님의 축복에 대한 꿈을 내 것으로 받아들여야 됩니다. 고린도후서 8장 9절에 "우리 주 예수 그리스도의 은혜를 너희가 알거니와 부요하신 자로서 너희를 위하여 가난하게 되심은 그의 가난함을 인하여 너희로 부요케 하려 하심이니라"하였는데 하나님은 우리를 부요케 할 꿈을 예수 그리스도 안에서 꾸고 계셨습니다. 예수께서 저주를 받은바 되사 율법의 저주에서 우리를 속량하심으로 우리를 가난에서 부요케 하는 꿈을 가지고 있었는데 이 하나님의 꿈인 예수 그리스도를 내가 받아들이고 하나님의 꿈을 내가 꾸어야 되는 것입니다. 나는 이제 저주에서 해방을 얻었고 내가 가난해서 놓여남을 받았다는 꿈을 영롱하게 내 마음속에 받아들여야 되는 것입니다. 이건 내가 만든 꿈이 아닙니다. 하나님의 꿈을 내 꿈으로 내 마음속에 받아들여야 되는 것입니다.

영생 복락 천국에 관한 하나님의 꿈도 내 꿈으로 받아들여야 되는 것입니다. 고린도후서 5장 1절로 2절에 "만일 땅에 있는 우리의 장막집이 무너지면 하나님께서 지으신 집 곧 손으로 지은 것이 아니요 하늘에 있는 영원한 집이 우리에게 있는 줄 아나니 과연 우리가 여기 있어 탄식하며 하늘로부터 오는 우리 처소로 덧입기를 간절히 사모하노니"라고 말했었습니다.

하나님께서는 예수 그리스도를 통해서 사망을 멸하시고 음부를 멸하시고 부활시킴으로 우리 인생들을 다 부활시키는 꿈을 예수 안에서 이루어 놓은 것입니다. 이 예수 그리스도를 모셔 들임으로 나는 이제 사망과 음부를 이기고 부활하여 천국 영생에 들어가는 꿈을 받아들여야 되는 것입니다. 그 꿈을 꾸어야 되는 것입니다. 우리 예수 믿는 사람들은 꿈꾸는 사람들인 것입니다. 우리의 꿈은 우리가 만든 것이 아니라, 하나님의 성령이 가르쳐 준 것으로 하나님이 예수 안에 꾼 꿈을 내 꿈으로 받아들이면 이제 나는 나의 힘으로 살지 않고 하나님의 능력으로 살아가게 되는 것입니다. 오늘 이 시간에 입을 넓게 열고 그리스도 안에 있는 하나님의 꿈을 예수 이름으로 받아들이게 되시기를 주의 이름으로 축원합니다.

이것은 하나님의 꿈입니다. 우리의 꿈이 아닙니다. 그러나 하나님의 꿈을 내가 내 속에 받아들여서 내가 그것을 내 꿈으로 만들게 되면 하나님의 꿈이 나의 속에서 역사하게 되는 것입니다. 이래서 하나님의 꿈을 나의 꿈으로 받아들이고 마귀의 부정적인 생각을 단호히 물리치고 긍정적으로 생각하고 믿어야만 되는 것입니다. 마음속에 부정적인 생각이 들어오지 못하게 해야 되는 것입니다. 원래 우리는 부정적인 세계에서 살고 있습니다. 타락한 우리 아담 이후에 우리의 모든 삶은 부정적인 삶입니다. 여기 하나님의 꿈을 받았으니 이제 하나님의 꿈을 따라 믿고 하나님의 꿈을 따라 말할 줄 알아야 하는 것입니다.

이것이 내 꿈이면 내가 부정적으로 말해야죠? 나는 유한한 인간이요 무능력하기 때문에 내가 꿈을 꾸었다면 내가 부정적으로 말할 수밖에 없죠. 이제 우리는 하나님의 꿈을 예수 안에서 받아들인 사람이기 때문에 그 꿈을 따라 믿고 그 꿈을 따라 입으로 강하게 시인해야 하는 것입니다.

이렇기 때문에 마음속에 부정적인 생각이 들어오면 언제나 갈보리 십자가 위에 매달린 예수를 바라보십시오. 그리고 그것을 지적하십시오. 저기에 하나님의 꿈이 매달려 있다. 나는 저 하나님의 꿈을 받아들여서 내가 변화되었다 이것은 내 생각이 아니라 하나님의 생각이다. 나는 하나님의 꿈을 받아들임으로 하나님의 생각을 하게 됨으로 사탄아 물러가라. 너희 흑암은 물러가라. 너 인간의 부정적인 생각은 물러가라. 그리고 우리는 하나님의 꿈을 믿었으니 입술로 강하게 그것을 입으로 시인해야 되는 것입니다.

나는 예수 안에서 용서와 의로움을 받은 사람이다. 나는 그리스도 안에서 하나님과 화목 되고 하나님의 사랑을 받고 성령을 모신 사람이다. 나는 그리스도 예수 안에서 질병에서 치료를 받고 모든 슬픔에서 놓여남을 받은 사람이다. 나는 예수 그리스도로 말미암아 가난과 저주에서 벗어나고 가시 엉겅퀴에서 해방되고 아브라함의 복을 들어가며 나가며 누리는 사람이다. 나는 예수 그리스도 안에서 하나님의 능력으로 말미암아 사망과 음부를 벗어나서 천국과 영생을 얻어 누리고 내 집이 천국에 있는 사람이다. 나는 이런 사람이다. 누구든지 그리스도 안에 있으면 새로운 피조물이라 이전 것은 지나갔으니 보라 하나님의 꿈인 예수 그리스도 안에서 나는 새 것이 되었도다. 새 말을 해야 되는 것입니다. 새 생각을 해야만 하는 것입니다. 새 노래를 불러야 되는 것입니다. 그리고 하나님의 꿈이 예수님으로 말미암아 성령님의 능력으로 내게 이루어진 것을 항상 감사해야 되는 것입니다.

주님이여 감사합니다. 나는 헐벗고 굶주리고 저주받고 버림받을 수밖에 없는데 그리스도인 하나님의 꿈을 내가 받아들임으로 내가 새로운 사람이 되었습니다. 나는 영혼이 잘 되게 되었습니다. 범사가 잘 되게 되었습니다. 예수님 안에서 강건하게 되었습니다. 그리고 생명을 얻되 넘치게 얻게 된 것 하나님 아버지 감사합니다. 우리는 입술로써 끊임없이 감사해야 되는 것입니다. 눈에는 아무 증거 안보이고 귀에는 아무소리 안 들리고 손에는 잡히는 것 없어도 나는 내 입술로 계속 감사 찬송을 드려야 됩니다. 왜! 하나님의 꿈을 내 마음속에 받아들였기 때문인 것입니다. 그리고 하나님의 꿈을 이루기 위해서 하나님의 성령이 내 안에서 역사하고 계시기 때문인 것입니다. 우리가 하나님의 꿈이신 예수 그리스도를 알고 모시어 들이고 믿어 드리면 하나님은 전지전능한 권세와 능력으로 우리 안에서 성령으로 일하시사 그리스도 안에 있는 하나님의 꿈을 이루려고 하나님께서 역사하여 주시는 것입니다.

그러므로 하나님의 꿈인 예수를 모시어 들이면 하나님은 그리스도 안에 있는 당신의 꿈이 우리에게 이루어질 수 있도록 우리를 통하여 성령으로 기도하게 하시고 우리를 통하여 믿게 하시고 우리를 통하여 감사하게 하시고 성령은 하나님의 꿈을 하나 둘 남김없이 우리 속에 이루어 주시는 것입니다. 천국의 꿈을 꾸시면서 천국을 누리다가 이 세상 떠나는 날 예수님을 부인하지 않아야 영원한 천국에 입성하는 것입니다. 예수를 믿고 천국을 누리면서 살았어도 이 세상을 하직하면서 예수님을 부인하면 지옥으로 들어가는 것입니다. 성도는 죽는 날이 아주 중요합니다.

8장 풍랑을 잠재워 천국 만드시는 예수님

(마 8:24~27)"바다에 큰 놀이 일어나 배가 물결에 덮이게 되었으되 예수께서는 주무시는지라. 그 제자들이 나아와 깨우며 이르되 주여 구원하소서 우리가 죽겠나이다. 예수께서 이르시되 어찌하여 무서워하느냐 믿음이 작은 자들아 하시고 곧 일어나사 바람과 바다를 꾸짖으시니 아주 잔잔하게 되거늘, 그 사람들이 놀랍게 여겨 이르되 이이가 어떠한 사람이기에 바람과 바다도 순종하는가 하더라"

예수님은 인생의 풍랑을 잔잔하게 하십니다. 예수님께서 우리 안에서 깨어 주인으로 계시면 인생의 환란과 풍랑이 일어나지 않습니다. 크리스천이 세상을 살아가는 동안에 환란과 풍랑이 일어나는 것은 예수님과 관계가 멀어진 결과입니다. 풍랑이 일어나는데 천국이 될 수가 없습니다. 우리는 이런 일을 당하게 되면 자신의 영적인 상태를 살펴보지 않을 수 없습니다. 더구나 그리스도인은 왜 우리의 삶에 풍랑이나 폭풍우가 다가왔는지 가슴에 손을 얹고 깊이 생각해 봐야 됩니다. 크리스천의 삶에 풍랑이 잔잔해져야 천국을 누릴 수가 있습니다. 예수님께서 깨어계시면 풍랑이 잔잔하여 짐으로 천국을 누릴 수가 있는 것입니다. 세상에서 천국을 누리려고 한다면 예수님과 관계를 열어야 합니다. 오늘 우리는 자연현상이 아닌 특이한 풍랑을 만난 예수님의 제자들의 삶을 통하여 교훈을 얻고자 합니다.

　첫째, 예수님을 주무시게 한 제자들을 우리가 생각해 봐야 됩니다. 주님께서 갈릴리 해변에서 건너편을 바라보시고 저 건너편으로 가자고 하셔서 제자들이 배를 준비하여 예수님과 함께 배를 타고 갈릴리 호수를 지나는 중에 예수님은 주무시고 말았습니다. 제자들끼리 정답게 이야기를 하고 예수님은 홀로 물끄러미 바다를 바라보고 계시다가 그만 손을 베개로 하고 주무셨습니다. 예수님이 주무시게 된 것은 크나큰 비극입니다.

　예수님과 제자들 사이에 놓인 거리를 생각해 보십시오. 예수님과 제자들은 신령한 세계 속에서 하늘나라 일을 이야기하는 깊은 대화가 있었습니다. 그러나 그날 배를 타고 갈릴리 호수를 건너가는 중에 그만 제자들의 대화가 달라졌습니다. 세상이 들어왔습니다. 예수님이 곧장 예루살렘에 가서 만왕의 왕, 만주의 주로써 등극하게 되면 큰 권세와 영광이 그들에게 주어질 것이라고 생각했습니다. 지상천국의 도래와 함께 예수님이 만왕의 왕, 만주 주가 되면 제자들도 다 권세와 부귀와 영화를 누릴 것을 생각하고 세상의 쾌락에 세상의 영화에 마음이 뺏겨서 정신이 없었습니다. 한마디로 보이는 사람을 바라보고 미혹이 된 것입니다. 세상과의 교제가 들어오자 주님과는 거리가 멀어지고 간격이 생기고 만 것입니다. 요한일서 2장 15절로 16절에 "이 세상이나 세상에 있는 것들을 사랑치 말라 누구든지 세상을 사랑하면 아버지의 사랑이 그 속에 있지 아니하니 이는 세상에 있는 모든 것이 육신의 정욕과 안목의 정욕과 이생의 자랑이니 다 아버지께로 좇아 온 것이 아니요 세상으로 좇아 온 것이라"

제자들의 가슴속에 세상에 대한 사랑이 들어오자 예수님과는 멀어졌습니다. 그들은 세상의 부귀, 영화, 공명을 생각하고 그 이야기에 꽃을 피우는 동안에 예수님은 홀로 대화의 상대가 없이 계시다가 주무시고 만 것입니다. 예수님과 제자들이 각각 다른 세계에 처하게 된 것입니다. 예수님은 하늘나라에서 오셔서 하늘나라의 일을 말씀하는데 제자들은 세상에 속하여서 세상나라 이야기를 하고 세상 생각을 하므로 하늘나라와 세상나라가 함께 있을 수가 없어 거기에 간격이 생길 수밖에 없었습니다. 제자들이 주님을 중심으로 주님과 대화하고 주님의 말씀에 귀를 기울일 때는 하늘나라가 그들 속에 와있었지만 예수님과 멀리 떨어지고 예수님의 말씀에 귀를 기울이지 아니하고 예수님과 대화를 그치자 세상나라가 들어오고 세상이 그 마음속에 들어와서 세상의 대화를 하니 예수님과의 거리가 멀어져 버리고 만 것입니다.

둘째, 우리도 예수님으로부터 멀어질 수 있다는 것을 인정해야 합니다. 무엇이 세상으로 우리를 이끌고 가는지 아십니까? 우리의 마음속에 탐욕이 들어오면 탐욕이 우리와 주님 사이를 갈라놓고 마는 것입니다. 성경에는 네 앞에 다른 신을 두지 말라고 했는데 탐욕은 하나님에 대한 관심을 빼앗아 가는 다른 신인 것입니다. 탐욕이 들어오면 하나님에 대한 관심을 빼앗아가는 것입니다. 하나님 중심에서 세상 중심으로 끌고 가는 것입니다. 완전히 탐욕은 다른 신인 것입니다. 성경에는 각 사람이 시험을 받는 것은 자기 욕심에 끌려 미혹됨이니 욕심이 잉태한즉 죄를 낳고 죄가 장성한즉 사망을 낳는다고 말씀하고 있는 것입니다. 골로새서 3장 5절로 6절에 "그러므로 땅에 있는 지체를 죽이라 곧 음란과 부정과 사욕과 악한 정욕과 탐심이니 탐심은 우상 숭배니라 이것들을 인하여 하나님의 진노가 임하느니라"고 말씀하고 있는 것입니다.

많은 성도들이 주일날 가게를 여는 분들이 있습니다. 그러나 주일날 가게를 열어도 한 달로 계산하면 수입은 늘어나는 것이 없다고 합니다. 어떤 집사님은 주일날 가게를 열고 장사를 했는데 나중에 자궁에 암이 생겨서 벌어놓은 물질이 병원비로 다 들어갔다고 했습니다. 탐욕은 우리를 주님으로부터 멀리 떨어지게 하고 탐욕은 하나님 대신에 세상을 신으로 섬기게 만들어 주는 것입니다. 탐욕에 빠지면 점점 주님과 멀어져서 세상을 섬기고 세상의 성공에 집착합니다. 결국 세상으로 말미암아 도적질 당하고 죽임을 당하고 멸망을 당하고 말게 되는 것입니다.

또 교만이 우리와 하나님 사이를 틈내어 놓는 것입니다. 우상에 절하지 말라고 했는데 교만은 바로 우상숭배가 되는 것입니다. 루시퍼가 왜 사탄이 되었습니까? 그가 말하기를 "내가 하늘에 올라 하나님의 뭇별위에 나의 보좌를 높이리라 지극히 높은 자와 비기리라"고 자기를 우상화 했습니다. 그 결과로 하나님과 사이가 멀어지고 쫓겨나고 사탄이 되고 만 것입니다. 성경에는 말하기를 "네가 아름다움으로 마음이 교만하였으며 네가 영화로움으로 네 지혜를 더럽혔다."고 말하고 있는 것입니다. 잠언서 8장 13절에 "여호와를 경외하는 것은 악을 미워하는 것이라 나는 교만과 거만과 악한 행실과 패역한 입을 미워하느니라"고 말했습니다. 예수님과 가까이 지내야 천국을 누리는 것입니다.

우리 마음에 하나님보다 자기를 바라보고 하나님보다 자기를 자랑하고 섬기게 되면 망하게 되는 것입니다. 하나님과의 거리는 천리만리 떨어지게 되는 것입니다. 우리가 인생의 풍랑을 만나면 우리 안에 있는 세상을 버리고 주님을 찾고 주님을 깨워야 하는 것입니다. 아니 인생의 풍랑을 만나기 전에 예방해야 합니다. 항상 기도하여 예수님이 깨어나시기만 하면 풍랑은 사라지고 파도는 잠잠해질 수밖에 없는 것입니다. 또 하나님과 우리 사이를 멀리하는 것은 말씀묵상과 말씀공부가 등한히 되어서 신앙이 식어지는 것입니다. 믿음은 들음에서 나며 들음은 그리스도의 말씀으로 말미암습니다. 우리의 믿음이란 말씀 없이는 생겨나지 않습니다. 하나님의 말씀이 우리에게 믿음을 가져오는 것입니다. 그러므로 말씀을 읽고 묵상하고 사랑하는 마음이 사라지면 마음에 믿음도 사라지고 불신앙이 들어오게 되는 것입니다. 말씀이 멀어지고 신앙이 멀어지면 하나님과의 교통도 멀어지는 것입니다. 말씀을 통해서 신앙이 들어오면 그 믿음이 하나님과 열린 문이 되어서 하나님과 교통을 했지만 말씀을 등한히 하면 신앙이 사라지고 하나님과의 교제는 끊어지고 마는 것입니다.

셋째, 세상이 우리 마음속에 들어오면 풍랑도 함께 들어오는 것입니다. 하나님과 우리 사이에 세상이 들어오면 세상의 주인된 마귀가 따라 들어오는 것입니다. 탐욕이 들어오고 교만이 들어오고 불신앙이 들어오고 불순종이 들어오면 하나님과 우리 사이에 거리를 두게 되는 것입니다. 주님과 우리 사이에 간격을 두게 되고 그 빈틈을 통해서 세상이 밀물처럼 몰려 들어오면 그 밀물을 타고 사탄이 들어오는 것입니다. 세상이 제자들을 주님으로부터 격리시켜 놓았을 때 마귀는 공격했습니다. 예수님과 제자들이 배를 타고 갈릴리 호수를 지나가는데 예수님과의 교제가 끊어졌습니다. 예수님은 하늘나라의 말씀을 하시는데 제자들은 세상 말을 했습니다. 예수님은 하늘나라 생각을 하셨는데 제자들은 세상일을 생각했습니다. 주님과 제자들 사이에 교통이 끊어졌습니다. 그래서 예수님은 팔을 베개하고 주무셨습니다. 그러자 제자들에게 지옥이 찾아오기 시작을 했습니다.

주님과 틈이 생기니 사탄이 들어왔습니다. 마귀는 그 배를 뒤엎어서 예수님과 제자들을 멸망시키려고 한 것입니다. 그래서 한낮에 하늘에 먹구름이 끼고 천둥번개가 치고 거센 바람이 불어와서 갈릴리 호수에 거대한 풍랑이 일어나게 된 것입니다. 이 풍랑을 제자들이 잠재워 보려고 부단히 애를 썼습니다. 물을 퍼내고 돛을 감아 들이고 온갖 일을 다 해도 배는 물에 가라앉고 있었습니다. 우리의 인생에 하나님과 간격이 벌어져서 풍랑이 일어났을 때 하나님 없이 우리 스스로 문제를 해결하려고 발버둥을 쳐도 소용이 없습니다.

이사야 59장 1절로 2절에 "여호와의 손이 짧아 구원치 못하심도 아니요 귀가 둔하여 듣지 못하심도 아니라 오직 너희 죄악이 너희와 너희 하나님 사이를 내었고 너희 죄가 그 얼굴을 가리워서 너희를 듣지 않으시게 함이니" 우리가 잘 아는 공산주의의 지도자였던 칼 막스나 스탈린은 한때 신앙인이었을뿐 아니라 신학생이었습니다. 하지만 이들은 가난과 기아, 사회악이라는 풍랑 앞에서 주님을 찾지 않고 인간의 힘으로 지상낙원을 건설할 수 있다는 생각을 하고 하나님을 등지고 인간의 힘으로 가난과 질병, 저주와 고통을 해결하려고 한 것입니다. 세상에 다가온 이 풍랑을 사람의 힘과 능력으로 해결해 보겠다고 그들이 만든 것이 공산주의였습니다.

그 잘못된 생각으로 말미암아 인간의 힘으로 풍랑을 잠재우려다가 수많은 사람들을 희생시키고 낙원은커녕 가난과 독재에 시달리는 수많은 나라들을 양산하고 말았던 것입니다. 사람의 힘으로는 다가오는 풍랑을 막을 수가 없습니다. 마귀가 일으키는 세상의 풍랑은 인간의 힘으로는 다스릴 수 없습니다. 오직 주님을 찾아야 풍랑이 잠잠해질 수가 있는 것입니다. 어떻게 풍랑을 잠재워야 되겠습니까? 회개하고 예수님을 찾는 길밖에 없습니다. 큰 풍랑이 일어나 배가 침몰할 위기에 처하자 그때야 제자들은 예수님이 배에 같이 탄 것을 알았습니다. 그전에는 세상에 들어와서 예수님이 함께 계신 것조차 의식하지 못했습니다. 풍랑이 들어와서 죽게 되자 예수님이 함께 배에 타고 있고 예수님이 주무시고 있는 것을 깨닫게 되고 예수님께 가까이 나가서 주님을 깨웠습니다. "주여! 주여! 우리가 죽게 되었습니다." 그들은 비로소 주님 없이 살 수 없는 그들의 형편을 깨닫고 회개하고 돌아선 것입니다. 부귀, 영화, 공명을 다 가져도 물에 빠져 죽어버리면 무슨 소용이있겠습니까? 무엇보다 귀한 것은 믿음으로 예수님을 주인으로 모시고 지내는 것이 상책이라는 것을 그들은 마음속에 깊이 깨닫게 된 것입니다. 탐욕과 교만과 불신앙과 불순종을 떠나고 버려야 예수님을 깨울 수가 있는 것입니다. 예수님과 우리 사이에 무엇이 틈을 내었습니까? 바로 탐욕과 교만과 불신앙과 불순종이 그 틈을 내었는데 그 틈을 없애 버리기 위해서는 회개해야 되는 것입니다. 탐욕을 회개하고 교만을 회개하고 불신앙을 회개하고 불순종을 회개하고 주님께 손들고 나와야 되는 것입니다.

디모데전서 6장 11절에 "오직 너 하나님의 사람아 이것들을 피하고 의와 경건과 믿음과 사랑과 인내와 온유를 좇으며"라고 말한 것입니다. 요한계시록 2장 5절에 "그러므로 어디서 떨어진 것을 생각하고 회개하여 처음 행위를 가지라 만일 그리하지 아니하고 회개치 아니하면 내가 네게 임하여 네 촛대를 그 자리에서 옮기리라"고 말한 것입니다. 회개가 그렇게 중요한 것입니다. 회개하고 예수님을 찾아야 응답하시기 때문입니다.

이성봉 목사는 한국의 무디라고 우리가 말합니다. 이 목사님은 1900년에 출생하여 신앙심이 깊은 어머니의 교육아래 유년기와 청소년기를 보냈습니다. 그러나 소학교를 졸업한 뒤 집안이 가난해서 중학교에 가지를 못했습니다. 그는 돈을 벌려고 나가서 사업을 했는데 점점 하나님보다 돈을 사랑하게 되었습니다. 그러자 마귀는 그에게 질병이라는 풍랑을 일으켰습니다. 불과 21세의 나이에 이름 모를 병에 걸리고 만 것입니다. 그는 6개월 동안 평양 기혈병원에 입원하여 생활하면서 곰곰이 인생에 대해서 생각했습니다. 이성봉 목사는 말씀하기를 "돈을 많이 벌어 보려 했지만 백만장자도 죽어버리니 허사요, 땅을 사고 논을 사고 밭을 사고 고대광실 같은 집을 지어도 죽으면 한 평 땅, 수의 한 벌, 관 한 개밖에 못가지고 가는 것이 인생이 아닌가. 많은 지식을 가졌어도 나 죽을 날을 알지 못하고 영웅호걸, 미인들도 죽음 앞에서 다 항복하고 마니 이 얼마나 허무한가" 그리고 얼마 후 그는 주님을 떠났던 죄를 회개하고 이렇게 고백했습니다. "나는 이제야 내가 죄인임을 알았다. 법률상으로 지은 죄, 도덕적으로 지은 죄, 마음으로 지은 수많은 죄로 인해 내가 정수리에서 발끝까지 죄인임을 절실하게 깨달았다." 결국 그는 하나님께 순복하고 한번만 살려주시면 복음을 모르는 불쌍한 인생들을 위해서 살겠다고 기도했습니다. 그리고 하나님께 고침을 받은 후 하나님의 종으로 헌신해 오늘까지 한국의 무디로 불릴 정도로 위대한 부흥사가 되어서 한국 삼천리강토를 내 앞마당처럼 다니면서 복음을 증거하신 어른이 이성봉 목사님인 것입니다. 그래서 고난이 유익이라고 하는 것입니다.

하나님을 저버리고 물질을 따랐으나 마귀가 일으키는 풍랑을 만나 회개하고 돌이키사 주님을 찾아오니까 새사람이 되어 하나님이 크게 사용하는 그릇이 되었던 것입니다. 풍랑을 만났을 때 우리는 무엇보다 회개하고 주님을 찾아가야만 하는 것입니다. 주님을 깨워야 합니다. 그러면 주님께서 우리를 의와 진리의 거룩함으로 지으심을 받은 새사람으로 만들어 주어서 풍랑을 잠재워 주시는 것입니다. 그리고 풍랑이 왔을 때는 주님을 찾고 주님을 깨우는 일에 우리가 게으르지 말아야 됩니다. 예수님의 제자들이 "주여 구원하소서. 우리가 죽겠나이다."라고 외친 것처럼 우리가 고난당하면 인간의 힘과 수단으로 발버둥치지 말고 회개하고 예수님을 찾아야 되는 것입니다.

시편 44편 23절에 "주여 깨소서 어찌하여 주무시나이까 일어나시고 우리를 영영히 버리지 마소서" 예레미야 33장 3절에 "너는 내게 부르짖으라 내가 네게 응답하겠고 네가 알지 못하는 크고 은밀한 일을 네게 보이리라"고 말씀한 것입니다. 잠언서 8장 17절에 "나를 사랑하는 자들이 나의 사랑을 입으며 나를 간절히 찾는 자가 나를 만날 것이니라"고 말한 것입니다. 그러므로 인생에 위기가 다가오면 인간의 수단과 방법으로 피하려고 하지 말고 주님 앞에 엎드리는 것이 최고입니다. 회개하고 주님의 얼굴을 찾고 찾으면 주님이 만나 주시는 것입니다.

풍랑은 우리가 하나님과 멀어졌을 때 귀신이 와서 일으키는 것입니다. 그럼 지옥이 됩니다. 그러나 우리가 회개하고 주님을 다시 중심에 모셔 들이기만 하면 풍랑도 잠잠해지고 모든 일이 회복되게 되는 것입니다. 바깥의 풍랑에 지는 것이 아니라 마음에 풍랑도 잠잠해지고 생활에 풍랑도 잠잠해지는 것입니다. 그리고 풍랑을 잠잠케 하기 위해서는 우리의 삶이 변화를 받아야 되는 것입니다. 의와 진리의 거룩함으로 지으심을 받은 새사람을 입고 살기로 결심해야 되는 것입니다. 풍랑이 다가왔는데도 불구하고 우리의 삶에 변화를 가져오지 않으면 안 되는 것입니다. 풍랑은 하나님이 우리의 삶에 대해서 기뻐하지 아니하신다는 증거이기 때문에 그 삶을 벗어 버리고 새로 갈아입어야 되는 것입니다.

로마서 6장 6절에 "우리가 알거니와 우리 옛 사람이 예수와 함께 십자가에 못 박힌 것은 죄의 몸이 멸하여 다시는 우리가 죄에게 종노릇 하지 아니하려 함이니" 죄의 종의 멍에를 벗어 버리고 주님 앞에 올바르게 서야만 되는 것입니다. 에베소서 4장 22절로 24절에 "너희는 유혹의 욕심을 따라 썩어져 가는 구습을 좇는 옛 사람을 벗어 버리고 오직 심령으로 새롭게 되어 하나님을 따라 의와 진리의 거룩함으로 지으심을 받은 새 사람을 입으라"고 말씀한 것입니다.

고난은 우리에게 회개하라는 하나님의 채찍입니다. 채찍을 맞고도 회개하지 아니하면 점점 채찍이 굵어지게 되는 것입니다. 큰 채찍이 오기 전에 우리는 변화를 받아 새사람이 되어 주님 품에 안겨야 되는 것입니다. 그리고 주님이 깨어나시면 풍랑은 사라지는 것입니다. 주님께서 일어나사 바다를 꾸짖으시니 아주 잔잔하게 되었다고 성경은 말하고 있는 것입니다. 주님은 하늘과 땅의 모든 권세를 다가지고 계십니다. 풍랑과 홍수도 주님 수하에 있는 것입니다. 주님의 명령 한마디면 풍수도 풍랑도 잠잠해지고 마는 것입니다.

넷째, 주님은 풍랑을 일으키는 귀신을 쫓아내십니다. 주님께서는 바다를 향해서 고요하라. 잠잠하라고 꾸짖었습니다. 물을 보고 꾸짖습니까? 살아있어 듣고 있는 존재를 향해서 꾸짖고 있잖아요. 풍랑을 일으킨 배후에 마귀를 보고 주님이 꾸짖으신 것입니다. 고요하라. 잠잠하라. 바람과 바다를 꾸짖었다고 성경에 말했습니다. 돌멩이 보고 꾸짖어야 무슨 소용이 있겠습니까? 나무보고 꾸짖은들 무슨 소용이 있습니까? 그러나 살아있는 존재는 꾸짖으면 그 꾸짖음에 응답하는 것입니다. 주님께서 꾸짖은 것은 바람과 파도의 배후에 있는 원수 마귀를 꾸짖으신 것입니다. 풍랑은 귀신이 일으킨 것입니다. 예수님이 거라사 지방에 건너오지 못하도록 거라사 지방에 귀신들린 사람 속에 있는 군대마귀가 풍랑을 일으킨 것입니다. 결국에는 예수님이 풍랑도 잠잠케 하시고 군대마귀도 쫓아내신 것입니다.

베드로전서 5장 8절로 9절에 "근신하라 깨어라 너희 대적 마귀가 우는 사자 같이 두루 다니며 삼킬 자를 찾나니 너희는 믿음을 굳게 하여 저를 대적하라 이는 세상에 있는 너희 형제들도 동일한 고난을 당하는 줄을 앎이니라"고 말한 것입니다. 우리가 회개하고 돌아오면 우리 가정에서 귀신을 쫓아내야 가정이 평안해 지는 것입니다. 교회에서 귀신을 쫓아내야 교회가 잠잠해지지요. 직장에서 사회에서 귀신을 쫓아내어야 조용해지는 것입니다. 자신과 가정의 지옥은 귀신이 만드는 것입니다. 예수께서 주인으로 오시면 귀신을 쫓아내는 역사를 일으키는 것입니다.

주님이 우리에게 와서 회개하라. 천국이 가까이 왔다 하시고 가장 먼저 하신일이 귀신을 쫓아내는 일을 하신 것입니다. 모든 인생의 불행과 풍랑은 귀신이 가져오는 것입니다. 귀신이 도적질하고 죽이고 멸망시키는 일을 하는 것입니다. 주님께서 오신 것은 귀신을 쫓아내고 우리에게 평안을 주시기 위해서 오신 것입니다. 그러므로 우리가 탐욕을 회개하고 교만을 회개하고 불순종과 불신앙을 회개하고 주님과 우리 사이에 막힌 담을 헐어버리고 주무시는 주님을 깨워 일이키면 주님은 우리 가운데 오셔서 도적질하고 죽이고 멸망시키는 마귀와 귀신들을 일격에 내어 쫓아주시는 것입니다.

잠언서 28장 13절에 "자기의 죄를 숨기는 자는 형통치 못하나 죄를 자복하고 버리는 자는 불쌍히 여김을 받으리라"고 말씀하셨습니다. 사도행전 10장 38절에 "하나님이 나사렛 예수에게 성령과 능력을 기름 붓듯 하셨으매 저가 두루 다니시며 착한 일을 행하시고 마귀에게 눌린 모든 자를 고치셨으니 이는 하나님이 함께 하셨음이라"고 말씀하고 계신 것입니다.

세상이 들어오면 탐욕과 교만과 불신앙과 불순종의 병이 들게 되는 것입니다. 그리고 주님과는 구만리장천으로 멀어지고 풍랑이 다가옵니다. 구원받을 수 있는 유일한 길은 회개하고 처음 사랑을 회복하고 주님을 새롭게 모시는 길밖에 없습니다. 그때야 비로소 풍랑도 귀신도 쫓겨나고 영혼이 잘됨같이 범사에 잘되며 강건하고 생명을 얻되 풍성하게 얻는 주님의 은총의 손길이 나타나게 되는 것입니다.

결론적으로 주인으로 오신 예수님이 깨어서 기도하고 계셔야 풍랑이 잔잔하여 지는 것입니다. 삶에서 풍랑이 잔잔해야 천국을 누릴 수가 있습니다. 예수님은 크리스천들이 세상에서 천국을 누리도록 풍랑을 잔잔하게 하시는 분입니다. 예수님이 늘 깨어 계실 수 있도록 성령으로 기도하시기를 바랍니다. 예수님께서 깨어계셔야 세상에서 천국을 누릴 수가 있다는 것을 명심해야 합니다. 예수님을 주인으로 모시고 늘 의논하여 예수님이 주무시지 않도록 해 야 세상에서 천국을 누리는 것입니다. 만약에 삶에서 환란과 풍파가 일어난다면 신속하게 예수님과의 관계를 점검해야 합니다.

9장 죽은자 살려 천국을 현실화 하시는 예수님

(요 11:41-44)"돌을 옮겨 놓으니 예수께서 눈을 들어 우러러 보시고 이르시되 아버지여 내 말을 들으신 것을 감사하나이다. 항상 내 말을 들으시는 줄을 내가 알았나이다. 그러나 이 말씀 하옵는 것은 둘러선 무리를 위함이니 곧 아버지께서 나를 보내신 것을 그들로 믿게 하려 함이니이다. 이 말씀을 하시고 큰 소리로 나사로야 나오라 부르시니, 죽은 자가 수족을 베로 동인 채로 나오는데 그 얼굴은 수건에 싸였더라. 예수께서 이르시되 풀어 놓아 다니게 하라 하시니라"

예수님께서 멀리 요단강 건너편에 계실 때 갑자기 나사로가 병들었습니다. 자매들이 예수님에게 빨리 와서 도와달라고 편지를 보냈는데 편지가 도착하기 전에 나사로는 죽고 말았습니다. 극한 슬픔에 처한 마리아와 마르다는 예수님이 오시기를 학수고대 하다가 이 슬픈 변을 당하여 아주 낙담한 가운데 오라버니 나사로를 굴로 된 무덤에 장사 지내고 그 굴 입구를 큰 돌로 막았습니다. 오라버니를 장사한 지 나흘 만에 예수님께서 베다니에 오셔서 초췌해진 마르다와 마리아와 함께 수많은 유대인들을 데리고 나사로의 무덤가에 가셨습니다. 그리고 예수님께서 마르다에게 무덤의 돌을 옮겨놓으라고 명령하셨습니다. 당황한 마리아는 마르다와 함께 어쩔 줄을 몰랐습니다.

그녀는 예수님께 "주님! 오라버니가 무덤에 장사한지 이미 나흘이 되어 그 몸에서 썩은 냄새가 납니다. 그런데 돌문을 옮겨 놓으면 그 일을 어떻게 감당하시려고 합니까?" 예수님을 저지하려고 했습니다. 그때 예수님께서는 단호히 말씀하셨습니다. "내 말이 네가 믿으면 하나님의 영광을 보리라고 하지 않았느냐?" 호통을 치셨습니다. 놀란 마리아와 마르다가 필사의 노력으로 돌을 옮겨놓자 예수님께서는 그 입구에 서서 기도하신 후에 큰 소리로 "나사로야 나오라!" 외치셨습니다. 그러자 죽은 자가 수족을 베로 동인 채로 살아 나왔습니다.

첫째, 믿음은 하나님의 말씀을 들어야 된다. 먼저 믿음은 하나님의 말씀을 들어야 된다는 것을 여기에서 알 수가 있는 것입니다. 하나님의 말씀을 듣는 다는 것은 하나님의 자녀가 되었다는 증거입니다. 땅의 사람은 영이신 하나님의 말씀이 들리지를 않습니다. 로마서 10장 11절에 "그러므로 믿음은 들음에서 나며 들음은 그리스도의 말씀으로 말미암느니라"고 했습니다. 예수님께서 베다니에서 처음 마르다를 만났을 때 네 오라버니가 살리라고 말씀하셨습니다. 이 말이 너무 터무니없게 생각되어 마르다가 "예, 부활의 날에 우리 오라버니가 살줄로 믿나이다" 할 때에 예수님께서 "아니다! 나는 지금 부활이요 생명이니 나를 믿는 자는 죽어도 살겠고 살아서 나를 믿는 자는 영원히 죽음을 보지 않는다"고 재확인하는 말씀을 하셨습니다.

예수님은 지금 나사로가 살아서 천국을 누리리라고 말씀하시는데 마리아와 마르다는 자꾸 뒷북을 치는 것입니다. 또 예수님께서는 마르다와 마리아를 나사로의 무덤에 데리고 가서 돌을 옮겨놓으라고 말씀하셨습니다. 그러므로 마르다와 마리아는 믿을 이유가 있습니다. 왜냐하면 하늘과 땅을 지으신 예수님께서 직접 오라버니가 산다고 말했고 돌을 옮겨놓으라고 말했으니까 눈에는 아무 증거 안 보이고 귀에는 아무 소리 안 들리고 손에는 잡히는 것 없다고 할지라도 믿을만한 이유가 있습니다. 즉, 예수님의 말씀이 있기 때문인 것입니다.

우리가 하나님의 말씀이라고 하는 이 말씀은 두 가지 말씀으로 우리에게 다가오는 것입니다. 일반적인 하나님의 말씀은 성경 창세기에서 요한 계시록까지 기록한 말씀입니다. 이 말씀을 읽음으로 하나님에 대한 지식을 얻고 우리가 은혜를 얻고, 기적의 하나님의 알고 믿게 되고, 이 말씀이 우리의 생명의 떡이 되어서 우리가 신앙 가운데 자라는 것입니다. 그러나 나의 마음속에 기적을 행하는 믿음은 내게 직접 주시는 말씀이어야 합니다. 이는 성령으로 말미암아 하나님의 말씀이 바로 내 마음속에 직접 주어질 때 그 말씀이 레마로, 거기에 우리가 믿음을 걸고 기적을 기대할 수 있는 것입니다.

그렇기 때문에 모두다 일반적인 하나님의 말씀은 하나님이 주셨습니다. 이 말씀을 읽고 듣고 공부함으로 은혜를 받고 우리가 생명의 양식을 먹고 우리의 신앙이 자라나지만 우리 생활에 기적이 일어나는 말씀은 일반적인 말씀이 아닌 성령이 지금 내게 직접 주는 말씀이라는 것입니다.

그러므로 오늘 우리가 나사로의 부활에 대한 말씀을 읽을 때 마음에 큰 은혜가 되고 양식이 됩니다. 그렇다고 해서 야! 나사로도 부활했으니까 나도 못할게 뭐냐! 삽하고 괭이를 들고 가족 묘지에 가서 조상 묘를 전부 파헤친 다음에 나오라! 예수의 이름으로 나오라! 그래도 절대 안 나옵니다! 망신만 당합니다. 나사로는 나왔는데 왜 안 나오나? 나사로가 죽은 지 나흘 만에 나왔다는 그 이야기는 일반적인 하나님의 말씀인 로고스입니다. 이 로고스를 우리가 읽으면 하나님이 살아계시는구나! 참 놀라운 은혜다! 우리가 마음속에서 큰 은혜를 받습니다만, 그러나 우리 생활 속에 직접 기적이 일어나기 위해서는 하나님이 직접 말씀해 주셔야 합니다.

마르다와 마리아가 무덤의 문을 옮겨놓은 것은 막연하게 성경을 읽고 옮긴 건 아닙니다. 예수님이 직접 말씀하셨습니다. "네 오라버니가 살리라 돌을 옮겨놓아라" 그러므로 마르다와 마리아는 일반적인 부활의 말씀에 따라 행동한 것이 아니라, 주님께서 직접 주신 말씀 즉, 내게 주신 말씀을 따라 행동한 것입니다.

로마서 10장 11절에 "믿음은 들음에서 나며 들음은 그리스도의 말씀으로 말미암는다"는 그 말씀은 로고스가 아니고 레마입니다. 일반적인 하나님의 말씀이 아니고 내게 지금 직접 주시는 하나님의 말씀인 것입니다. 이 말씀은 기적을 행하는 믿음을 우리에게 주시는 것입니다. 그러므로 우리가 언제나 기적을 나타내는 하나님이 직접 주시는 이 레마를 받기 위해서 기도를 해야 되는 것입니다. 우리가 여러 가지 문제를 가지고 하나님의 도움을 바랄 때 마르다와 마리아가 "당신의 사랑하는 자가 병들었나이다"하고, 예수님께 편지를 보낸 것처럼, 우리는 성령으로 기도의 편지를 보냅니다. "주여 오셔서 나를 도우소서! 문제가 생겼나이다!" 마르다와 마리아의 있던 곳에 예수님이 나흘 후에 찾아와서 레마를 주신 것처럼, 우리도 하나님께 성령으로 기도하고 기다리면 성령하나님이 우리에게 말씀을 주시는 것입니다.

이 말씀을 받고 우리가 행해야 되는 것입니다. 말씀이 직접 내게 올 때 그것을 우리가 믿을 수 있고 행할 때 그것이 기적을 행합니다. 이러한 레마를 받지 아니하고 그냥 막연히 하나님의 말씀, 일반적인 말씀인 로고스를 따라서 행했다가 하나님이 역사안 한다고 불평하는 사람이 많습니다. 로고스는 우리가 듣고 읽고 은혜를 받고 영의 양식이 되는 것이지만 기적은 하나님이 이 로고스의 말씀을 성령이 잡아서 우리에게 직접 영감으로, 계시로, 감동으로 내게 주실 때 이것이 바로 믿음의 이유가 되는 것입니다. 이러므로 우리는 모두 하나님 앞에서 이 레마를 받도록 기도하고 직접 주시는 말씀이 올 때까지 하나님 앞에 간절히 기도하고 기다리시게 되기를 주님의 이름으로 간절히 축원합니다.

둘째, 레마를 듣고 순종하라. 주님께서 레마로 돌을 옮겨놓으라고 말씀하셨습니다. 아무리 말씀을 듣고 믿음이 생겨도 그 것을 행동으로 옮기지 않으면 하나님께서는 역사 하시지 않습 니다. 하나님께서는 성도의 그 행하는 믿음에 따라 기적을 나타 내십니다. 많은 사람이 말하기를, 하나님이 나를 부자로 만들 어주시면 십일조와 헌금을 많이 드리겠습니다. 하나님이 내 병 을 고쳐주시면 봉사하겠습니다. 하나님께서 나에게 은혜를 주 시면 그때 하나님께 충성하겠습니다. 하는데 그것은 정반대인 것입니다. 우리가 하나님의 말씀을 받고 우리가 눈에는 아무 증 거 안 보이고 귀에는 아무 소리 안 들리고 손에는 잡히는 것 없 어도 믿음으로 실천할 때 하나님이 따라서 역사하여 주시는 것 입니다. 왜냐하면 행함이 없는 믿음은 죽은 믿음이기 때문인 것 입니다. 그러므로 행동하기 위해서는 참으로 어려운 결단 즉, 무거운 돌을 옮겨놓아야만 되는 것입니다. 행동하는 믿음 위에 하나님의 기적이 일어나게 되는 것입니다.

베세다 광야에서 어린 소년과 도시락을 보십시오. 예수님이 베세다 광야로 나갔는데 남자만 오천 명 부녀자가 기만 명이 모 여서 하루 종일 말씀을 듣고 해가 질 무렵에 그들은 배가 고파 서 길거리에 드러누웠습니다. 예수님이 제자를 불러서 저들에 게 먹을 것을 주라고 하실 때 빌립은 말하기를 돈도 없고 음식 을 살 곳도 없습니다. 그러므로 흩어 보내는 것이 좋겠다고 말 했습니다. 그러나 여기에 안드레는 예수님의 레마를 받아들였 습니다. 예수님이 그들에게 직접 말씀하셨습니다. "이들에게 먹을 것을 주라" 그러므로 안드레는 돈이 없고 음식 살 곳이 없어도 주께서 먹을 것을 주라고 했으므로 하나님의 기적이 일어날 것을 알았습니다. 믿을 이유가 있습니다. 주님이 먹을 것을 주라고 했으니, 하늘과 땅을 지으신 주께서 먹을 것을 주라 했으므로 줄 수 있다는 믿음을 가질 수 있습니다. 그러나 이 레마는 행동하는 믿음에 따라 역사가 일어나는 것입니다.

아무리 레마를 받아도 그 레마를 받고 난 다음 그걸 따라 행동하지 아니하면 그 레마는 죽어버리고 마는 것입니다. 그래서 이들에게 먹을 것을 주기 위해서는 믿음의 돌을 옮겨놔야 합니다. 믿음을 행동으로 옮겨야 됩니다. 그래서 안드레는 먹을 것을 찾으러 다녔습니다. 아무도 먹을 것이 없는데 어린아이 하나가 엄마가 배고프다고 도시락을 싸준 것을 예수님의 말씀을 듣다가 저녁까지 먹지 않았습니다.

요기를 못해서 배가 고파 지치니까 군중을 떠나 한 쪽 구석에 앉아서 보리떡 다섯 개와 물고기 두 마리를 먹으려는 찰나에 안드레가 그 아이를 발견했습니다. "얘야! 그걸 먹지마라! 너 혼자 먹으면 너 혼자 배부르거니와 네가 이것을 예수님의 손에 얹어드리면 모두 다 배부르게 된다. 너 혼자 먹으면 너는 배부르거니와 이 사람들은 다 굶주린다. 그러나 네가 이것을 예수님 손에 얹어드리면 예수님께서는 모든 사람들이 다 배부르게 만들어 주신다." 그는 설득했습니다.

어린아이는 배가 고팠습니다. 그는 먹어야만 했습니다. 그러나 이것이냐 저것이냐 결정을 내릴 수밖에 없습니다. 주님은 레마를 주셨지만 믿음의 실천 후에 그 레마가 역사합니다. 그래서 어린아이는 결단을 내렸습니다. 나는 배고프지만 이것을 주님께 실천적인 믿음으로 내어놓으면 모든 사람들이 배부르다고 하니까 희생하고 내놓았습니다. 어려운 결단이었습니다. 그래서 예수님이 그것을 받자마자 주님이 축사를 하시고 이것을 떼어주시니 그 모든 무리가 다 배불리 먹고 결과로 열두 바구니가 남게 된 것입니다.

믿음이란 행함으로 증명되는 것입니다. 아무리 하나님께로부터 계시를 받아도 실천하는 믿음으로 나타나지 않으면 소용이 없습니다. 마르다와 마리아는 진퇴양난에 빠졌습니다. 마리아와 마르다는 오라버니 무덤가에 섰습니다.

그런데 주님께서는 이미 네 오라버니가 살리라 돌을 옮겨놓으라고 레마를 주셨습니다. 이 말씀을 받아도 실천할 것이냐 안 할 것이냐는 마르다와 마리아에게 달렸습니다. 마르다와 마리아는 자기들의 경험을 통해서 생각할 때 죽은지 나흘 만에 썩은 냄새가 나는 시체가 살아나는 것을 본 적이 없습니다. 이성적으로 생각할 때 어리석기 짝이 없는 일입니다. 전통적으로 생각할 때도 그런 일은 있을 수가 없습니다. 많은 유대인들이 그들을 주목하고 있습니다. 그들이 만일 어리석게 행동했다면 완전히 미친 사람으로 낙인이 찍히고 말 것입니다. 그러므로 그들은 고민했습니다. 주여! 죽은 지 나흘이 되어 썩은 냄새가 나는데요?

어찌 이 말을 하십니까? 예수님은 "네가 행동하는 믿음을 가지면 하나님의 영광을 보리라고 하지 않았느냐?" 그들은 결단을 내려야 했습니다. 믿음이란 결단입니다.

그 두 자매는 결단을 내렸습니다. 눈에는 아무 증거 안 보이고 귀에는 아무 소리 안 들리고 손에는 잡히는 것 없어도 사람들이 다 미쳤다고 말하고 자기 이성에 배반이 되고 경험에 반대될지라도 살든지 죽든지 흥하든지 망하든지 성하든지 쇠하든지 주님의 말씀에 순종하자! 그래서 그들은 달려들어서 돌을 옮겨놓았습니다. 이것이 바로 행동하는 믿음인 것입니다. 결단이 있어야 합니다. 레마를 들었으면 반드시 순종해야 기적이 일어납니다. 많은 성도들이 문제를 놓고 하나님께 기도합니다. 무어라고 기도하느냐! 하나님께 문제를 해결하여 달라고 기도합니다. 우리는 바르게 알아야 합니다. 하나님은 절대로 직접 우리의 문제를 해결하여 주시지 않습니다. 기도할 때 하나님께서 알려주신 방법대로 순종하고 행동할 때 문제가 해결이 되는 것입니다. 하나님은 분명하게 "믿는 자들에게는 이런 표적이 따르리니 곧 그들이 내 이름으로 귀신을 쫓아내며 새 방언을 말하며, 뱀을 집어올리며 무슨 독을 마실지라도 해를 받지 아니하며 병든 사람에게 손을 얹은즉 나으리라 하시더라"(막 16:17-18).

마르다와 마리아는 마음에 결단을 내렸습니다. 레마를 받았으니 나는 그대로 행동하겠다! 행동하는 믿음! 순종하는 믿음! 이것 굉장히 중요한 것입니다. 수많은 사람들이 하나님의 말씀을 받고도 그대로 행동하지 않습니다. 언제나 주저주저 합니다. 이것이냐 저것이냐를 분명하게 결단하지 않습니다. 예스일까! 노일까! 대답을 분명하게 하지 않습니다. 하나님께 대해서는 예스! 죄에 대해서는 노! 분명하게 말할 줄 알아야 합니다. 죄가 유혹할 때 따를까 말까 하면 떨어집니다. 죄가 유혹하면 노! 사탄아! 죄야! 나는 너를 안 따라간다! 하나님이 명하시면 예스! 예! 따라갑니다! 결단이 분명해야 합니다! 분명한 결단을 못 내리는 사람은 행동하는 믿음으로 설 수가 없는 것입니다.

셋째, 믿으면 하나님의 영광을 본다. 우리 주님께서 행동하는 믿음을 가진 사람에게 뭐라고 말합니까? 믿으면 하나님의 영광을 보리라! 믿음이 하나님의 영광의 문을 여는 열쇠인 것입니다. 마르다와 마리아는 단호한 믿음의 결단을 하고 필사적으로 실천했습니다. 크리스천들이 믿음으로 실천할 때 다른 사람들이 도와줄 줄 알아요? 아무도 안 도와줍니다. 마르다와 마리아가 그 돌을 옮겨놓으려고 달려들었는데 유대인들은 전부 비웃습니다. 저들이 이제 미쳤구나! 역사에 없는 일을 하는 것을 보니 완전히 돌았구나! 아무도 도와주지 않습니다. 이 두 자매가 돌에 매달려서 넘어져 엉덩방아를 찧고, 또 당기다가 엉덩방아를 찧고, 손가락을 할퀴어서 피가 나고, 발등이 찢겨서 피가 납니다.

아무도 도와주지 않습니다. 예수님도 안 도와줍니다. 왜? 믿음의 실천이 있어야 그 위에 예수님이 기적을 행할 수 있기 때문인 것입니다. 기어코 그들이 몸부림을 치다가 돌이 굴러 떨어졌습니다. 무덤 문이 열렸습니다. 그들이 할 일을 다 했습니다. 이제 그 이상은 그들은 하지 못합니다. 돌을 굴리기까지는 믿음으로 할 수 있지만 그 이상은 못합니다. 인간의 한계점에 도달하면 그 다음부터는 하나님이 책임져 주시는 것입니다. 반드시 하나님이 알려준 대로 순종해야 문제가 풀리는 것입니다.

많은 사람들이 하나님이 할 일까지 걱정합니다. 내가 이렇게 믿고 난 다음 하나님이 실패하면 어떡하지? 자기가 하나님보다 높습니까? 사람들은 생각하기를 자기가 못하는 것은 하나님도 못한다고 생각합니다. 감기! 나도 고칠 수 있으니까 하나님도 고칠 수 있다. 암! 내가 못 고치니 하나님도 못 고친다! 무슨 하나님을 사람인 줄로 생각합니까?

하나님은 사람이 할 수 없는 일을 하시는 것입니다. 내가 못하는 일을 하기 때문에 하나님이신 것입니다. 그러므로 사람이 행동하는 믿음(하나님께서 말씀하시는 대로 순종)을 다 하고 나면 그 다음은 하나님이 책임져 주시는 것입니다. 마르다와 마리아가 돌을 옮겨놓고 난 다음에 썩은 냄새가 굴에서 확 났습니다. 그 때에 예수님이 굴 앞에 서서 하나님께 기도하고 나사로야 나오라! 외치시매 죽은 나사로가 수족을 동인 채로 나왔습니다.

하나님이 하실 일은 하나님이 하시는 것입니다. 성도가 하나님께 말씀을 받고 실천하려고 할 때 동일한 레마를 받지 못한 남편이 비웃을 것이고, 아내가 비웃을 것이고, 자식이 반대할 것이고 이웃이 반대할 것입니다. 그러므로 믿는자가 심한 외로움과 고통을 느끼게 될 것입니다. 행동하는 믿음! 결단하는 믿음을 가질 때는 고독함이 따라옵니다. 어려움이 따라옵니다. 자기 혼자 그 믿음의 싸움을 승리로 성취해 나가야 하는 것입니다.

　모세는 하나님을 믿고 430년 동안 종살이하던 3백만 이스라엘 백성을 이끌고 나왔습니다. 이스라엘 백성을 이끌고 나오는 것까지는 모세가 할 수 있지만 홍해수를 가르고 쓴 물을 달게 하고 만나를 내리게 하고 메추라기가 날아오게 하는 것은 모세가 못합니다. 그것이 없으면 이스라엘 백성은 광야에서 다 죽었을 것입니다. 그러나 모세가 하나님을 믿고 자기의 할 일을 하고 난 다음에는 하나님이 하나님의 일을 하셨습니다. 모세가 할 일은 하나님께서 하라는 대로 행동하는 것입니다. 홍해수도 가르고 쓴 물도 달게 하고, 만나도 내리고, 메추라기도 주고, 바위에서 물이 나와고 이스라엘 백성을 가나안까지 이끌어 가는 것입니다. 하나님의 레마를 듣고 내 할 일을 내가 하면 하나님이 하실 일은 하나님이 하시는 것입니다. 여호수아가 여리고 성을 7일 동안 돌았습니다. 여리고를 도는 것은 할 수 있지만 무너뜨리는 것은 못합니다.

　하나님께서 여리고를 7일 동안 돌라고 했으므로 믿음으로 여리고를 돌고 자기가 할 일을 다 했을 때 그 다음에는 하나님이 하십니다. 하나님이 여리고 성을 무너뜨린 것입니다. 이러므로 레마를 받고 난 다음에는 행동하는 믿음을 실천하였으면 그 다음에는 하나님이 영광을 나타내 줄 것을 믿어야만 하는 것입니다. 의심없이 믿을 때 하나님께서 기적을 일으키시는 것입니다.

　필자가 지난 세월동안 체험한 바는 이렇습니다. 시화에서 서울로 교회를 옮길 때에도 성령하나님이 저에게 서울로 올라가라는 감동을 주셨습니다. 그리고 현장을 확인하라는 감동도 주셨습니다. 그래서 그대로 행동에 옮겼습니다. 때가 되니 교회 장소 임대료를 책임지겠다는 성도가 나왔습니다. 그때 당시 저에게는 임대료를 낼만한 물질이 없었습니다. 하나님이 이를 아시고 사람을 통하여 역사를 한 것입니다. 그래서 장소를 임대하였습니다. 이제 내부 시설을 할 물질이 필요했습니다. 그래서 하나님에게 기도를 했습니다. 기도하니 응답을 해주셨습니다. 그대로 행동에 옮기니 하루 만에 내부 시설을 할 수 있는 물질이 들어왔습니다. 내부 시설공사를 무료로 책임지고 해주겠다는 사람을 하나님이 붙여 주셨습니다. 그래서 저는 어떻게 작업을 하라고 지시만 하고, 시화에서 계속적으로 집회를 했습니다. 그렇게 순탄하게 일이 잘 풀려서 서울로 이전을 한 것입니다. 무엇보다도 중요한 것은 성령의 음성을 듣는 것입니다. 음성을 듣고 행동에 옮기니 성령께서 하셨습니다. 하나님의 음성을 듣고 행동에 옮기지 않으면 하나님이 역사하시지 않습니다. 그렇기 때문에 믿음이 굉장히 중요한 것입니다.

　저는 항상 이렇게 말합니다. 우리가 세상을 살아가면서 당하는 문제는 하나님의 문제라는 것입니다. 왜냐하면 우리는 예수를 믿을 때 십자가에서 죽었습니다. 동시에 예수로 태어났습니다. 그러므로 지금 사는 것은 내가 사는 것이 아니고 자신 안의 예수님이 사시는 것입니다. "내가 그리스도와 함께 십자가에 못 박혔나니, 그런즉 이제는 내가 사는 것이 아니요. 오직 내 안에 그리스도께서 사시는 것이라. 이제 내가 육체 가운데 사는 것은 나를 사랑하사 나를 위하여 자기 자신을 버리신 하나님의 아들을 믿는 믿음 안에서 사는 것이라"(갈2:20). 그러므로 우리 앞에 있는 문제는 죽은 사람인 자신의 문제가 아니고, 다시 살아난 예수님의 문제라는 것입니다. 문제를 만나거든 하나님께 기도하여 문제의 해결 방법을 알아내야 합니다. 하나님께서 알려주신 방법대로 행동하고 순종할 때 문제가 해결이 되는 것입니다. 그렇기 때문에 우리가 세상을 살아갈 때에 하나님의 음성을 듣고 순종하지 않으면 안 되는 것입니다. 우리는 바르게 알아야 합니다. 예수를 믿고 교회에 들어와 믿음 생활을 하면서 성령으로 세례를 받고, 내면의 상처를 치유하고, 자아를 부수고, 혈통에 역사하는 귀신을 축사하고, 말씀을 묵상하고, 성령으로 기도하는 모든 것이 하나님의 음성을 듣고 순종하기 위하여 심령을 준비하는 영적인 활동이라는 것입니다.

성도는 하나님의 음성을 들을 수 있는 영적인 수준을 갖추려고 부단하게 노력을 해야 합니다. 예수를 믿었으면 땅의 사람은 죽고 하나님의 자녀로 태어났습니다. 이제 사람의 말을 듣고 움직이는 것이 아닙니다. 하나님의 자녀답게 하나님의 음성을 들고 순종해야 합니다. 하나님의 음성을 듣고 순종할 때 기적을 체험하게 되는 것입니다.

문제를 만나거든 당황하지 말고 하나님께 기도하시기를 바랍니다. 하나님! 이 문제를 어떻게 해결해야 합니까? 응답하실 때까지 기도해야 합니다. 하나님은 영이시기 때문에 우리가 하나님과 같은 영적인 상태가 되어야 응답이 들리기 때문입니다. 하나님께서 응답하신 대로 행동에 옮기면 문제가 해결이 되는 것입니다. 행여나~ 하나님 이 문제를 해결하여 주시옵소서. 하고 아뢰는 나약한 기도를 한다면 절대로 문제가 해결되지 않는 것입니다.

성경에 보면 모든 믿음의 선진들은 하나님께 기도하여 하나님께서 하라는 대로 순종했습니다. 아브라함도 하나님의 음성을 듣고 순종하므로 믿음의 조상이 되었습니다. 모세도 모든 일을 독단으로 하지 않고 하나님께 기도하여 하나님께서 하라는 대로 순종하여 문제를 해결했습니다. 다윗이 이스라엘 나라를 통일 할 때도 독단으로 적을 공격하지 않고 하나님께서 치라는 명령을 듣고 행동하여 이스라엘 나라를 통일 했습니다. 신약 성경에 보면 예수님께서도 독단으로 일을 하시지 않고 하나님의 뜻을 좇아 순종하셨습니다. "그가 아들이시면서도 받으신 고난으로 순종함을 배워서, 온전하게 되셨은즉 자기에게 순종하는 모든 자에게 영원한 구원의 근원이 되시고"(히 5:8-9). 바울도 하나님의 음성을 듣고 사명을 감당했습니다. "그리스도께서 이방인들을 순종하게 하기 위하여 나를 통하여 역사하신 것 외에는 내가 감히 말하지 아니하노라. 그 일은 말과 행위로 표적과 기사의 능력으로 성령의 능력으로 이루어졌으며 그리하여 내가 예루살렘으로부터 두루 행하여 일루리곤까지 그리스도의 복음을 편만하게 전하였노라"(롬 15:18-19). 하나님의 음성을 듣고 순종할 때 표적과 기사와 능력의 역사가 일어났습니다. 이는 우리에게 하나님의 음성을 듣고 그대로 행동하고 순종할 때 역사가 일어난다는 것을 보여주기 위함입니다. 그러므로 하나님께 그저 해달라고 기도만 해서는 우리 앞에 있는 문제가 해결이 되지를 않는 다는 것입니다. 하나님께서 지시하시는 대로 순종하고 행동하고 말할 때 일이 이루어진다는 것입니다.

충만한 교회는 매주 다른 과목을 가지고 매주 화-수-목(11:00-16:30)집회를 인도합니다. 무료집회입니다. 단 교재를 구입해야 입장이 가능합니다. 매주 다른 과목으로 집회를 합니다. 매주 다른 여러 가지 과목을 학습하면서 과목마다 다르게 역사하는 성령으로 상처와 질병과 귀신들이 떠나갑니다. 과목마다 성령께서 역사하는 방향이 다르기 때문입니다.

병원이나 세상 방법으로 해결하지 못하는 무슨 문제든지 해결을 받겠다는 믿음을 가지고 오시면 15가지 질병과 문제도 모두 치유 받습니다. 천국을 누리고 싶은 분은 믿음을 가지고 오시기만 하면 무슨 문제라도 치유되고 해결이 됩니다. 오시면 천국을 체험하고 누리며 살아가게 됩니다.

10장 천국을 보도록 영의 눈을 여시는 예수님

(고전 2:10)"오직 하나님이 성령으로 이것을 우리에게 보
   이셨으니 성령은 모든 것 곧 하나님의 깊은 것까지도 통달하
   시느니라"

예수님은 세상에 하늘나라를 건설하게 하기 위해서 영적인 세
계가 있다는 것을 체험하게 하십니다. 영적인 세계에 눈이 열려
서 하늘나라 사람으로 변해야 이 땅에서 천국을 누릴 수 있기 때
문입니다. 세상에서 불신자로 살아갈 때는 영이 육에 눌려서 기
능을 제대로 발휘하지 못합니다. 한마디로 갑갑한 인생입니다.
복음을 전도 받고 교회에 나와 예수 믿고 성령으로 세례를 받으
면서 처음으로 느끼는 영적인 체험을 하는 것입니다. 인간이 본
능적으로 세상을 살아가다가 말씀을 통하여 성령이 운행하시어
빛이 비치고 영적인 눈이 열리며 깨닫기 시작하는 것입니다.

많은 분들이 예수를 믿고 교회에 와서 처음 성령으로 세례를
받으면서 회개의 눈물을 흘립니다. 처음 하나님을 만나는 단계
입니다. 저도 처음으로 하나님을 만나 회개의 눈물을 1박2일 동
안 흘렸습니다. 정말 주체 못 할 정도로 회개의 눈물을 흘렸습니
다. 순간 영이 깨어남으로 지금까지 체험하지 못한 신비한 것들
이 보이게 됩니다. 이즈음에 내가 꿈속에서 보니 내 배가 자꾸
불러 오는 것입니다. 아 내가 임신을 했구나~ 아기를 어디로 낳

지 하고 걱정을 하는데 갑자가 내 배가 갈라지면서 검은 치타가 죽어서 나오는 것입니다. 그것이 무엇이겠습니까? 혈기입니다. 성령을 체험하니 혈기가 죽어서 나오는 것입니다. 아직 그래도 세상에서의 행동하던 육성이 펄펄 살아있는 시기입니다. 아무것도 모르면서 아는 척을 잘 하는 시기이기도 합니다.

그러나 땅의 사람이 하늘의 사람으로 바꾸어지는 첫 경험이므로 여러 영적인 신비한 체험들이 마음속에 강하게 자리하게 됩니다. 이때에 주의해야 할 것은 나쁜 영의 전이가 된다는 것입니다. 영들의 전이에 대한 자세한 지식은 제가 집필하여 출간한 "하나님의 복을 전이 받는 법"책을 읽어보시면 상세하게 알 수 있을 것입니다. 이 책에는 하나님의 복을 전이 받는 법과 성령의 권능을 받는 법이 상세하게 수록되어 있습니다. 그리고 영들이 어떻게 전이 되는지와 일대일 사역자에게 자주 나타나는 영적손상과 대처 방법에 대하여 제시하고 있습니다.

예수를 믿고 교회에 들어와 성령으로 불세례를 체험하면 사람 속에 있던 신령적인 요소가 깨어납니다. 이때부터 성령께서 인도하십니다. 영의 눈이 열리니 영적인 것에 관심을 가지기 시작합니다. 툭하면 자기에게 나타난 영적인 현상을 가지고 상담을 하려고 합니다. 신비한 음성을 들으려고 합니다. 기도 할 때 무엇인가 보이고, 또 보려고 하고, 영물들이 보인다고 자랑도 하기 시작합니다. 영혼이 혼탁하여 혼란스러운 꿈을 많이 꾸기도 하는 시기입니다. 꿈에 뱀이 나타나기도 하고 무당이 보이기도 합니다. 어느 분은 자신이 기도할 때 환상으로 보니 입에서 뱀이 나왔는데 이것이 무엇이냐고 물어보는 사람도 있습니다. 이는 자신의 심령상태를 보여준 것입니다. 자신이 아직도 마귀의 영향 하에 있다는 것을 환상으로 보여준 것입니다. 저도 이 시기에 말로 표현하기 힘든 영적인 현상을 체험했습니다.

기도할 때 얼굴이 일그러진 사람이 나타나 하! 하! 하면서 달려들기도 했습니다. 중이 목탁을 탁탁 치면서 기도를 방해하기도 했습니다. 여자가 머리를 풀어 젖히고 흐느끼면서 울기도 했습니다. 어느 목사님은 호흡을 깊게 하면서 기도를 하니 몸이 뒤틀리는데 이것이 무슨 현상이냐고 질문하기도 합니다. 이는 자신 안에 있는 악한 영의 역사가 성령의 역사에 의하여 밖으로 드러나면서 나타나는 현상입니다. 자기 교회에서 목요일 밤에 기도를 하는데 눈을 감고 기도하면 곡하는 소리가 들린다는 것입니다. 눈을 뜨고 보면 아무도 곡하면서 기도하는 사람이 없었다는 것입니다. 그래서 권사님이 하나님에게 기도하니 천사가 기도를 도우면서 기도하는 소리라는 것입니다. 이것은 곡하는 사람 속에 있는 귀신이 곡하면서 기도하는 것입니다.

많은 분들이 이 시기에 이런 경험을 합니다. 자신의 나름대로 판단하여 기도할 때 영물들이 보이고, 환상도 보이니 자신이 제일 믿음이 좋은 사람이라고 스스로 판단하여 교만하게 행동하는 시기입니다. 이는 옛 사람이 죽지 않고 그대로 있기 때문에 자연스럽게 나타나는 현상입니다. 교회에 나와 나름대로는 불

같은 성령도 체험했고 열심히 믿음 생활을 한다고 해도 아직 육신에 속하여 환경을 의식하며 살아가는 것입니다. 예수를 믿어도 자신의 자아와 혈기가 남아서 자기 힘으로 어떻게 해보려고 열심히 노력하는 것입니다.

예수를 이용하여 육적인 만족을 얻으려고 합니다. 그러다가 자신의 뜻대로 되지 않는 인생을 깨닫고 자신의 능력으로 세상을 이기기가 역부족하다는 것을 알게 됩니다. 그래서 능력이 있다는 사람을 추종하고 찾는 단계입니다. 능력이 있다는 사람을 분별도 하지 않고 의지합니다. 성도는 빨리 이 단계를 넘어서야 합니다. 일부 성도들은 이 단계에 머물러서 예수를 믿으면서도 오만가지 문제로 고생을 합니다.

성도는 교회에 나와서 축복만 받으려고 하지 말고 말씀과 성령으로 영의 눈을 열어 하나님이 원하시는 수준에 도달하려고 노력해야 합니다. 그래야 삶에서 천국을 누릴 수가 있습니다. 성령님은 성도를 하나님이 원하시는 영적인 수준이 되게 하려고, 영적인 일에 관심을 갖도록 인도합니다. 저의 경우 성령께서 영적인 궁금증을 주셨습니다. 영적세계를 알아야 한다는 성령의 감동이 저를 주장했습니다. 영적세계에 대하여 연구하고 몰입을 하다가 보니 영적인 세계에 대한 이론이 정립되고 영적세계가 열렸습니다. 영분별을 어떻게 할까! 영분별을 할 수 있도록 하기 위하여 기도했습니다. 영분별의 세미나도 참석했습니다. 이렇게 영분별을 하려고 몰입하고 집중하다가 보니 영을 분별할 수 있게 되었습니다.

영안은 어떻게 하면 열릴 수가 있을까 고민하면서 기도하다가 보니 영안의 이론이 깨달아지고 영안이 서서히 열어졌습니다. 깨달은 것으로 책을 집필하여 두 권을 출간했습니다. 어느 날 기도하니까, 내 마음 속에서 영들의 전이가 어떻게 이루어질까! 잘못된 영의 전이가 이루어지면 무슨 현상이 나타날까! 하는 감동이 저를 주장했습니다. 영들의 전이에 대하여 관심을 갖다가 보니까, 영적전이에 대한 이론이 정립되고 영들의 전이에 대하여 깨달아지기 시작했습니다.

우리는 성령께서 관심을 갖도록 인도하시는 분야에 전문가가 되려고 의지적인 노력을 해야 합니다. 그 분야에 대한 책도 읽고 체험도 하면서 성령의 인도에 적극성을 보여야 합니다. 성령은 자신의 인도에 적극성을 보이면 전문가가 되도록 감동하시고 훈련을 하십니다. 성령의 인도로 차츰 하나님이 원하시는 수준에 도달하게 되는 것입니다. 성령이 인도하시는 분야에 적극적인 관심을 갖다가 보면 생명의 말씀과 성령으로 영적 민감성이 개발되기 시작을 합니다. 영적으로 민감하다는 것은 영적인 일에 관심이 남다르게 많다는 것을 의미합니다. 관심이 많아야 발전이 있는 법입니다. 세상의 일에도 관심과 흥미를 가지고 있어야 성공할 수 있는 것입니다. 관심과 흥미가 있으면 그 일에 깊이 관여하게 되고 그에 따라서 여러 형태의 도움을 받을 수 있게 됩니다. 무슨 일이든 전문가가 되기 위해서는 먼저 관심과 흥미로부터 시작하는 것처럼 영적 성장 역시 관심과 흥미로부터 시작하는 것입니다.

관심이 있게 되면 그 일에 모든 것을 걸게 됩니다. 관심과 흥미가 있게 되면 오로지 그 일만 생각하게 됩니다. 세상에서도 관심과 흥미가 그 일에 깊이 빠지게 만들고, 그렇게 해서 해당 분야에 전문가가 되는 것입니다. 이처럼 영적인 일에도 마찬가지로 관심과 흥미가 있어야 영적 발전이 이루어지는 것입니다. 하나님에게 쓰임을 받으려면 영적인 일에 깊숙하게 빠져 들어가야 합니다. 영적으로 깊어져서 하나님과 친밀하게 지내려면 평범한 수준을 넘어서야 합니다. 세상에서도 자신이 하는 일에 완전히 빠져들지 않으면 절대로 전문가가 될 수 없습니다. 영적인 일에 깊은 자가 되려면 오로지 영적인 일에 관심을 가지고 자나 깨나 그 일에만 골몰해야 합니다. 자나 깨나 오로지 영적인 일에 정신을 집중하고 그 변화에 민감해야 합니다. 사람들이 무어라 해도 신경을 쓸 필요가 없습니다. 사람들의 눈치를 보고 그들의 말에 신경을 쓰는 것은 아직 육신적인 성도이기 때문입니다. 영적인 성도가 되어 하나님의 선물을 받으려면 오로지 성령의 인도에만 관심을 가져야 합니다.

영의 눈을 뜨기 위해서는 반드시 성령으로 세례를 받아야 합니다. 그런데 성령으로 세례를 받게 되면 이해하지 못할 두려움이 자신을 주장하게 되는 경우가 많습니다. 우리가 신앙생활을 하면서 가장 극복하기 어려운 부분이 영적 두려움일 것입니다.

우리는 알지 못하는 세계에 대해서 막연한 두려움을 지니고 있습니다. 특히 영적 세계는 일반적으로 잘 알려져 있지 않기 때문에 모든 것이 생소하고 낯설기만 합니다. 특별하게 성령체험은 더욱 생소하고 두렵고 불안하게 합니다. 영적인 사람으로 변화하기 위해서는 먼저 두려움을 이기는 법을 배워야 합니다. 두려움을 이기는 길은 담대하게 부딪치는 것입니다. 담대하게 뛰어 들어가지 않으면 죽을 때까지 영적으로 변하지 않습니다.

영적인 일은 많은 오해를 불러올 수 있습니다. 영적인 일은 생소하기 때문입니다. 왜냐하면 다수가 영적이지 못하기 때문입니다. 우리는 영적이란 말을 자주 종교적이라는 말과 혼동합니다. 세속적인 일이 아닌 종교적인 일을 하는 것을 영적인 일이라고 표현하지만, 사실 엄격하게 말하면 그 말은 틀립니다. 종교적인 일과 영적인 일은 근본적으로 다릅니다. 전혀 영적이지 않은 사람들도 종교적인 일을 할 수 있습니다. 거듭나지 않고도 영적 감동과 흥미를 전혀 느끼지 못하는 사람이라 할지라도 종교적인 일은 얼마든지 할 수 있습니다. 열심만 있으면 종교적인 일은 얼마든지 할 수가 있습니다. 그러나 영적인 일은 성령을 받지 않고는 할 수 없는 일이며, 성령의 움직임을 파악하지 못하고는 전혀 할 수 없는 일입니다. 영이신 하나님에게 쓰임을 받아야 하기 때문입니다. 영적인 일은 영적이지 못한 다수의 신앙인들로 인해서 오해를 받게 됩니다. 예를 든다면 교회는 평안해야 한다는 것입니다. 그래서 예배를 드리며 말씀을 들을 때 영적인 두려움이 찾아오면 자신에게 문제가 있다고 인정하는 것이 아니고, 교회가 문제가 있다고 단정해 버리는 것입니다. 성령의 역사가 일어나면 영적인 두려움이 자신을 주장할 수가 있습니다. 이는 자신의 육체에 역사하는 세력이 두렵게 하는 것인데 이러한 현상이 생소하고 한 번도 들어보지도 체험하지도 못했기 때문에 받아들이지 않는 것입니다.

영적 감각이 둔한 사람들은 자신들의 입장을 고수하기 위해서 영적인 사람들을 무시하거나 비난합니다. 이런 일로 인해서 영적인 일에 대해서 두려움을 가집니다. 영적인 세계에는 하나님만 계시는 것이 아니라 무수한 악령이 존재합니다. 그러므로 이런 악령에 대해서 두려움을 가지고 있습니다. 악령에 대한 지식이 부족한 사람들은 막연한 두려움을 가지고 있습니다. 예수를 믿으나 성령의 역사를 이해하지 못하는 육신적인 신앙인이 되는 것입니다.

두려움은 무지에서 비롯됩니다. 성장과 변화에 대한 올바른 지식이 없기 때문에 자신에게 이상한 변화가 나타나면 두려워합니다. 혹시 잘못되는 것이 아닌가 하고 의심합니다. 다른 사람이 자신과 다른 행동을 하게 되면 색안경을 쓰고 봅니다. 영적인 지식이 부족하기 때문에 자신에게나 주변에서 나타나는 변화를 제대로 이해하지 못하고 두려워합니다. 한국 교회 성도들이 영적인 일에 지식이 부족하기 때문에 막연하게 두려워하는 것입니다. 영적인 일과 영적인 세계는 보이지 않기 때문에 목회자와 성도들의 관심밖에 있기 때문입니다. 예수님이 어두운 바다를 걸어서 제자들이 타고 있는 배로 다가왔을 때 제자들은 두려워하면서 떨었습니다. 상식을 초월하는 현상을 목격한 제자들이 겪는 당연한 두려움이었습니다.

영적인 변화는 예고하고 찾아오는 것이 아닙니다. 성령님은 처음 성도를 장악하실 때 비인격적으로 역사하십니다. 성도가 어느 정도 성령으로 장악이 되면 인격적으로 역사하십니다. 그래서 우리가 생각하지 못한 이상한 변화는 언제라도 우리 가운데 나타날 수 있습니다. 그러므로 우리가 경험하지 못한 것에 대한 지식들을 풍성하게 갖추는 것이 두려움을 이기는 비결입니다. 많은 영적인 지식들은 자신의 삶 속에서 다가오는 영적인 변화를 자신 있게 맞이할 수 있게 해 줍니다.

두려움은 다수의 선택을 항상 올바른 일로 만듭니다. 우리는 많은 사람이 가는 길이 안전하다고 여깁니다. 다수결의 원칙을 진리처럼 여깁니다. 다수의 선택은 항상 안전하다는 그릇된 상식을 가지고 삽니다. 이것은 우리의 두려움이 만들어낸 잘못된 결론입니다. 성경은 소수의 진리를 자주 언급합니다. 그리고 그 소수의 진리 편에 설 용기를 얻기를 권합니다. 영적인 일은 소수의 편에 서는 일입니다. 그러므로 모험이 따릅니다. 베드로가 물 위에 발걸음을 옮겨놓는 일은 전적으로 모험입니다. 상식을 초월하는 일을 오로지 모험으로 행동했습니다. 영적인 일에는 이런 모험이 절대로 필요하기 때문에 두려움이 없어야 합니다.

하나님의 능력을 덧입는 일은 두려움을 극복했을 때 가능해집니다. 모든 사람들이 불가능하다는 일을 믿음으로 도전하여 성취시키는 일이 능력을 행하는 일입니다. 성공에 대한 아무런 보장이 없습니다. 그렇기 때문에 용기가 필요한 것입니다. 결과를 예측할 수 없는 일을 하는 것은 어리석은 행동임에는 분명합니다. 그러나 이런 일을 할 수 있는 것은 믿음이 있기 때문입니다. 믿음은 두려움을 극복하는 힘이지만 그 믿음을 얻기까지 넘어야 할 산이 많습니다. 두려움을 극복하여 믿음의 길로 나가는 데에는 우리의 노력으로는 사실 불가능합니다. 두려움을 이기기 위해서는 오로지 하나님의 은혜가 필요합니다. 하나님의 은혜는 그냥 얻어지는 것이 아니라 극심한 시험을 통해서 얻어지는 것입니다. 성령의 인도를 받으면서 훈련하며 극복해야 가능합니다. 두려움을 통과하지 않고서는 절대로 영적 성장이 이루어질 수 없습니다.

하나님은 성도와 목회자의 담대함을 기르기 위하여 꿈이나 환상이나 실제 체험을 통하여 영적인 존재들이 실제로 존재하고 있다는 것을 깨달아 알게 하십니다. 이를 위하여 하나님은 성령으로 세례를 받음과 거의 동시에 성령으로 인도하시면서 영적인 눈을 열어 가십니다. 필자의 체험으로는 성령께서 귀신의 공격에 대하여 알게 하십니다. 귀신의 공격을 알게 함과 동시에 천사들이 돕고 있다는 것도 알게 합니다. 제가 하나님의 부름을 받고 신학을 할 때 이런 꿈을 꾸었습니다. 제가 어느 비포장 길을 가는데 길에 빨간 지렁이가 길에 쫙 깔려있어서 발을 내 디딜 수가 없었습니다. 발 걸음을 옮기지 못하고 머뭇거리자, 천사들이 몰려와서 지렁이를 모두 집어 먹어버렸습니다.

그때 제가 깨달은 것은 제가 하나님의 뜻을 이루기 위하여 성령님을 따라가는 길에 어떤 장애물이 나타나도 모두 천사가 도와주니 갈수 있다는 것을 보여주신 것이라고 믿었습니다. 그 꿈을 꾸고 하나님의 뜻을 이루기 위하여 가는 길에 어려움이 찾아오더라도 하나님이 천사를 동원하여 보호하여 주신다는 담대함을 가질 수 있었습니다.

어느날 꿈에 진흙탕 길을 자전거를 타고 가는데 자전거가 나가지를 않는 것입니다. 자전거 페달을 아무리 강하게 발로 돌려도 자전거가 나가지를 않는 것입니다. 힘이 너무 들어서 길 옆을 보니까, 콘크리트로 만든 배수로가 보였습니다. 배수로를 보니까, 시커먼 뱀이 머리를 내밀면서 혀를 날름거리는 것입니다. 그래서 막대기로 끄집어냈습니다. 길로 끄집어내 가지고 발로 아무리 밟아도 죽지 않고 점점 커지는 것입니다. 그래서 습관적으로 찬사들아~ 나를 도와라, 하니까! 키가 늘씬하게 큰 천사 넷이 군대 지프를 몰고 와서 지나가니까, 그렇게 크던 미물이 납작하게 되는 것입니다. 미물이 납작하게 됨과 동시에 진흙탕 길이 단단하고 평탄한 길로 변하는 것입니다. 자전거를 타고 가는데 너무나 쉽게 잘 나가는 것입니다. 제가 그 꿈을 꾸고 깨달은 것은 제가 하나님을 따라가는 길이 어렵고 힘이 드는 것은 악한 마귀 귀신이 방해하기 때문이라는 것을 알게 되었습니다. 당신도 하나님의 뜻을 따라가는 길이 어렵고 힘이 드는 것은 마귀 귀신이 방해하기 때문입니다. 성령으로 세례를 받아 권능을 개발하고 천사를 동원하여 방해하는 마귀 귀신을 몰아내기를 바랍니다.

제가 하루는 새벽에 기도하다가 비몽사몽이 되었는데 얼굴이 일그러진 험악하게 생긴 놈이 저에게 이렇게 말하는 것입니다. 야! 강 목사, 자네가 그렇게 병을 잘 고친다면서 하더니 내 병도 고쳐보아라, 하면서 달려드는 것입니다. 제가 습관적으로 "내가 예수님의 이름으로 명하노니 더러운 귀신은 물러갈지어다." 하고 대적하니 순간 없어지는 것입니다. 이는 성령께서 저의 담대함을 기르기 위해서 훈련하는 것이라고 생각을 했습니다.

어느날 꿈에 뱀과 지하실에서 싸우는 것입니다. 한참 싸우다가 뱀을 지하실 밖으로 내어던졌습니다. 그러자 뱀이 밖으로 내동댕이쳐지고, 저는 지하실에서 나왔습니다. 그 일이 있은 후부터 귀신을 축귀하는 것이 쉬워졌습니다.

어느날은 꿈속에서 사람들과 같이 잠을 잤습니다. 꿈을 깨고 일어나려는데 보니까, 뼈만 앙상하게 남은 죽은 사람의 뼈가 내 옆에 누워 있는 것입니다. 꿈속에서도 제가 놀랐습니다. 성령님은 우리의 담대함을 기르기 위하여 꿈속에서 훈련을 하십니다.

성령의 권능이 부족한 채 영적인 사역을 하면 귀신에게 당한다는 것도 깨달아 알게 하십니다. 제가 '남묘호랭개교'를 믿던 집사를 오후에 불러서 3시간 축귀를 했습니다. 성령의 임재가 되니까, 목구멍이 아주 크게 확장이 되면서 황소울음을 17번을 하면서 귀신이 떠나갔습니다. 축귀를 하고 피곤하여 저녁 9시부터 강단 앞에 침대위에서 잠을 자려고 했습니다. 막 잠이 들려고 하는데 시커먼 놈 둘이 저에게 와서 목을 눌렀습니다. 가위눌림을 당한 것입니다. 어떻게 강하게 누르던지 숨을 쉴 수가 없었습니다. 왝왝하고 소리를 지르니까, 뒤에서 자던 사모가 무슨 일이냐고 소리를 지르는 것입니다. 그러자 떠나가는 것입니다. 그 일을 당한 후 저는 이렇게 생각을 했습니다. 성령의 강한 무장 없이 축귀를 하면 더 강한 귀신들에게 당할 수가 있구나를 깨달아 알았습니다. 그 후 더 기도를 많이 하고 사역을 하니 그런 일을 당하지 않았습니다. 성령께서는 성령의 강한 무장 없이 축귀를 하면 귀신에게 당할 수 있다는 것도 깨달아 알게 하여 대비하게 하십니다.

제가 깨달은 것은 꿈속에서 예수 이름으로 귀신을 쫓아내고, 천사를 동원하여 마귀와 귀신을 물리치면서 영적인 전쟁을 하니까, 환경이 서서히 풀리는 것입니다. 꿈속에서도 예수이름을 사용하고, 천사를 동원하여 영적 싸움에 승리하면 실제 환경이 열리기 시작을 합니다. 반대로 꿈속에서 귀신의 공격을 물리치지 못한다면 환경의 어려움이 해결되지 않습니다. 성령하나님이 영적인 눈을 열고, 영적인 사고를 하면서 하나님의 일꾼으로 사명을 감당하게 하기 위하여 미물들을 통하여 훈련하시는 것입니다. 한마디로 성령이 하늘나라 군사를 만들어 가는 것입니다.

하나님은 성도들이 영적인 눈을 뜨도록 훈련하십니다. 하나님이 영이시기 때문에 영적인 눈이 열리지 않으면 영적인 세계에 무지하여 하나님과 교통할 수가 없습니다. 그래서 성령으로 인도하시면서 영적인 눈을 뜨도록 여러 가지 상황을 통과하게 하십니다. 하나님은 요한일서 2장 27절에서 이렇게 말합니다. "너희는 주께 받은바 기름 부음이 너희 안에 거하나니 아무도 너희를 가르칠 필요가 없고 오직 그의 기름 부음이 모든 것을 너희에게 가르치며 또 참되고 거짓이 없으니 너희를 가르치신 그대로 주 안에 거하라"성도는 성령께서 친히 인도하시면서 훈련하십니다. 훈련하시되 귀신을 동원하여 훈련하시기도 하십니다. 영적인 눈을 열기 위해서 그렇게 하시는 것입니다. 하나님은 성도와 목회자를 귀신에게 고통을 당하게 하면서 영적인 눈을 열게 하십니다. 저역시도 귀신에게 고통을 당하면서 영적인 능력을 구하고 귀신을 쫓아내야 문제가 해결이 된다는 것을 실제로 깨달아 알게 하셨습니다.

필자의 체험으로는 성령으로 세례를 받고 심령을 치유를 받기 시작하면 꿈이나 환상이나 실제 고통을 통하여 영적인 세력과 싸우도록 하십니다. 이를 위하여 각종 영물들을 꿈이나 환상이나 실제 상황을 통하여 대치하게 하십니다. 영물들과 대치를 하면서 영적인 면을 이해하게 함과 동시에 영적인 눈을 열어 가시는 것입니다. 이는 모든 목회자와 성도가 필히 통과해야 하는 과정입니다. 두려워말고 영적인 세계를 깨달아 알기 바랍니다. 그리하여 모든 문제의 배후에는 영적인 세력이 결부되어 있다는 것을 알고 해결하기를 바랍니다.

이 영적인 문제는 반드시 성령의 권능으로 해결할 수 있다는 것을 깨닫게 하십니다. 그래서 성령의 권능을 받아서 자신의 문제를 해결하려고 노력하게 하는 것입니다. 영적인 눈을 열어서 영적인 세계를 알고 삶에서 문제를 해결하며 영이신 하나님과 관계를 열어 가시기를 바랍니다.

3부 세상을 천국 만드는 제자들

11장 지옥을 천국으로 바꿔버린 베드로

(행3:6-8)"베드로가 이르되 은과 금은 내게 없거니와 내게 있는 이것을 네게 주노니 나사렛 예수 그리스도의 이름으로 일어나 걸으라 하고, 오른손을 잡아 일으키니 발과 발목이 곧 힘을 얻고, 뛰어 서서 걸으며 그들과 함께 성전으로 들어가면서 걷기도 하고 뛰기도 하며 하나님을 찬송하니"

베드로와 요한이 지금 이 땅에서 천국을 만들기 위하여 앉은 뱅이를 예수이름으로 걷게 한 사건입니다. 분명하게 예수님은 주의 성령이 내게 임했으니 "눌린자를 자유롭게 한다"고 말씀 하셨습니다. 천국은 이 땅에서 이루어져야 합니다. 앉은뱅이는 지금 지옥과 같은 생활을 하고 있는 것입니다. 그러나 베드로와 요한을 만나 천국을 경험하게 되었습니다. 베드로와 요한과 다른 제자들이 유대인들이 하는 습관대로 제 9시 기도시간, 즉 다시 말하면 오후 3시 기도시간에 성전으로 하나님께 예배드리러 올라가게 된 것입니다. 이미 베드로와 야곱이나 요한이나 예수님의 제자들은 오순절 이후가 되어서 성령으로 충만하여 복음을 예루살렘에 편만하게 전파하고 있을 때였습니다.

그런데 그들이 성전으로 예배드리러 올라갈 그 찰나에 습관적으로 성전 미문 가에서 구걸하러 나오는 앉은뱅이가 사람들에게 업혀서 미문 가에 와서 앉아있었습니다. 이 사람은 태어날 때부터 앉은뱅이 된 사람이라 호구지책을 유지하기 위해서 매일 성전에 예배드리러 오는 사람들 앞에서 손을 내밀고 적선을 구하고 있었습니다. 그런데 그날따라 베드로와 요한이 그 앞을 지나가는데 성령께서 베드로에게 지시하였습니다. 갑자기 베드로의 마음속에 성령의 지식의 말씀의 은사를 통해서 이 사람이 오늘 건강하게 서서 일어날 수 있다는 지식의 말씀을 주셨습니다. 그리고 믿음을 주셨습니다.

그래서 베드로가 이 앉은뱅이를 보고 말했습니다. 우리를 보라! 이 앉은뱅이가 적선해달라고 그렇게 사정을 해도 돈을 잘 안 주는데 자원해서 뭘 주려고 우리를 보라고 말하는 사람이 다 있나 싶어서 눈이 휘둥그레져서 그냥 얼굴의 만면에 희색이 가득하여 두 손을 내밀면서 베드로를 쳐다보았습니다. 그 때 베드로와 요한이 함께 눈을 마주쳐 이 사람과 같이 얼굴과 얼굴을 마주보고 난 다음 장엄하게 이렇게 말했습니다. "금과 은은 내게 없다!" 이 말을 듣자마자 이 구걸하는 앉은뱅이 얼굴 속에는 그만 수심이 꽉 들어찼습니다. 실망의 빛이 역력하였습니다. 그러나 베드로는 연이어서 말했습니다. "내게 있는 것이 있다. 내게 있는 것으로 네게 주노니 나사렛 예수 이름으로 일어나라! 그리고 어리벙벙하고 있는 사람의 손을 잡고 잡아당기니 하나님의 성령의 능력이 번개처럼 내리치는지라, 그의 무릎이 그만

펴지고 온 다리에 생기와 생명이 들어오자" 이 사람이 벌떡 일어나서 그 길로 구걸이고 뭐고 다 집어 치워버리고 뛰고 달리며 하나님께 감사하고 찬양하며 그의 운명이 영원히 달라져 버리고 만 것입니다. 지옥에서 천국으로 바뀐 것입니다. 베드로와 요한이 예수님의 이름으로 예배에 참석한 모든 사람들에게 천국을 체험하게 한 것입니다.

이 장면을 한번 보시기 바랍니다. 사람은 언제나 인생을 살아가면서 호구지책이나 해결하고 일시적이고 현실적인 인생의 문제나 해결 받으려고 하는 것입니다. 그러나 하나님께서 우리에게 오실 때는 일시적이고 현실적인 인생의 문제만 해결하려는 것이 아니라, 영원하고도 근원적인 인생문제를 해결하기 위해서 오시는 것입니다. 베드로가 은이나 금 몇 푼를 줬더라면 이 사람은 일시적으로 현실적인 호구지책은 해결할지 몰라도 그의 근원적인 문제 앉은뱅이가 됐다는 근본적인 문제 그 영원한 문제가 결코 해결되지 못하고 그는 다람쥐 쳇바퀴 돌듯 늘 앉은뱅이로서 걸인으로서 일생을 마쳐버리고 말았을 것입니다.

오늘날 하나님께서 우리에게 오시는 것은 호구지책이나 일시적인 문제보다도 근본적인 문제, 영원한 문제를 해결해주길 원하는 것입니다. 지옥을 천국으로 바꾸어 주시는 것입니다. 근원적인 문제와 영원한 문제가 해결되면 일시적이고 호구적인 문제는 자동적으로 따라서 해결되게 마련인 것입니다. 나는 언제나 이 성경을 읽을 때마다 가슴이 짜릿하게 느끼는 것은 베드로가 금과 은은 내게 없으나 내게 있는 것으로 네게 준다는 말입니다. 베드로는 확실히 그가 무엇을 가지고 있는지 알았습니다.

그런데 유감스럽게도 오늘날 수많은 교회와 수많은 성도들이 금과 은은 가지고 있어서 일시적이고도 현실적인 호구지책은 해결하고 있어도 영원한 문제, 근원적인 문제는 해결 받지 못하고 있습니다. 성령이 역사하지 않기 때문입니다. 오늘날 사람들은 내게 무엇이 있는지를 모르고 있습니다. 오늘 난 묻고 싶습니다. 무엇을 가지고 있습니까? 베드로처럼 내게 이것이 있다 내게 있는 것으로 네게 준다! 이러한 확증을 가지고 있느냐는 것입니다. 오늘 내게 무엇이 있는가? 적어도 이 책을 읽는 분들이야말로 베드로처럼 말할 수 있어야 하는 것입니다. "내게 있는 것으로 네게 준다" 그렇다면 우리 오늘 가슴을 펼쳐놓고 재고품 정리를 좀 해봐야 되겠습니다. 과연 무엇이 있는가? 여태까지 교회를 왔다 갔다 하면서 예배를 드렸는데 지금 나의 속에 무엇을 줄 것이 있는 가 이걸 알아야 줄 수가 있는 것입니다.

첫째, 우리 크리스천이 가지고 있는 것이 무엇인가. 먼저 내가 갖고 있다는 것은 예수 그리스도의 십자가 밑에 나와서 날 위하여 가시관을 쓰시고 양손과 양발에 대못이 박히시고 창을 받아 피를 쏟고 물을 쏟아 대속의 제물이 되어 십자가에 매달려 있는 예수 그리스도를 바라보고 거기에서 위대한 구원의 지식을 내가 얻어야 되는 것입니다. 내가 가질 수 있는 것은 구원에 대한 지식을 가지고 있는 것입니다. 사람이 흥하고 망하는 것은 지식 때문에 흥하고 망하는 것입니다.

성경에 말하기를 내 백성이 지식이 없어 망한다고 말한 것입니다. 오늘날 세계 물질 사회에도 노하우, 과학적인 지식 기술적인 지식 경제적인 지식 노하우가 있느냐 없느냐에 따라서 그 나라 민족이 흥하느냐 망하느냐 선진국이 되느냐 후진국이 되느냐가 달려 있는 것입니다. 그렇기 때문에 오늘날 세계의 과학이나 경제 경쟁은 이 노하우의 지식을 어떻게 얻느냐에 있습니다. 이와같이 우리 신앙도 오늘날 우리가 사람에게 줄 것이 있다면 내가 예수 그리스도의 대속에 대한 어떠한 지식을 내가 가지고 있느냐는 것입니다.

우리는 죄사함과 영생과 천국에 대한 지식을 가지고 있습니다. 예수님께서 십자가에 못 박힌 것은, 그는 하나의 희생자로서 순교자로서 못 박힌 것이 아님을 우리는 알고 있습니다. "저가 찔림은 우리의 허물로 인함이요 저가 상함은 우리의 죄악으로 인함이라. 저가 징계를 받음으로 우리가 평화를 누리고, 저가 채찍을 맞으므로 우리가 나음을 입었도다. 우리는 다 그릇 행하여 어린 양같이 각기 제 길로 갔거늘 여호와께서는 우리 무리의 죄악을 저에게 담당시켰도다." 이래서 예수 그리스도가 십자가에 매달린 것은 우리들의 일생의 죄악을 그곳에서 다 보혈로 청산해 버렸기 때문에 예수 그리스도를 믿음으로 말미암아 죄를 짓고 불의하며 추악하고 버림을 받아야 마땅함에도 불구한 우리들이 죄을 안 지은 것처럼, 다 용서를 받고 죄가 다 청산 돼 버리고, 그리고 하나님 앞에서 의롭다는 자격을 얻어서 조금도 부끄럼 없이 하나님 앞에 담대하게 설 수 있는 사람이 되는 것입니다. 지옥에서 천국으로 옮긴바 된 것입니다. 그래서 이와 같은 자격 때문에 우리는 "예수 그리스도를 통해서 눈물과 근심과 탄식과 죽음과 이별하는 것이나 곡하는 것이나 앓는 것이 없는 천국영생에 유유히 들어갈 수 있다." 아니 이 땅에서 천국을 누릴 수가 있게 된 것입니다. 이 세상과 이 세상의 모든 것은 다 끝장이 나고 역사의 수레바퀴가 마지막 정죄할 때가 우리에게 쉬 다가오는데, 그 건너편에 새로운 영원의 세계가 시작될 때, 예수를 통해서 우리는 영원히 들어가서 살 수 있다는 이 근원적인 문제 영원한 문제에 대한 지식을 가지고 있기 때문에 죄악과 저주와 절망과 죽음에 처한 사람들에게 가서 "금과 은은 내가 줄 것이 없으되 내게 있는 것으로 네게 준다. 예수 믿고 죄사함 받고 영생을 얻어 천국에 들어가자!" "예수님의 은혜로 이 땅에서 천국을 누리자" 손을 잡아 일으킬 수 있는 것입니다. 이 것은 우리가 가지고 있는 사실입니다.

그것만은 아닙니다. 우리는 치료와 부활에 대한 지식을 가지고 있습니다. 저는 매주 집회를 인도하면서 복음을 증거할 때 강력하게 제가 예수님에 대해 가지고 있는 천국의 복음을 전합니다. 제가 가지고 있는 것을 말했습니다. 예수님은 죄 사함만 주시는 주님이 아니십니다. 예수님께서는 우리를 치료해 주십니다. 지금 우리에게 천국을 체험하며 누리게 하십니다. 병든 자의 삶은 지옥입니다. 하지만 예수님의 이름으로 치유 받으면 천국이 되는 것입니다. 예수님께서 영의 병 마음의 병 육체의 병 생활의 병 인생의 병을 고쳐주십니다. 현실세계에서 천국을 누리게 하십니다. 오늘날 은과 금은 사람들에게 줄 수 없을지 몰라도 오늘날 예수께서 우리의 병을 고치신다는 이와 같은 것을 가지고 있는 것입니다.

나아가서 또 가지고 있습니다. 저주에서 해방을 얻는 지식을 가지고 있습니다. 오늘 예수 믿고 난 다음 겨우 겨우 천국만 가는 것이 우리 신앙이 아닙니다. 우린 예수 믿고 이 땅에 사는 동안에 영혼이 잘 됨 같이 범사에 잘 되는 지식을 가지고 있습니다. 천국을 누리며 사는 것입니다. 우리가 오늘날 헐벗고 굶주리고 저주 안에 있는 것은 정상적인 삶이 아니라 비정상적인 지옥의 삶인 것입니다. 왜일까요? 하나님께서 에덴을 지으셨을 때 헐벗음과 굶주림의 저주의 세계를 만들지 않았습니다. 이것은 오직 마귀의 말을 우리 조상이 듣고 하나님을 반역함으로 말미암아 그래서 이 땅은 저주를 받아버렸습니다.

이러므로 가난은 정상적인 것이 아니고 비정상적인 지옥의 삶인 것입니다. 그러나 우리의 구세주 예수님이 오셔서 우리를 위해서 저주를 받으셔서 갈라디아서 3장 13절에 "그리스도께서 우리를 위하여 저주를 받은바 되사 율법의 저주에서 우리를 속량하셨으니 기록된바 나무에 달린 자마다 저주 아래 있는 자라 하였음이라 이로 말미암아 아브라함의 축복이 이방인에게 미침이라" 이렇기 때문에 예수 그리스도의 구원은 오직 우리의 영혼의 구원뿐 아니라, 우리를 아담 이후에 우리에게 내렸던 비정상적인 가난과 헐벗음과 저주와 절망의 지옥 같은 삶에서 구원하여 천국이 되도록 하시는 것입니다. 우리는 예수 안에서 아브라함의 축복이 우리에게 임한다는 확실한 근원적인 지식을 마음속에 가지고 있는 것입니다.

이러므로 우리 자신이 이 지식으로 저주에서 해방을 얻을 뿐 아니라, 처처에 가는 곳마다 우린 외쳐서 말할 수 있는 것입니다. 금과 은은 내게 없으나 내게 있는 것으로 네게 주노니 예수 이름으로 말미암아 저주에서 해방을 얻어 아브라함의 축복에 참예하라! 천국을 체험하고 누려라. 저주는 무지에서 다가오고 무지는 공포를 가져옵니다. 내가 알 수 없을 때 공포를 가져옵니다. 그러나 내가 밝히 지식을 알면 이제는 공포에서 해방되고 이 지식에 입각해서 담대한 믿음이 생깁니다.

말씀과 성령에 입각하지 않은 믿음은 믿음이 아닙니다. 지식이 없는 믿음은 감정에 불과한 것입니다. 그러나 확실한 지식에 우리가 서서 '믿습니다'로 나아가면 눈에는 아무 증거 안 보이고 귀에는 아무 소리 안 들리고 손에는 잡히는 것 없어도 내가 아니까 내가 믿는다! 그 지식 위에 서서 나아갈 때 무지를 물리치고 불안과 공포를 물리치고 하나님의 기적을 가져올 수 있는 것입니다. 이래서 우리는 근본적이고도 영원한 문제의 해답에 대한 지식을 가지고 있기 때문에 우리들도 베드로처럼 오늘날 죄로 말미암아 앉은뱅이가 되고 질병으로 앉은뱅이가 되고, 저주와 절망의 앉은뱅이가 되어서, 인생을 포기하고, 낙심과 원망 가운데 살고 있는 사람들에게 "금과 은은 내게 없으나 내게 있는 것으로 네게 주노니 나사렛 예수 이름으로 일어나라! 천국을 체험하라." 이 지식을 나누어주어서 그리스도의 이름으로 손을 잡고 일으켜서 교회에 데리고 와서 새사람을 만들 수가 있는 것입니다.

둘째, **성령을 나누어 줄 수 있는 체험을 가지고 있다.** 그 체험은 무엇이냐. 성령에 대한 체험의 지식인 것입니다. 우리 주님께서 우리에게 말씀하시기를 내가 너희를 고아와 같이 버려두지 않고 너희에게 오리라고 말씀하셨습니다. 인생에서 가장 무서운 적이 고독의 병입니다. 사람이란 고독하다는 것은 견딜 수 없는 것입니다. 그런데 인생에서 예수 믿는 사람에게 하나님께서 "내가 너희를 고아와 같이 버려두지 않고 너희에게 오리라 내가 아버지께 구하겠으니 그가 또 다른 보혜사를 주사 영원토록 너희와 함께 있게 하겠다." 이제 우리는 인생을 혼자라는 생각은 할 수 없게 됐습니다. 왜 그렇습니까? 예수를 믿고 구원을 받은 사람에게는 하나님께서 성령을 보내셔서 성령이 우리 몸을 성전 삼고 들어와 계시므로 이제 우리의 인생의 자리에는 언제나 성령과 나와 함께이지 나 혼자는 없습니다. "성령과 나와 함께 자고, 성령과 나와 함께 깨고, 성령과 나와 함께 밥 먹고, 성령과 나와 함께 공부하고, 성령과 나와 함께 사업하고, 성령과 나와 함께 교회 오고, 성령과 나와 함께 기도하고, 성령과 나와 함께 전도하고, 성령과 나와 함께 믿는다." 이제는 예수 믿는 사람들에게는 혼자라는 것은 있을 수가 없게 돼버리고 마는 것입니다. 살아도 성령과 함께 죽어도 성령과 함께, 그러기 때문에 이제 우린 고독하지 않습니다.

우리 주 예수님께서는 당신이 친히 가르친 제자들도 성령과 함께 하지 않고는 전도하러 내보내지 않았습니다. "너희는 예루살렘를 떠나지 말고 아버지의 약속하신 그것을 기다리라, 요한은 물로 세례를 주지 않았느냐 너희는 몇 날이 못 되어 성령으로 세례를 받으리라 성령이 너희에게 임하시면 너희가 권능을 받고 예루살렘과 온 유대와 사마리아와 땅 끝까지 이르러 나의 증인이 되리라" 오늘날 너무나 많은 예수 믿는 사람들이 성령이 함께 계신 것을 알지 못 하기 때문에 그들은 스스로 고독증에 빠져버리고 불안과 공포에 떨어져 버리고 마는 것입니다.

그러나 이런 지식이 있고 체험이 있습니다. 성령이 나와 함께 계신다 이러므로 내게 어떠한 일이 다가와도 "나는 혼자 인생을 살지 않는다, 성령과 함께 인생을 산다. 이렇기 때문에 내게 능력 주시는 자 안에서 내게 능치 못하심이 없다! 성령으로 나는 전도할 수 있다! 성령으로 기도할 수 있다! 성령으로 마귀를 쫓을 수 있다! 나는 할 수 있다! 성령이 함께 하신 것을 체험할 때는 할 수 있다."는 사람이 되어버리고 마는 것입니다. 나 혼자 인생을 사는 것이 아니고, 하나님이 함께 계시는데 왜 '할 수 없다'는 사람이 되겠습니까? '할 수 있다'는 사람이 되는 것은 당연한 것입니다.

그와 함께 우리들에게는 큰 삶의 평안과 자신이 생깁니다. 어떠한 일이 있어도 하나님이 나와 같이 계십니다. "하나님을 사랑하는 자 곧 그 뜻대로 부르심을 입은 자들에게는 모든 것이 합력하여 선을 이루느니라"고 이와 같이 말씀하시므로 영원한 긍정적인 삶을 살아갈 수가 있게 되는 것입니다. 이것을 기억해 주십시오. 그래서 "금과 은은 내게 없으나 내게 있는 체험이 있다. 성령이 같이 계시는 체험이 있다. 우리는 이제 함께 라는 인생을 산다. 이 '함께라는 인생'을 받아들여라. 그리고 고독에서 울지 마라. 항상 함께 라는 인생의 신념을 가지고서 하나님과 함께 믿음과 소망과 사랑과 위대한 삶의 꿈을 향해서 전진할 수 있다. 성령님과 함께 인생을 산다. 성령께서 너희 삶의 무한한 자원이 되어주신다. 성령님과 함께 이 땅에서 천국을 누린다." 이것을 우리가 줄 수 있습니다. 이것이야말로 얼마나 귀한 보배인지 금이나 은이나 일시적인 호구지책의 문제가 아닙니다. 근원적인 문제의 해결이며 영원한 문제의 해결이요, 성령과 함께 얻은 용기와 힘을 가지고 나아간다면 이 세상에 이루지 못 할 것이 하나도 없는 것입니다.

셋째, 우리는 이제 우리가 나누어 줄 수 있는 힘이 있다. 그것은 사랑할 수 있는 힘인 것입니다. 이 세상에 사랑보다 귀한 것은 없습니다. 금이나 은이나 보화나 지위나 명예나 권세를 재산처럼 쌓아놓은들 그게 무슨 소용이 있습니까? 이것은 사랑을 할 수 있는 하나의 수단에 불과한 것입니다. 인생이란 금이나 은이나 보석이나 다이아몬드로 칠보단장을 하고도 고독한 인생을 살아서 뭐하겠습니까? 인생의 가장 위대한 힘은 사랑할 수 있는 힘인 것입니다. "내가 남을 사랑할 수 있고 내가 남에게 사랑을 받는다." 따뜻한 사랑의 말 한 마디, 따뜻한 사랑으로서 손 한번 잡고 흔들어 주는 것 따뜻한 격려 이게 더 낫지, 책을 읽는 여성도들이여! "남편이 금이나 은이나 보석이나 다이아몬드로서 칠보단장해주는 것이 좋습니까? 따뜻하게 사랑해 주는 것이 좋습니까?" 사랑이 좋을 것입니다. 분명하게 사랑이 좋아요.

성경은 말하길 "그러므로 믿음 소망 사랑 이 세 가지는 항상 있을 것인데 그중에 사랑이 제일이라"고 말하셨습니다. 그런데 예수님 안에서 우리가 놀라운 것은 우리는 사랑할 수 있는 힘이 있다는 것입니다. 천국을 누리며 살기 때문에 사랑을 전달할 수 있는 것입니다. 사랑은 마음만 먹어도 안 됩니다. 사랑할 수 있는 힘이 생겨야 하는 것입니다. 근본적으로 내가 사랑할 수 없어 내 마음속에서 사랑이 안 나오는데 어떻게 사랑합니까? 그런데 예수님 안에서 우리는 사랑할 수 있는 힘이 생깁니다. 왜 그러느냐? 사랑을 받아보지 못 한 사람은 절대로 사랑할 줄 모릅니다. 이것을 알아야 됩니다. 자녀를 결혼시킬 때에도 부모 없이 고독하게 자란 사람은 결혼하고 난 다음에도 가정생활이 늘 괴로운 것을 많이 보게 됩니다. 왜 그래요? 사랑하는 것을 배우지 못했기 때문에…. 부모님에게 흡족한 사랑을 받아본 사람은 다른 사람을 사랑할 줄 압니다. 사랑을 받아보지 못 한 사람은 사랑을 할 줄 모르게 되는 것입니다.

우리 예수를 믿는 사람은 죄를 짓고 불의하고 추악하며 버림을 받아야 마땅함에도 불구하고 하나님이 세상을 이처럼 사랑하사 독생자를 주셨다는 것을 체험하게 되는 것입니다. 예수께서 오셔서 내가 죄인들을 구원하기 위해서 몸찢고 피흘려 구원해 주었다. 이 하나님의 영원한 사랑, 나의 모습 그대로 못난 그대로 빈손 그대로를 하나님께서 용납하여 주시고, 안아주시고, 그 죄악을 다 책임져 주시고, 그리고 하나님의 아들이라 성도라고 불러주시는 그 막강한 사랑! 내가 잘났을 때 사랑받는 거야 당연합니다. 너무나 못나서 버림받아야 될 쓰레기더미 같은 인생을 사랑해주는 것, 이것은 참사랑이 아니고는 되지 않는 것입니다.

내가 하나님께 그 사랑을 받고 나니까 그 다음 하나님 안에서 나 스스로를 사랑하게 됩니다. 나도 살만한 인간이다. 하나님께 사랑을 받자 자기를 인정하고 존경하게 되고 자기를 사랑하게 될 때 행복하게 되고 행복한 사람만이 가족을 사랑하게 되는 것입니다. 내가 마음이 기쁘고 행복할 때 이웃을 사랑하게 되고 그래서 이웃을 사랑할 수 있는 힘이 생기는 것입니다. 하나님께 내가 사랑을 받았으니, "이 못난 것도 살아갈 가치가 있고 존경받는 인간이 되었으니 이 얼마나 기쁘고 행복한가, 그러니 나도 남을 사랑해야 되겠다." 하나님의 사랑을 받고 깨달은 사람만이 이웃을 사랑할 수 있는 힘이 생겨나고 그는 마음에 용기와 결단이 생기는 것입니다. 예수님의 은혜로 천국을 누리는 크리스천만이 이웃에게 천국을 전할 수가 있는 것입니다.

"금과 은은 내게 없으나 내게 있는 것으로 네게 준다. 나는 너를 사랑한다. 내가 누리고 있는 천국을 준다." 할렐루야! 이것보다 더 귀한 것이 어디 있겠습니까? 미문가에서 구걸하던 앉은뱅이는 베드로를 통한 하나님의 축복을 받고 그 인생이 완전히 지옥에서 천국으로 변해버리고 말았습니다. 호구지책의 금과 은 몇 푼 받는 것에 비교할 수 없습니다. 그는 앉은뱅이의 자리를 박차고 구걸의 생활을 박차고 일어나서 뛰고 춤추고 찬양하는 새사람이 되었습니다. 오늘날 인생의 앉은뱅이가 되어서 지옥과 같은 인생을 살면서 그날그날의 생활을 영위하는 사람에게는 영원한 치료의 메시지가 필요합니다. 우리는 가는 처처에 "금과 은은 내게 없으나 너의 근원적인 인생의 문제 영원한 인생의 문제를 해결해줄 그 권능을 내가 체험했고 가지고 있다. 금과 은은 내게 없으나 내게 있는 것으로 네게 주노니 나사렛 예수 이름으로 일어나라! 일어나라! 일어나라! 일어나라! 일어나라!" 영원한 하나님의 능력으로 새로운 삶을 살아갈 수 있게 되는 것입니다. 복음은 지옥 인생을 천국인생으로 바꾸는 것입니다.

12장 지옥에서 천국으로 변한 예배소 교회

(행19:5~7)"그들이 듣고 주 예수의 이름으로 세례를 받으니, 바울이 그들에게 안수하매 성령이 그들에게 임하시므로 방언도 하고 예언도 하니, 모두 열두 사람쯤 되니라"

오늘 예배소 교회와 같이 성령으로 세례를 받고 성령의 역사가 일어나야 이 땅에서 천국을 누릴 수가 있습니다. 성령이 아니고는 천국을 누릴 수도 체험할 수도 없습니다. 예수님께서는 그 사역의 마지막 때에 성령님을 보내시겠다고 계속 강조의 말씀을 하셨습니다. 그 말씀하신대로 예수님의 부활승천 이후 오순절 날 성령께서 강림하셨고, 이제는 성부, 성자의 시대가 아니라, 성령이 역사하시는 교회시대가 되었습니다. 아버지와 아들도 성령의 배후에서 성령을 통해서 나타나시는 시대에 우리가 들어오게 된 것입니다.

그러므로 이제 성령님을 통하지 않고는 예수님이나 아버지를 알 수도 믿을 수도 없습니다. 그 때문에 성령님을 아무리 강조해도 충분치 않습니다. 오늘 이 시대는 삼위일체 하나님 중에 성령께서 정면에 나와서 일하는 시대인 것입니다. 그러므로 성령으로 말미암지 않고는 예수를 주라고 할 수도 없고, 성령으로 말미암지 않고는 하나님을 아버지라 부를 수도 없는 것입니다. 성령이 아니고서는 천국을 누릴 수가 없는 것입니다. 그렇기 때문에 우리가 성령을 올바르게 알고 성령님과 올바른 관계를 맺고 성령으로 충만하지 않고는 아버지도 아들 예수도 모르고 마는 것입니다. 성령을 비난하는 사람은 오늘날 마귀와 짝을 해서 일하는 사람인 것입니다. 성령을 비난하고 난 다음에 하늘나라(천국)을 체험할 수도 누릴 수도 없는 것입니다.

첫째, 예수님께서 성령님을 소개하심. 예수님께서는 성령에 대해서 철저히 소개를 하셨습니다. 주님은 이 세상을 떠나시기 전에 성령이 없이는 주의 사업이 계속되지 않을 것을 아시기 때문에 계속해서 성령님에 대해서 주님은 자세하게 강조하셨습니다. 주님은 성령을 다른 보혜사로 소개하셨습니다. 요 14:16~17에 "내가 아버지께 구하겠으니 그가 또 다른 보혜사를 너희에게 주사 영원토록 너희와 함께 있게 하시리니 저는 진리의 영이라 세상은 능히 저를 받지 못하나니 이는 저를 보지도 못하고 알지도 못함이라 그러나 너희는 저를 아나니 저는 너희와 함께 거하심이요 또 너희 속에 계시겠음이라"

예수님께서는 당신 자신이 처음 보혜사이고 성령은 다른 보혜사라고 말씀하셨습니다. 보혜사란 하나님께로부터 보내심을 받아 항상 우리 곁에 있어 우리를 돕는 자를 보혜사라고 말하는 것입니다. 예수님은 처음 보혜사로써 하나님께로부터 보내심을 받아 우리 곁에 오셔서 우리 죄를 사하시고, 귀신을 쫓아내시고, 병을 고치시고, 죽은 자를 살리시며, 굶주린 자를 먹이시며, 슬퍼하는 자를 위로하시며, 지옥을 천국으로 화하도록 하셨습니다.

그러나 예수님께서 십자가에 못 박혀 죽었다가 사흘 만에 부활한 후 승천하실 때 예수님을 따르던 모든 사람들은 허공을 쳐다보고 탄식을 했었습니다. "이제 우리는 고아와 같이 되었구나. 우리는 버림받았구나. 예수님 없이 어떻게 우리가 살아가느냐?" 그때 주님께서 그들에게 약속한 것은 "내가 아버지께 구하겠으니 그가 또 다른 보혜사를 보내 줄 것이다. 처음 보혜사 나는 가지만은 또 다른 보혜사를 보낸다." 이 '다르다'라는 말은 헬라원어는 '알로스'인데 똑같은 다른 것을 말하는 것입니다. 완전히 같으나 다른 것을 말하는 것입니다. 그러므로 성령께서는 영으로 오셨으나 예수님과 똑같은 하나님으로써 하나님께로부터 보내심을 받아 우리 곁에 와서 항상 계시며, 우리를 돕는 자로써 와계신 것입니다.

이러므로 예수를 구주로 믿은 우리들에게는 벌써 성령께서 와 계신 것입니다. 이는 너희와 함께 거하시며, 너희 속에 계시며 영원토록 너희와 함께 계시겠다고 했으므로 성령은 영으로 임재 하셨으므로 눈에는 안보이지만, 성령은 우리 속에 와계시고 항상 함께 계신 것입니다. 이 성령은 우리를 돕기 위해서 와 계신 것입니다. 죄를 용서하고 병을 고치고 귀신을 쫓아내고, 그리고 문제를 해결해 주는 돕는 자로써 와 계신 것입니다. 이렇기 때문에 이 성령을 인정하고 환영하고 모시어 들이고, 이 성령께 의지하고 살 때 우리는 약한 자가 되지 않고, 강한 자로써 신앙에 승리할 수가 있는 것입니다.

또한 예수님께서는 성령님을 선생님으로 소개했습니다. 요 14:25~26에 "내가 아직 너희와 함께 있어서 이 말을 너희에게 하였거니와 보혜사 곧 아버지께서 내 이름으로 보내실 성령 그가 너희에게 모든 것을 가르치시고 내가 너희에게 말한 모든 것을 생각나게 하시리라" 우리에게 모든 하늘나라의 진리를 가르치고 예수님의 것을 생각나게 하는 보혜사 성령은 우리 선생이라고 말했었습니다. 성령은 보혜사로써 우리에게 모든 진리를 가르치시고 예수님이 말씀하신 것을 기억나게 하기 위해서 와 계시므로 우리는 모를 때 성령께 물어야 되는 것입니다. 그리고 성령이 가르쳐 줄줄 알아야 되는 것입니다. 성령을 주인으로 모시고 공경하고 성령을 존중해야 되는 것입니다. 그럴 때 하나님의 성령은 오늘날 우리의 선생이 되셔서 하나님의 진리의 말씀을 우리에게 가르쳐 주시고 예수 그리스도의 말씀을 깨닫게 만들어 주시므로 우리는 하나님의 말씀으로 충만하게 될 수 있는 것입니다.

또한 예수님은 성령님을 예수님에 대한 증인으로써 소개하셨습니다. 요15:26에 "내가 아버지께로서 너희에게 보낼 보혜사 곧 아버지께로서 나오시는 진리의 성령이 오실 때에 그가 나를 증거하실 것이요"라고 말한 것입니다. 확실한 증거가 없으면 믿을 수 없습니다. 재판정에 가서도 증인이 있어야 원고나 피고가 주장하는 것을 증명할 수 있습니다. 이와 같이 우리가 예수를 믿되 우리 마음속에 성령이 오셔서 예수 그리스도에 대해서 확실한 증거를 해주셔야지, 성령이 증거를 안 해 주시면 우리가 아무리 머릿속으로 믿는다고 애를 써도 마음속에 의심이 꽉 들어차는 것입니다.

오늘날 수많은 크리스천들이 믿음이 들어갔다 나왔다하고, 신앙이 확고하지 못하고, 오만가지 문제로 지옥 같은 삶을 사는 이유는 성령의 증거를 받지 않기 때문이라는 것입니다. 그들이 함께 계신 성령이여! 예수를 내 영혼 속에 증거 하여 주시옵소서. 그렇게 부탁했더라면 성령이 그 놀라운 능력으로 우리의 마음속에 예수를 증거 해 주었을 것입니다. 지옥 같은 삶의 문제를 해결하여 주셨을 것입니다. 그리고 난 다음 우리는 머릿속으로 믿는 것이 아니라, 마음으로 확고부동하게 흔들리지 않는 신념을 가지고 예수를 믿을 수가 있을 것입니다. 왜냐하면 예수님에 대한 증언은 오직 성령께서만이 하실 수 있습니다. 성령의 증거를 받는 자마다 흔들리지 않는 신앙을 얻게 되는 것입니다. 성령의 도우심이 없이는 우리는 확실한 믿음을 가질 수가 없습니다.

예수님께서는 성령을 예수님의 계시자로써 소개했습니다. 요16:12~15에 보면 "내가 아직도 너희에게 이를 것이 많으나 지금은 너희가 감당치 못하리라. 그러나 진리의 성령이 오시면 그가 너희를 모든 진리 가운데로 인도하시리니, 그가 자의로 말하지 않고 오직 듣는 것을 말하시며 장래 일을 너희에게 알리시리라, 그가 내 영광을 나타내리니 내 것을 가지고 너희에게 알리겠음이니라. 무릇 아버지께 있는 것은 다 내 것이라. 그러므로 내가 말하기를 그가 내 것을 가지고 너희에게 알리리라 하였노라" 여기에 보면 보혜사 성령이 오시면 예수님께 대해서 알리고 예수 그리스도의 영광을 우리에게 보여 줄 것이라고 말했습니다. 성령은 자기 자신에 관해서 말하지 않습니다. 성령은 오직 아버지 하나님과 예수님께 관한 증거만 하지 성령은 자기 자신에 관해서 절대 말하지 않습니다.

성령세례 받았다는 사람이 "내가 성령이다~ 내 말을 들으라!" 이렇게 하면 이것은 가짜입니다. 성령은 자기 자신에 대해서 말하지 않습니다. 여기도 예수님께서 성령을 소개할 때 뭐라고 했습니까? 그가 내 것을 가지고 너희에게 알려 주리라. 내 영광을 가지고 너희에게 보여 주리라고 말한 것입니다. 성령은 오직 예수 그리스도의 일을 우리에게 보여 주시고 예수 그리스도의 영광을 나타내시기 때문에 성령은 바로 예수 그리스도의 영이신 것입니다. 성령은 자신에 관해서 말하지 않습니다. 이러므로 오늘날 예수 그리스도의 일을 알지 못하고 예수 그리스도의 영광을 체험하지 못하는 것은 성령을 우리가 인정하고 환영하고 모시어 들이지 않기 때문인 것입니다. 성령이 오시면 우리는 예수 그리스도로 말미암아 충만하게 되고 마는 것입니다. 성령 충만은 성령자체의 충만이 아니라, 바로 예수 충만인 것입니다. 성령은 예수님 것을 가지고 우리에게 가르치시며 예수 그리스도의 영광을 우리에게 보여 주는 분이기 때문에 성령이 오시면 예수밖에 우리는 알 수가 없는 것입니다. 이러므로 성령 충만은 예수 그리스도 충만 이요, 아버지 하나님의 충만 입니다. 이것이 참된 삼위일체인 것입니다. 성령이 오시면 그 안에 아버지와 아들 예수 그리스도를 나타내시지 성령은 자신을 나타내지 않으므로 진실로 삼위일체가 여기에 있는 것입니다.

둘째, 성령님과 우리와의 관계를 알아야 된다. 성령은 우리에게 오셔서 어떤 일을 하실까요? 성령은 우리에게 와서 회개 및 중생을 시킵니다. 성령으로 말미암지 않고는 우리가 회개를 할 수가 없습니다. 우리는 죄악 가운데 태어나서 죄악 가운데 살기 때문에 성령의 빛이 비춰야 우리가 죄인인 것을 알고 버림받은 것을 알고 회개합니다. 온 세계 각지에서 모든 사람들이 종교를 가지고 있습니다. 제가 잠시 교육 TV를 보니까 티벳 사람들이 히말리아 산을 향해서 오체 예배라고 해서 한발자국 뛰고 난 다음에는 팔 다리를 다펴서 땅에 엎드려서 산을 향해서 절을 하고 난 다음 일어나서 또 한발자국 뛰고는 또 땅에 엎드려서 절을 합니다. 온 얼굴이 흙 범벅이고 온 몸 전체가 벗겨졌습니다. 그러면서 히말리야 산을 향해서 예배를 드리면서 갑니다. 자기들의 죄가 용서함 받고 구원을 받을 수 있다고 합니다. 저는 그것을 보고 안타까웠습니다. 온 세계 어느 곳에 가나 종교는 다가지고 있습니다. 짐승은 종교가 없지만 사람은 짐승과 달라서 사람은 종교를 가지고 있습니다. 왜, 사람 속에는 영이 있기 때문에 영은 신을 사모합니다. 영은 하나님을 사모하니다. 그러므로 사람치고 마음속에 종교심이 없는 사람이 없는 것은 사람은 육체만 존재하는 것이 아니라, 그 안에 영이 있다는 증거인 것입니다. 그러나 그 영이 바른길을 얻지 못하면 이 티벳 사람들 처럼 히말리야 산을 보고서 오체예배를 드리며 피를 흘리고 행진을 한다는 것입니다.

그러나 성령이 오시면 성령은 우리에게 예수 그리스도를 계시해 주시는 것입니다. 요16:7~11에 "그러하나 내가 너희에게 실상을 말하노니 내가 떠나가는 것이 너희에게 유익이라 내가 떠나가지 아니하면 보혜사가 너희에게로 오시지 아니할 것이요 가면 내가 그를 너희에게로 보내리니 그가 와서 죄에 대하여, 의에 대하여, 심판에 대하여 세상을 책망하시리라. 죄에 대하여라 함은 저희가 나를 믿지 아니함이요 의에 대하여라 함은 내가 아버지께로 가니 너희가 다시 나를 보지 못함이요, 심판에 대하여라 함은 이 세상 임금이 심판을 받았음이니라" 성령이 오시면 이 세상의 모든 사람들이 예수 안 믿는 죄를 책망하겠다는 것입니다. 사람들이 죄 때문에 지옥가지 않습니다. 예수님께서 인간의 모든 죄를 대신 짊어지고 청산했는데 이 예수 그리스도를 믿지 않기 때문에 지옥에 가는 것입니다. 이러므로 오늘날 성령은 오셔서 예수 안 믿는 죄가 멸망의 죄라는 것을 우리에게 깨닫게 해주겠다고 말한 것입니다.

성령이 오셔야 우리가 이것을 깨달아 알고 예수를 믿게 됩니다. 성령이 오셔야 비로소 예수님만이 우리 죄를 다 청산하고 사흘 만에 부활하사 아버지 하늘나라에 올라가셨으므로 예수님만이 길이요, 진리요, 생명인 것을 보여 주시고 성령이 오셔야만이 원수 마귀를 드러내고 원수 마귀는 십자가에서 이미 무장해제되었고 원수 마귀는 이미 패배했고 원수 마귀는 우리를 도적질하고 죽이고 멸망시킬 권한이 없다는 것을 가르쳐 주시므로 우리가 강하고 담대하게 서서 마귀를 대적하고 마귀를 이기고 승리의 신앙생활을 할 수 있도록 도와 주는 것입니다.

이러므로 성령께서만이 우리에게 구원의 도를 확실히 보여 주시고 회개하게 만들어 주시는 것입니다. 그리고 이 세상에서 천국을 누리도록 해주시는 것입니다. 성령이 오셔야 죄와 사망을 이기게 해주십니다. 예수를 믿고 난 다음에도 마음으로는 하나님을 사모하되 육신은 약해서 육신의 정욕과 안목의 정욕과 이 세상의 자랑을 따라 살고 음란하고 방탕하고 술취하고 세상 쾌락을 따라서 갈 때가 많습니다. 바울사도도 말하기를 "오호라 나는 곤고한 사람이로다 이 사망의 몸에서 누가 나를 건져 내랴 그러므로 내가 마음으로는 하나님의 법을 육체로써는 죄의 법을 섬긴다"고 했었습니다. 오늘날 예수를 믿는 사람들 중에도 너무나 많은 사람들이 마음으로는 하나님을 섬기는데 육신이 약해서 여전히 죄악가운데 끌려 다니면서 탄식을 하는 사람들이 많습니다. 누가 우리를 도와 줄 수 있습니까? 여기에 성령을 알면 우리가 도움을 받을 수 있습니다.

롬8:1~2에 "그러므로 이제 그리스도 예수 안에 있는 자에게는 결코 정죄함이 없나니 이는 그리스도 예수 안에 있는 생명의 성령의 법이 죄와 사망의 법에서 너를 해방하였음이라"고 한 것입니다. 예수님께서 보내신 성령께서는 이 십자가에서 예수님이 죄를 멸하고 마귀를 멸해 버렸기 때문에 그 권능을 가지고 오셔서 성령께 부탁하면 성령께서 우리 속에 역사하셔서 죄의 사슬을 끊어 버리고, 사망의 사슬을 끊어 버리는 것입니다. 성령만이 죄악의 사슬을 끊을 수 있는 힘을 가지고 있는 것입니다. 이러므로 죄악이 홍수처럼 몰려올 때 우리는 "보혜사 성령이여 나를 도우소서. 내가 마음으로는 하나님의 법을 섬기나 육체는 죄의 법에 끌려갑니다. 보혜사 성령이여 나를 도우소서." 성령께 부탁하면 오늘날 성령께서 우리를 고아와 같이 버려놓지 않고 우리를 도우시고 붙들어서 죄악의 사슬을 끊어 버리고 우리를 승리할 수 있도록 만들어 주는 것입니다.

예수님 믿고 난 다음 의와 거룩하게 살기를 원치 않는 사람이 누가 있습니까? 다 의롭게 살고 거룩하게 살기를 원하지만 그러나 세상의 유혹과 죄악과 육신의 정욕이 우리를 끊임없이 괴롭히는 것입니다. 이 싸움에서 이길 수 있는 유일한 길은 보혜사 성령에게 부탁하는 도리밖에 없는 것입니다. 성령께서는 우리를 도우셔서 우리를 죄악의 사슬에서 풀어주고 사망의 사슬에서 풀어주는 것입니다. 그 다음에는 성령 충만해서 성령 세례 받으면 하나님의 능력이 오시는 것입니다. 행1:8에 "오직 성령이 너희에게 임하시면 너희가 권능을 받고 예루살렘과 온 유대와 사마리아와 땅 끝까지 이르러 내 증인이 되리라 하시니라"고 하셨습니다.

예수를 믿으면서도 능력이 없는 사람이 많습니다. 기도에도 능력이 없고 전도에도 능력이 없습니다. 신앙생활에 아무런 능력이 없습니다. 의식과 형식적인 예수를 믿지만 폭발적인 그러한 파워가 없습니다. 세상을 살아가면서 환란과 풍파로 지옥과 같은 세상을 살아갑니다. 다이나마이트 같은 힘을 가지고 기도를 하고 아주 즐거운 신앙생활을 하고 남에게 예수를 척척 전도하는 것을 보면 부럽기가 한이 없습니다. "왜 나는 저렇게 되지 않을까?" 그것은 성령세례를 받지 않았기 때문인 것입니다. 예수를 믿으면 성령이 와 계시지만, 간절히 성령 충만을 위해서 기도하면 성령세례란 충만의 체험을 하게 되면 권능이 임하시게 되는 것입니다. 신앙생활에 권능과 능력이 임해요. 그래서 성령으로 세례를 받아야 권능이 있어 귀신을 쫓아내는 신앙생활을 할 수 있는 것입니다. 무능력한 이름만 믿는 신자가 아니라, 정말 그 생활 속에 하나님의 역사가 나타나는 그런 신앙생활을 할 수 있는 것입니다.

또 성령은 오셔서 우리에게 기도의 힘을 주십니다. 롬8:26에 "이와 같이 성령도 우리 연약함을 도우시나니 우리가 마땅히 빌 바를 알지 못하나 오직 성령이 말할 수 없는 탄식으로 우리를 위하여 친히 간구하시느니라" 하나님이신 성령께 기도의 힘을 달라고 기도해야 됩니다. 우리 신앙이 성장하려면 성령으로 기도를 해야 됩니다. 적어도 하루에 1시간 이상 기도해야 되겠는데 기도하는 것이 안 됩니다. 기도가 나오지 아니하고 기도가 힘이 들고 졸음이 오고 기도를 할 수가 없습니다. 그럴 때 우리에게 기도를 할 수 있도록 도와주는 이가 성령인 것입니다. 보혜사 성령이여 나를 붙들어서 기도하게 만들어 주시옵소서. 성령이여 기도할 수 있는 힘을 주시옵소서, 할 때 성령이 능력을 주셔서 우리를 도와주시므로 우리가 말할 수 없는 탄식으로 기도할 수 있게 만들어 주시는 것입니다. 성령으로 기도할 때 9가지 은사를 나타나게 하시는 것입니다.

셋째, 성령을 우리가 어떻게 모시고 인생을 살까요? 아버지 하나님은 구약 4천년 동안 역사하여 주셨고 예수님은 신약 33년 동안 역사하고 승천하셨는데 지금 우리와 같이 계신 하나님은 성령 하나님이신 것입니다. 성령은 2천 년 전에 오셔서 교회를 세우시고 성령은 말씀 안에 거하시고 예수를 믿는 성도들 안에 거하십니다. 이러므로 오늘날의 시대는 성령이 역사하시는 교회 시대요, 아버지도 아들도 성령의 수레를 타고 우리에게 오시고 성령을 통해서 오시는 것입니다. 그러므로 오늘날 우리는 성령님을 모시고 함께 살아야 되는데 성령을 어떻게 모실까요? 성령은 하나님이시며 또한 인격을 갖고 계신 것입니다. 성령은 지식과 감정과 의지를 가지고 계십니다. 그렇기 때문에 고후13:13 에는 성령을 인격적으로 모시고 교통하라고 말했습니다. "주 예수 그리스도의 은혜와 하나님의 사랑과 성령의 교통하심이 너희 무리와 함께 있을찌어다."라고 말한 것입니다. 저는 이 강단과 교통이 안 됩니다. 인격이 없습니다. 꽃이 아무리 아름다워도 교통이 안 됩니다. 꽃은 인격이 없습니다. 이 교회 건물하고 교통이 안 됩니다. 인격이 없기 때문에 교통이 안 됩니다. 그러나 책을 읽는 분들과는 교통이 됩니다. 대화가 됩니다. 인격을 가지고 있기 때문인 것입니다. 이처럼 보혜사 성령은 인격을 가지고 계십니다. 그러므로 우리는 성령님을 인격으로 대우해야 되는 것입니다. 보혜사 성령은 인격을 가지고 계십니다. 그러므로 보혜사 성령님이 인격으로 우리와 같이 계시므로 인격자인 성령님을 존중하고 감사드리며 성령님을 주인으로 모셔야 되는 것입니다.

성령님을 인정하고 환영하고 모셔 들이고 의지하며 성령께 도움을 청하면 성령이 우리를 도우셔서 예수 그리스도의 은혜와 하나님의 사랑 속에 들어가도록 도와주시는 것입니다. 성령을 통하지 않고는 예수를 주라고 할 수가 없습니다. 성령을 통하지 않고는 아버지를 믿을 수도 없습니다. 그런데 성령을 강조한다고 공격한다면 그러면 그것은 마귀지 하나님의 역사라고는 볼 수가 없는 것입니다. 이러므로 우리는 성령과 인격적인 교통을 해야 되고 언제나 성령 충만을 위해서 기도해야 됩니다. 하나님 아버지와 주 예수께 성령 충만을 위하여 기도해야 됩니다. 간절히 사모하는 영혼 속에 하나님은 이미 와 계신 성령을 더욱 충만하게 채워 주셔서 더욱 영적으로 풍성하게 만들어 주는 것입니다.

성령은 예를 든다면 거울과 같습니다. 거울은 자기를 위하여 있지 않고 다른 이를 비추기 위해서 있습니다. 거울을 아무리 닦아 놓아도 거울은 날 봐라. 날 봐라. 그러지 않습니다. 거울은 자기 자신을 나타내지 않습니다. 거울을 들여다보는 그 사람의 얼굴을 비추는 것입니다. 성령은 거울과 같아서 우리가 아무리 성령으로 충만해도 성령은 보이지 않고 성령을 들여다보면 아버지와 예수의 얼굴만 보이게 되는 것입니다. 이러므로 성령으로 충만하면 할수록 그것은 하나님으로 충만하고 예수님으로 충만하게 되는 것입니다. 오늘 성령으로 말미암지 않고는 교회도 있을 수가 없고 우리 신앙생활도 있을 수가 없는 것입니다. 천국도 누릴 수가 없는 것입니다. 하나님 말씀은 성령이 주시는 말씀인 것입니다. 기도는 성령이 우리를 통해서 해주시는 것입니다. 우리의 믿음의 역사도 성령으로 말미암아 하는 것입니다.

이렇기 때문에 바울사도가 에베소에 가서 그곳에 있는 맥 빠진 신자들보고 제일 먼저 질문한 것이 '너희가 믿을 때에 성령을 받았느냐?'라는 질문을 하신 것입니다. 오늘날도 우리가 늘 우리 스스로에게 질문해야 됩니다. '너는 성령으로 충만 하느냐? 너는 성령과 함께 교제하고 있느냐?' '성령으로 천국을 누리고 있느냐?' 성령 충만하고 성령과 함께 교제하면 성령은 사라지고 그곳에 아버지와 그 아들 예수님만 나타나게 되는 것입니다. 성령은 아버지와 아들의 영으로써 아버지와 아들을 우리에게 계시해 주고 나타내기 위해서 우리 가운데 와 계신 것입니다. 성령으로 아니고는 이 땅에서 천국을 누릴 수가 없습니다. 예수를 믿으면서도 오만가지 고통을 당하면서 지옥 같은 삶을 사는 것은 성령으로 세례를 받지 않았기 때문입니다.

13장 지옥에서 천국으로 변한 사마리아 땅

(행 8:5-8)"빌립이 사마리아 성에 내려가 그리스도를 백성에게 전파하니, 무리가 빌립의 말도 듣고 행하는 표적도 보고 한마음으로 그가 하는 말을 따르더라. 많은 사람에게 붙었던 더러운 귀신들이 크게 소리를 지르며 나가고 또 많은 중풍병자와 못 걷는 사람이 나으니, 그 성에 큰 기쁨이 있더라."

예수 그리스도의 복음은 말씀과 표적이 항상 같이 따르는 기쁜 소식이었습니다. 오늘 말씀을 보면 빌립이 사마리아에 가서 예수 그리스도의 복음을 증거 하니 많은 사람들이 그 말씀도 듣고 따르는 표적도 보고 일심으로 빌립의 가르침을 좇더라고 말했습니다. 큰 기쁨이 있더라고 했습니다. 그들이 빌립이 증거하는 말씀만 들은 것이 아닙니다. 빌립을 통해서 하나님께서 그 인생들에게 행한 그 위대한 축복과 구원의 표적을 보고, 그들의 마음이 감동하고 큰 기쁨을 얻고 변화를 받아서 일심으로 빌립의 가르침을 좇았다고 말하고 있는 것입니다. 큰 기쁨이 있었다는 것은 천국이 되었다는 것입니다. 빌립의 복음 증거로 나타난 표적은 도대체 어떠한 것이었습니까? 성경은 밝히 말하기를 많은 사람들에게 붙었던 귀신이 소리치며 나갔다고 말했습니다.

그리고 그 다음으로 많은 중풍병자와 앉은뱅이가 나았다고 말했습니다. 그리고 그 다음에는 그 성에 전에 없었던 큰 기쁨이 있더라고 말한 것입니다. 한마디로 사마리아가 천국이 된 것입니다. 오늘날도 빌립이 증거 하던 그 예수 그리스도는 변하지 않았습니다. 성경은 말씀하시기를 "예수 그리스도는 어제나 오늘이나 영원토록 동일하시니라"고 말씀하고 있는 것입니다. 우리가 증거 하는 그 예수 그리스도는 지금도 부활하시고 살아 계셔서 성령으로 우리 가운데 역사하고 계신 것입니다. 이러므로 빌립이 사마리아에 가서 복음을 증거 한 것이나, 우리가 오늘날 복음을 증거 하는 것이나 동일한 복음이요, 동일한 성령으로 그리스도를 증거 하는 것입니다. 때문에 빌립의 복음 증거에 나타난 이와 같은 증거가 우리의 생활 속에서도 현실적으로 나타나는 것이 마땅한 것입니다. 그러므로 오늘 우리가 예수 그리스도를 증거하고 예수 그리스도를 구주로 모실 때 우리의 생활 속에 어떠한 하나님의 역사를 기대할 수 있겠습니까?

첫째, 성령의 역사로 귀신이 쫓겨나가는 것입니다. 성령의 임재 가운데 복음을 증거하면 우리의 생활 속에 귀신이 쫓겨 나가는 것을 우리는 당연지사로 기대할 수 있는 것입니다. 성령의 임재하에 성경 말씀을 보면 예수님의 사역에 관해서 일사천리로 "예수님께서는 천국 복음을 증거 하시고 귀신을 내어 쫓으시더라"고 말씀하고 있는 것입니다. 예수 그리스도의 천국 복음과 귀신을 내어 쫓는 것은 분리할래야 분리할 도리가 없는 것입니다. 귀신이 떠나가야 이 땅에 천국이 이루어지기 때문입니다. 아무리 신학자들이나 일부 목회자들이 교회에는 귀신이 역사하지 않는다고 강변할지라도, 예수님이 복음 증거 할 때 귀신을 쫓아내시고, 열두 제자에게도 귀신을 쫓아내라고 하시고, 칠십 인의 제자들에게도 귀신을 쫓아내라고 하시고, 마지막 부활하셔서 승천하시기 전에 최후의 명령으로 "믿는 자들에게 이런 표적이 따르리니 저희가 내 이름으로 귀신을 쫓아내리라"고 말씀하셨습니다. 오늘 누가 예수 그리스도보다 현명하고 지혜롭다고 주장할 수 있겠습니까?

예수 그리스도의 사역을 통해서 보게 될 때 예수님께서는 집요하게 그리스도의 복음과 함께 귀신을 쫓아내는 일에 관심을 가지신 것입니다. 이 사실을 통해서 보게 될 때 오늘날 우리의 생활 속에 우리가 생각하는 것보다, 더 광범위하게 귀신들이 생활에 파괴의 작전을 행하여 지옥을 만들고 있다는 것을 증명하고 있는 것입니다. 귀신들에 의하여 세상이 지옥이 되는 것입니다. 그렇기 때문에 예수님께서는 오늘날 우리들이 매일같이 귀신을 쫓아내기를 원하시고 있는 것입니다. 그래야 하나님의 나라, 천국이 바르게 건설될 수가 있기 때문입니다.

그러면 어떤 경우에 귀신이 우리에게 찾아와서 우리를 도적질하고 죽이고 멸망시키는 일을 할까요? 성경에 예수님께서 말씀하시기를 "도적이 오는 것은 도적질하고 죽이고 멸망시키는 것뿐이요 내가 온 것은 양으로 생명을 얻게 하되 더 풍성히 얻게 하려 왔다"고 말한 것입니다. 이러므로 어떠한 경우에 귀신이 우리에게 와서 우리를 점령하고 우리를 도적질하고 죽이고 멸망시키려고 할까요? 귀신은 우리에게 다가와서 우리를 유혹하여 죄를 짓게 하고 죄를 지을 때 그것을 빌미로 해서 우리 속에 들어와서 파괴의 행위를 하는 것입니다. 죄라고 말하면 죄가 어떠한 것인지 분명히 알지 못한다고 할 사람이 있을지 모르겠습니다. 죄란 하나님의 계명을 어길 때 죄라고 말하는 것입니다. 마귀는 어찌하든지 우리들로 하여금 하나님의 계명을 어기게 만들고 계명을 어기면 그를 틈타서 귀신들이 우리를 점령하여 우리 가운데 온갖 파괴적인 행위를 하게 하는 것입니다.

또한 귀신은 우리 마음속에 부정적인 마음을 가지게 하려고 애를 씁니다. 이 세상에 살면서 여러 가지 시험과 환난을 당하고 어려운 고통을 당하게 되는 것입니다. 이 세상에 다가오는 수많은 파도를 헤치고 시련을 이겨 나가기 위해서는 우리의 마음속에 긍정적인 자세가 꼭 필요한 것입니다. "예수 안에서 할 수 있다. 하면 된다. 해 보자"는 긍정적이고 적극적이고 창조적인 마음의 자세를 가지고 인생을 도전해야 우리가 환경을 정복하고 승리할 수 있습니다. 그런데 귀신은 와서 마음을 파괴해서 비관적이고 부정적으로 만들려고 하는 것입니다. 어떠한 사람의 마음이 비관으로 꽉 들어차서 부정적이 되면 그 사람들은 무능력하게 되고 파괴되고 마는 것입니다. 그러므로 오늘날 마음이 비관적이 되고 마음이 부정적이 되어서 소극적으로 뒤로 물러가는 삶을 살다면 이것은 원수 귀신이 붙잡고 그렇게 역사하는 것입니다. 우리는 절대로 이런 귀신의 말에 귀를 기울여서는 안 됩니다. 어떠한 절망과 흑암 가운데도 우리가 예수를 믿고 하나님을 의지하면 흑암 가운데서 찬란한 빛이 솟아나올 수가 있는 것입니다. 이러므로 부정적인 마음을 일으키게 하여 여기에 속아 넘어지면 귀신은 이를 점령해서 무한한 파괴를 작동하여 지옥을 만드는 것입니다.

또한 귀신은 우리에게 와서 거룩치 못한 생각, 거룩치 못한 말, 거룩치 못한 행동을 하게 하는 것입니다. 집에 파리가 많은 온다고 불평하지 말고 파리가 붙을 수 있는 쓰레기 더미를 치워야 되는 것처럼, 크리스천의 생애 속에 거룩하지 못한 더러운 세속적인 생각이나 말이나, 그런 친구나, 그런 모임에 들어가면 그를 통해서 귀신이 붙어 오는 것입니다. 그래서 기도하는 힘을 빼앗아 버리고 하나님을 간절히 찾고 싶은 마음을 빼앗아 버리고 파괴를 행하는 것입니다.

또한 귀신은 사람들에게 와서 탐욕으로 무엇이든지 무리하게 만든 것입니다. 귀신은 사람으로 정상을 벗어나 무리하게 해서 우리를 파괴시킵니다. 의식주생활도 무리로 사치하게 만들게 하고 혹은 사업이나 일반적인 행동 중에도 무리하게 해서 상처를 주게 하는 것입니다. 이 세상에 하나님께서는 무슨 일이든지 우리의 분량대로 지혜롭게 생각하라고 하셨지 무리하라고 하시지 않았습니다. 밥도 많이 먹으면 위장병이 납니다. 물도 많이 마시면 고장이 납니다. 운동도 너무 무리를 하면 오히려 운동 안한 것보다 못하게 상처를 갖다 주는 것입니다. 이 세상 모든 일이 무리를 하면 안 됩니다. 그러나 귀신은 와서 우리에게 탐욕을 불어넣어서 자꾸 좀 더 무리하라, 무리하라고 하는 것입니다. 그래서 무리해서 쓰러지면 그 다음 귀신이 들어와서 우리를 무한대로 도적질하고 죽이고 멸망시켜서 지옥같은 삶을 살게 하려고 미혹하는 것입니다.

무리하지 말아야 합니다. 무리해서 체력이 떨어지면 귀신이 침입하는 것입니다. 그래서 필자는 정한 시간만 집회와 예배를 인도하고 기도하면서 쉽니다. 절대로 육체를 피곤하게 하지 않습니다. 영성과 체력은 균형을 이루어야 하는 것이 영적인 법칙입니다. 하나님은 분명하게 낮과 밤을 창조하시고, 일주일 중에 하루는 안식하면서 쉬도록 하신 것입니다. 이 영적인 법칙을 어기면 귀신이 침입을 하는 것입니다.

마귀는 우리에게 무리를 하게 하는 것입니다. 좋은 일이라도 무리를 하면 그로써 파괴되고 파괴되면 그 가운데 들어와서 불안과 공포와 좌절을 집어넣어서 우리를 도적질하고 죽이고 멸망시키는 것입니다. 삶에 지옥을 만든다는 것입니다. 귀신이 우리에게 붙거나 우리에게 들어오면 우리에게 불안을 가져오고 공포를 일으키며 슬픔을 가져오고 불행을 느끼게 하며 절망하게 하고 고통하게 하며 좌절시키는 것입니다. 이렇기 때문에 오늘 너무나 많은 사람들이 귀신으로 말미암아 파괴되고 있습니다. 이렇기 때문에 우리 주 예수께서는 우리에게 귀신을 쫓아내라고 말한 것입니다.

귀신을 어떻게 쫓아낼까요? 귀신이 들어와 있으면 우리는 성령으로 원인을 찾아서 회개해야 하는 것입니다. 성령께서 알려주시는 죄를 회개하고, 부정적인 마음을 회개하고, 거룩치 못한 생각을 회개하고, 탐욕을 가지고, 무리한 죄를 모두 다 회개하고, 성령의 역사가 완전하게 장악이 되면 죄를 타고 들어온 귀신들을 예수님의 이름으로 쫓아내야 합니다. "예수 이름으로 명하노니 나를 억압하는 원수 귀신아, 떠나갈지어다." 귀신은 영이기 때문에 우리가 성령으로 기도하여 성령으로 장악이 되면 귀신이 즉시로 쫓겨나는 것입니다. 귀신이 떠나가야 천국을 누릴 수가 있습니다. 반드시 귀신을 쫓아내야 천국이 되는 것입니다. 그래서 예수님께서 성령으로 세례를 받으시고, 마귀의 3번의 시험을 이기시고 천사들의 수종을 받으면서 가시는 곳마다 귀신을 쫓아내신 것입니다. 지옥은 귀신이 만드는 것입니다.

둘째, 많은 중풍 병 환자와 앉은뱅이가 나았다고 하는 것입니다. 이를 보면 사마리아가 지옥 이었다는 것입니다. 실제로 이 세상에 중풍 병에 걸린 사람이나 앉은뱅이는 그렇게 많지 않습니다. 그러나 사람이 내적으로 인격적인 중풍이나 앉은뱅이에 걸린 사람은 수없이 많습니다. 아마 이 책을 읽는 수없이 많은 사람이 인격적인 중풍이나 앉은뱅이에 걸려서 정상적인 행복한 가정을 이루지 못하고 정상적이고 행복한 대인 관계를 이루지 못하는 사람이 수없이 많을 것입니다. 예수를 믿으면서고 지옥과 같은 삶을 살고 있는 분들이 있습니다. 이는 성령으로 세례를 받지 않고, 성령으로 충만 받지 않았기 때문에 일어나는 현상입니다. 성령께서는 육신의 질병인 중풍이나 앉은뱅이만 고치길 원할 뿐 아니라, 내적, 인격적 질병인 성품의 중풍이나 앉은뱅이가 된 사람들을 고치길 원하시는 것입니다. 이것이 우리 생활에 그 무엇보다도 더 중요한 것입니다. 오늘 우리는 성품적으로 마음의 중풍병이나 앉은뱅이에 걸렸는데 이것은 어떠한 것일까요? 수많은 사람들이 삐뚤어진 성격을 가지고 병이 들어 있습니다. 삐뚤어진 성격을 가진 사람은 성을 잘 냅니다. 무엇이든지 참고 할 수 있음에도 불구하고 조금만 자기에게 거슬리면 화를 냅니다. 그래서 파괴를 합니다. 어떠한 사람은 삐뚤어진 성격을 가지고 모든 일을 오해합니다. 자기가 듣는 말도 그것을 오해하고 남의 말도 들어서 남에게 오해로 전달합니다. 그래서 언제나 사람들에게 분쟁을 일으키는 사람이 있습니다. 또한 잘 토라지는 성격도 삐뚤어진 성격입니다. 삐뚤어진 성격을 가진 중풍 병 환자요, 앉은뱅이인 것입니다. 이것을 고치지 않고는 행복한 삶을 살 수 없는 것입니다. 이런 성격이나 영육의 문제를 가지고 살아가는 것이 지옥입니다.

또한 아집이 센 성격도 병든 성품인 것입니다. 아집이 세어서 전혀 이해심이 없습니다. 남의 입장에서는 추호도 생각하려고 하지 않고 자기 입장에 서서 자기 고집만 세우는 이러한 사람도 중대한 인격적인 병이 든 사람인 것입니다. 이러한 사람은 절대 타협을 하지 않습니다. 내적 성격의 중풍병과 앉은뱅이에서 고침을 받아야 합니다. 그래야 삶에서 천국을 누릴 수가 있습니다. 예수님께서 성령을 보내신 것은 이런 문제들을 치유하여 현실 세계에서 천국을 누리도록 하기 위함입니다.

인생이란 것은 서로 대화를 통해서 타협함으로 살아가는 것입니다. 남편은 남편 고집대로 하고, 아내는 아내 고집대로 하고, 자식은 자식 고집대로 하면 그 집안이 콩가루 집안이 되고 마는 것입니다. 가정 구성원들이 서로 대화해서 조금씩 양보하고 타협해서 나가야지, 타협 없이 나간다는 것은 그것은 중풍병에 걸린 인격을 가진 사람입니다. 이런 가정이 지옥입니다. 이런 가정에 성령의 역사가 일어나면 지옥이 떠나가니 천국으로 하나가 되는 것입니다. 사마리아와 같이 성령의 역사가 일어나야 천국이 되는 것입니다.

이 세상에 살면서 어떻게 타인에게 무관심하고 삽니까? 우리 혼자 살 수 있습니까? 우리는 절의 고도에 살고 있지 않습니다. 우리는 다 함께 사는 것입니다. 이러므로 타인의 슬픔과 타인의 고통과 타인의 괴로움에 내가 관심을 가져야 하는 것입니다. 그리고 함께 울고 함께 짐을 짊어져야 되는 것입니다. "나만 잘 살면 된다. 나만 의로우면 된다. 나만 안전하면 된다. 타인이야 죽든 말든 알 것이 뭐냐?" 이렇게 생각하면 이것은 인격적으로 중풍에 걸린 사람이요, 앉은뱅이가 된 사람인 것입니다. 이렇기 때문에 이런 병도 고침을 받아야 됩니다. 성령으로 세례를 받고 예수 이름으로 치유를 받으면 지옥이 천국으로 바뀌는 것입니다.

우리 하나님께서는 이와 같이 삐뚤어진 성격, 아집이 센 성격, 몰인정한 성격의 사람이라도 오늘 하나님 앞에 나와서 예수 이름으로 기도하면 주님께서 마음의 중풍 병, 마음의 앉은뱅이를 고쳐 주시는 것입니다. 이것이 우리의 신앙생활에 중요한 것입니다. 예수를 믿는다고 하면서 우리의 속사람이 치료를 받고 고침을 받지 못하고 그대로 있다면 이것은 잘못된 것입니다. 잘못된 복음을 받아들이고 있는 것입니다. 반드시 성령이 역사하는 생명의 복음을 들으면 속사람이 치유되고, 혈통에 역사하는 귀신들이 떠나가는 것입니다. 속사람이 치유되고, 귀신이 떠나가니 천국을 누리는 것입니다. 성령이 역사하는 복음은 반드시 천국으로 바뀌게 되어 있습니다.

사마리아의 앉은뱅이와 중풍 병은 모두 나음을 받았습니다. 오늘날 우리가 예수의 복음을 듣고 믿으면 성격상의 장애가 고침을 받아서 변화를 받아 믿음, 소망, 사랑, 이해력이 충만한 사람으로 변화되어 가야만 하는 것입니다. 이러므로 자기의 마음에 성격적인 장애가 있다고 생각하는 사람은 주님 앞에 나와서 엎드려 성령으로 기도하고 그 장애가 고침을 받기 위하여 관심을 집중해야 되는 것입니다. 영적인 일이나 자신의 영육의 문제의 해결은 관심이 있어야 해결이 되기 시작을 합니다. 말씀과 성령으로 현실의 문제가 해결이 되어야 천국을 누릴 수가 있습니다. 예수를 믿는 크리스천이 세상 삶에서 환란과 고통을 당하면서 지옥 같은 인생을 사는 것은 현실 문제를 성령으로 해결하지 않았기 때문입니다. 우리가 천국을 누리지 못하는 것은 찾고 구하지 않았기 때문인 것입니다. 하나님은 구하지 않는데 하나님이 직접으로 와서 치료하고 고쳐주지는 않으시는 것입니다.

셋째, 이 사마리아 성에는 큰 기쁨이 있더라고 말한 것입니다. 빌립이 전하는 복음을 듣고 많은 사람에게 붙었던 더러운 귀신들이 크게 소리를 지르며 나가고 또 많은 중풍병자와 못 걷는 사람이 나으니까 천국이 되었다는 것입니다. 귀신이 떠나가고 중풍병자가 치유되고 못 걷는 사람이 나으니 지옥이 천국으로 바뀐 것입니다. 귀신에 억압되어 죄의 종이 되고 부정적인 마음의 병이 들고 거룩치 못하여 탐욕으로 무리할 때 큰 불안과 고통과 슬픔과 좌절감으로 지옥과 같은 삶을 살았던 것은 당연한 이치인 것입니다. 거기에다 성격적인 불구가 되어서 삐뚤어지고 아집이 세고 몰인정한 심정을 가지고 있으면 이러한 사람에게 기쁨이 있을 수가 없는 것입니다. 그러나 이러한 것에서 해방을 얻고 자유를 얻으면 기쁨이 다가올 것은 당연한 이치가 아니겠습니까? 천국이 된 것입니다. 이러므로 오늘날 예수 그리스도의 복음이 들어오면 기쁨을 얻을 수 있는 것은 지옥에서 해방되기 때문인 것입니다. 마귀에게서 해방되고 성격적인 장애에서 해방되기 때문에 그 결과로 우리 마음속에 넘치는 기쁨이 다가오는 것입니다. 천국이 되는 것입니다.

1945년 8월 15일 해방되었을 때 우리는 얼마나 기뻐서 손에, 손에 태극기를 들고 밖에 나가서 행진을 하면서 기뻐했다고 합니다. 이와 같이 해방이란 것은 우리 마음속에 기쁨과 천국을 가져옵니다. 예수 믿는 사람은 이 해방된 체험을 해야 하는 것입니다. 생명의 말씀과 성령으로 귀신에서 해방되고 성격적인 장애에서 해방되고 그 마음속에 기쁨이 넘쳐흐르는 이러한 중생의 체험을 해야 하는 것입니다. 또한 예수를 믿음으로 말미암아 자신을 발견하기 때문에 기뻐지는 것입니다. 이렇게 체험을 하지 못하는 것은 성령의 역사를 체험하지 못한 연고입니다.

어린아이가 아무리 좋은 옷을 입고 양손에 맛있는 것을 잔뜩 들고라도 심산유곡 산골짜기에서 자기의 길을 잃어버린다면 그 옷과 그 음식이 무슨 기쁨을 가져오겠습니까? 사람들은 이 세상에 살면서 자기를 잃어버리고 삽니다. 어디에서 왔는지 모릅니다. 왜 사는지 모릅니다. 어디로 가는지 모릅니다. 그저 매일같이 사니까 무엇을 먹을까, 무엇을 입을까, 무엇을 마실까를 추구하고, 그 가운데서 부귀, 영화, 공명, 권력을 추구하고 삽니다. 그러다가 일시에 죽음이 다가오면 어디를 가는지도 모르고 그대로 눈을 뜨고 지나가 버리고 마는 것입니다.

인생이 무엇입니까? 잃어버린 존재인 것입니다. 지금 살아서 움직여도 자기가 누군지도 모릅니다. 자기의 뿌리도 모르고 자기의 가는 길도 모르고 자기가 무엇인지도 모릅니다. 사니까 살고 있는 것입니다. 이런 사람에게 깊은 삶의 기쁨이란 없습니다. 그러나 예수 그리스도를 믿게 되면 삶의 뿌리를 알게 되는 것입니다. 나는 아담의 후예이며 아담은 하나님이 지으셨으며 죄인인데 예수 그리스도를 통해서 죄 사함을 받고 이제 예수 그리스도를 믿고 하나님을 섬기고 살며, 이 육신의 장막 집이 무너지면 영원한 천국 집으로 가는 것을 아는 것입니다. 자아를 발견하게 되는 것입니다. 예수를 믿고 진리의 말씀을 듣고 성령의 인도를 받아서 자기를 발견하면 그 마음속에 기쁨이 넘칩니다. 잘 사나 못 사나 내가 갈 길이 환해지고 내가 누구인가를 알게 되어서 자기를 발견하는 사람이 되고 자기를 아는 사람이 되는 것입니다. 그뿐 아니라 예수님을 사랑하고 믿음으로 오는 기쁨은 이 세상이 갖다 주는 기쁨과 비교할 수 없습니다. 천국의 기쁨입니다. 왜냐하면 성경에 말씀하시기를 "하나님이여 주님 앞에는 기쁨이 충만하고 주의 우편에는 즐거움이 넘치나이다"라고 했습니다. 하나님 자체가 기쁨인 것입니다. 예수를 믿고 하나님 품에 안기면 기쁨의 샘물에서 마시게 되는 것입니다.

이러므로 예수를 믿는 사람의 가장 적극적인 증거는 기쁨인 것입니다. 예수를 믿고 기쁘지 아니하면 마음에 병들기 시작하는 것입니다. 이러므로 내가 정말 병들지 않았는가? 내가 정말 신앙 속에 있는가를 찾아보는 것은 내 마음속에 기쁨이 있는가 없는가를 찾아봐야 하는 것입니다. 천국을 누리고 있는지 그렇지 않은지를 분별해야 합니다. 많은 성도들과 목회자들이 천국은 죽어서 입성하는 것으로 알고 믿고 있습니다. 이는 잘못알고 있는 것입니다. 예수님은 세상에 천국을 만들기 위해서 오셨습니다. 산상수훈(마4-10장)에서 이 땅에서 천국을 누리는 삶에 대하여 예언하여 주셨습니다. 예수께서 말씀하시기를 "내가 네게 기쁨을 주노니 이 기쁨을 빼앗을 자가 없을 것이라"고 말씀하셨습니다. 바울 선생은 로마의 지하 감옥에 갇혀 있으면서도 빌립보 교인들에게 기도할 때 "기뻐하라 내가 다시 말하노니 기뻐하라"고 말한 것입니다. 예수 믿는 신앙생활이란 좋을 때도 기뻐하고 환경이 스산할 때도 기뻐하며 살 때도 기뻐하고 필요해서 순교를 당할지라도 기뻐하는 것이 그리스도의 신앙인 것입니다.

빌립의 사마리아 전도는 사마리아인들에게 크나큰 변화를 가져다주었습니다. 오늘날에도 예수 그리스도는 우리들의 삶에 자유와 변화를 가져다주며 진정한 기쁨으로 채워 주시는 것입니다. 기쁨을 잃어버린 신자는 이미 그 마음이 도로 병들어 지옥 같은 삶을 살기 시작한 사람인 것입니다. 그러므로 하나님 안에서 우리들은 진실로 사마리아에서 예수 그리스도의 복음을 듣고 위대한 변화가 다가온 것처럼, 우리도 이 변화를 기대하고 이 변화를 쟁취하십시다. 오늘 예수 이름으로 각자에게 붙었던 귀신을 내어 쫓아버립시다. 우리의 성격적인 장애가 고침을 받도록 주님께 구하십시다. 그리고 기쁨을 구하십시오. 천국의 기쁨을 누리십시오. 천국의 기쁨, 천국이 충만해서 모든 믿지 않는 사람들에게 광명하고 찬란한 얼굴에 빛을 비춰 주시기를 바랍니다. 지금 세상에서 천국을 누리는 것이 예수님의 뜻입니다.

14장 지옥에서 천국으로 바뀐 빌립보 감옥

(행 16:25~34) "한밤중에 바울과 실라가 기도하고 하나님을 찬송하매 죄수들이 듣더라. 이에 갑자기 큰 지진이 나서 옥터가 움직이고 문이 곧 다 열리며 모든 사람의 매인 것이 다 벗어진지라. 간수가 자다가 깨어 옥문들이 열린 것을 보고 죄수들이 도망한 줄 생각하고 칼을 빼어 자결하려 하거늘 바울이 크게 소리 질러 이르되 네 몸을 상하지 말라 우리가 다 여기 있노라 하니 간수가 등불을 달라고 하며 뛰어 들어가 무서워 떨며 바울과 실라 앞에 엎드리고 그들을 데리고 나가 이르되 선생들이여 내가 어떻게 하여야 구원을 받으리이까 하거늘 이르되 주 예수를 믿으라. 그리하면 너와 네 집이 구원을 받으리라 하고 주의 말씀을 그 사람과 그 집에 있는 모든 사람에게 전하더라. 그 밤 그 시각에 간수가 그들을 데려다가 그 맞은 자리를 씻어 주고 자기와 그 온 가족이 다 침례를 받은 후 그들을 데리고 자기 집에 올라가서 음식을 차려 주고 그와 온 집안이 하나님을 믿으므로 크게 기뻐하니라"

바울과 실라가 빌립보에서 전도하다가 잡혀서 많이 얻어맞고 수갑을 단단히 발목에 채워서 감옥의 깊은 곳에 들어가게 되었습니다. 깊은 감옥에 갇혀서 그들은 고통스럽고 괴로운데 원망과 불평과 탄식을 해도 마땅할 터인데 그렇지 않고 두 사람이 쇠고랑을 철렁철렁 박자를 맞추면서 감사와 찬양을 불렀습니다. 그들이 감사하고 찬양하자 하늘의 보좌가 진동했습니다. 지옥이 뒤흔들렸습니다. 감옥이 뒤흔들렸습니다. 천국으로 바뀌었습니다. 하늘의 천사들이 몰려왔습니다. 모든 수갑이 다 풀리고 감옥 문이 열리고 하나님의 은총이 나타나서 모든 죄수들이 복음을 듣는 깊은 감동을 갖게 된 것입니다. 감사의 위대한 힘이 그들 환경 가운데 나타난 것입니다. 바울과 실라는 전도하다가 잡혀서 매를 많이 맞고 쇠고랑을 차고 빌립보 깊은 감옥에 떨어졌으나 감사하고 찬송하므로 감옥이 오히려 천국이 되고, 감옥이 복음전도의 처소가 되고 죄수들이 교인이 되고 간수가 변하여 회개하는 큰 축복이 임하여 그들은 놀라운 은총을 받게 된 것입니다.

첫째로, 언제 감사할 것인가? 좋을 때 감사할 것을 생각하고 여러 가지 헤아려 감사할 것을 알아보아서 감사를 해야 되는 것입니다. 성경에는 있는 자는 더 주고 없는 자는 있는 것까지 빼앗겠다고 말한 것입니다. 마태복음 13장 11절로 12절에 "천국의 비밀을 아는 것이 너희에게는 허락되었으나 그들에게는 아니되었나니 무릇 있는 자는 받아 넉넉하게 되되 없는 자는 그 있는 것도 빼앗기리라" 우리가 생각하기는 있는 자는 안 주어도 되겠고 없는 자를 도와주어야 될 것 같은데 하늘나라의 법칙은 있는 자에게는 있는 것을 인정하고 감사하고 긍정적으로 생각하고 찬양하기 때문에 더 주십니다. 없는 자가 없다고 원망하고 불평하고 탄식하므로 있는 것조차도 다 홀랑 뺏긴다는 것입니다. 사리에 어긋나는 것 같지만 우리 실생활에 실제로 그렇게 일어나는 것입니다. 사람이 긍정적이고 적극적이고 창조적이고 밝고 맑고 환하며 있는 것을 감사하는 자에게는 더 주고 싶은 생각이 나지만, 가지고 있는 것조차도 감사하지 아니하고 원망, 불평, 탄식하고 욕하고 분노하면 있는 것도 빼앗아 버리고 싶은 생각이 나는 것입니다. 우리의 생활 속에 있는 것을 생각하고 감사하는 우리들이 되기를 바랍니다.

그리고 고통스럽고 나쁠 때 우리는 감사해야 되는 것입니다. 마음이 슬프고 우울하고 답답할 때, 환경이 역경에 처하여 고통스러울 때 우리는 원망, 불평, 탄식하기가 쉽습니다. 욥과 같은 경우에 감사할리가 있겠습니까? 하루아침에 자식들을 다 잃고 재산 다 잃어버리고 아내하고 등지게 되고 친구들이 와서 친구가 아닌 비평자들이 되고 온 몸이 병들어서 옷을 입을 수가 없고 잿더미에 올라앉아 기왓장으로 몸을 긁고 있는 그 처지에 감사할 리가 있겠습니까? 그러나 욥은 그 자리에서 감사를 했습니다. 빈손 들고 왔으니 빈손 들고 갈지라. 복을 받을 때도 있고 화를 받을 때도 있으니 범사에 하나님께 감사할지어다. 욥은 원망, 불평하지 아니하고 감사해서 하나님이 크게 감동을 입으시고 나중에 배로 더 복을 주셨다는 성경에 기록되어 있는 것이 있습니다.

우리가 고통스럽고 괴로울 때 그 고통과 괴로움에서 해방되어 나올 수 있는 가장 큰 첩경이 감사하다는 것입니다. 우리 마음에 일어나는 것이 환경에 일어나는 것입니다. "지킬만한 것보다 네 마음을 지켜라. 생명의 근원이 이에서 난다"고 마음에 감사와 찬송이 넘쳐나면 환경이 감사와 찬송으로 변화되게 되는 것입니다. 아무리 환경이 좋아도 마음에 염려, 근심, 불안, 초조, 절망이 있고 불평과 탄식이 있으면 환경도 그렇게 변화되는 것입니다. 그렇기 때문에 마음이 슬프고 우울하고 답답할 때 환경이 역경에 처하여 고통스러울 때 이를 변화시킬 수 있는 것은 예수님을 믿고 좋은 추억을 생각하며 억지로라도 감사하고 억지로라도 웃는 것입니다. 억지로라도 웃으면 나중에 진짜로 웃게 되고 억지로 감사하게 되면 진짜로 감사하게 되는 것입니다.

사도행전 16장 25절로 26절에 바로 "한밤중에 바울과 실라가 기도하고 하나님을 찬송하매 죄수들이 듣더라. 이에 갑자기 큰 지진이 나서 옥터가 움직이고 문이 곧 다 열리며 모든 사람의 매인 것이 다 벗어진지라"고 했는데 한밤중에 원망하고 불평하지 않고 감사하니까 하나님이 얼마나 감동을 했던지 그들의 감사의 기도에 박자를 맞춰서 하늘의 천사가 강림하여 감옥의 터를 뒤흔들어 문을 다 열어버리고 쇠고랑을 다 풀리게 만들어 버리고 하나님의 기뻐하시는 역사가 일어나게 만들어 주신 것입니다. 빌립보 감옥이 천국이 된 것입니다.

우리가 세상을 살아갈 때 대낮이 아니고 한밤중에 심신이 고통스럽고 괴롭고 피투성이가 된 그 상황 속에서 감사의 찬송을 드리면 하나님이 그 한밤중에 내가 있는 처소를 뒤흔들어서 자유와 해방으로 천국으로 만들어 버리고 마는 것입니다. 감옥에 들어가 있는 사람이 밤중에 찬송을 부를 수 있다는 것은 참으로 신앙이 깊은 사람만이 할 수 있는 것입니다.

그래서 하나님은 언제나 밤중에 찬송을 부르는 사람을 기쁘게 받아준다는 것을 기억해야 되는 것입니다. "감사로 하나님께 제사를 드리며 지존하신 이에게 네 서원을 갚으며 환난 날에 나를 부르라 내가 너를 건지리니 네가 나를 영화롭게 하리로다"(시 50:14~15). 우리가 감사로 제사를 드리면 환난 날에도 기도가 잘 응답되고 하나님이 우리를 도와주신다고 말하고 있는 것입니다.

이 세상에서 수영을 잘하는 사람들이 수영을 배울 때 무조건하고 물에 뛰어든다고 수영을 배우는 것은 아닙니다. 뭘 배우느냐. 물은 겸손하고 물에게 의지하는 사람을 띄우는 힘이 있다는 것을 배워야 되는 것입니다. 먼저 물하고 싸우고 물아 날 띄우라고 발버둥을 치면 그냥 자꾸 가라앉습니다. 억지로 물에 뜨려고 사지를 던지고 발버둥을 치면 물에 가라앉아요. 물에게 자신의 몸을 내어 맡기고 물을 의지하면 물이 띄워주고 이끌어주는 것입니다. 이와 같이 수영을 배우는 사람도 물에게 의지하는 것을 배우는 것처럼, 인생을 살면서 하나님께 의지할 줄 아는 것을 배우는 사람이 하나님의 능력으로 복을 받게 되는 것입니다. 하나님이 문을 열면 닫을 자가 없고 닫아 놓으면 열 자가 없습니다. 주님께서 높이는 자는 낮출 사람이 없고 주님이 낮추면 높일 자가 없는 것입니다. 저가 나를 사랑한즉 내가 저를 건지리라. 저가 내 이름을 안즉 내가 저를 높이리라. 저가 내게 간구하리니 내가 응답하리라. 저희 환난 때에 내가 저와 함께 하여 저를 건지고 영화롭게 하리라. 내가 장수하므로 저로 만족케 하며 나의 구원으로 보이리라고 하셨으니, 이 위대한 힘이 하나님께로부터 오는 것이므로 하나님께 맡기고 잘 의지하면 하나님께서 믿음을 보시고 역사하시는 것입니다. 우리가 이 세상에서 가난하고 몸이 약하고 못 배웠다고 탄식하지 말고, 하나님을 주인으로 모시고 의지하면 하나님이 그 대신 채워 주시는 것입니다.

둘째, 어떻게 감사할 것인가? 받은 은혜를 헤아려 감사하라. 우리가 이 세상에 살면서 예수를 믿고 구원받는 것 얼마나 감사합니까? 죄 덩어리인 우리가 하나님의 선택함을 통해서 마음 문을 열고 성령의 도움으로 구원을 받았으니 구원해 주신 은혜에 우리는 늘 감사해야 되는 것입니다. "너희는 그 은혜에 의하여 믿음으로 말미암아 구원을 받았으니 이것은 너희에게서 난 것이 아니요 하나님의 선물이라"(엡 2:8). 구원받은 것이 다 선물로 받은 구원 아닙니까? 공짜로 받았습니다. 믿기만 하면 구원을 받았으니 구원받은 우리가 하나님께 감사해야 될 것입니다. 그리고 영원히 구원받을 뿐 아니라 무엇을 먹을까, 무엇을 입을까, 무엇을 마실까 걱정하지 않게 도와주시는 하나님께 감사드려야 될 것인 것입니다. 시편 136편 25절에 "모든 육체에게 먹을 것을 주신 이에게 감사하라 그 인자하심이 영원함이로다"

우리는 하루도 먹지 아니하면 영양이 나빠지고 기운이 없어지는 것입니다. 먹을 것을 주시는 하나님께 감사해야 되겠습니다. 죄에서 해방을 주신 은혜, 우리는 하루하루 죄의 종을 의의종으로 변화시켜 주시는 하나님께 감사를 드려야 될 것인 것입니다. 로마서 6장 17절로 18절에 "하나님께 감사하리로다. 너희가 본래 죄의 종이더니 너희에게 전하여 준 바 교훈의 본을 마음으로 순종하여 죄로부터 해방되어 의에게 종이 되었느니라" "하나님이 능히 모든 은혜를 너희에게 넘치게 하시나니 이는 너희로 모든 일에 항상 모든 것이 넉넉하여 모든 착한 일을 넘치게 하게 하려 하심이라"(고후 9:8).

하나님께서는 우리 모두가 잘되기를 원하시는 것입니다. 하나님께서 못되기를 원하는 크리스천은 한 사람도 없습니다. 부모가 자식이 잘되기를 원하는 것처럼 모든 일에 항상 모든 것이 넉넉하여 모든 착한 일을 넘치게 하려 함이라. 우리가 별을 보고 감사하면 달을 주시고 달을 보고 감사하면 햇빛을 주시고 햇빛을 보고 감사하면 천국을 주신다고 말한 것입니다. 디모데전서 6장 6절로 8절에 보면 "그러나 자족하는 마음이 있으면 경건은 큰 이익이 되느니라. 우리가 세상에 아무 것도 가지고 온것이 없으매 또한 아무 것도 가지고 가지 못하리니 우리가 먹을것과 입을 것이 있은즉 족한 줄로 알 것이니라"

원래부터 빈손 들고 왔으니 갈 때도 빈손 들고 갈 것인데 그

가운데 우리에게 주신 것을 생각하고 하나님께 감사하라는 것입니다. 바울은 모든 일에 만족하고 감사할 것을 배웠습니다. 바울이 감사하니까, 성령으로 충만했습니다. 성령으로 충만한 상태로 찬송을 부릅니다. 찬송을 부르니 성령으로 빌립보 감옥이 장악이 됩니다. 성령께서 빌립보 감옥을 장악하자 천국이 된 것입니다. 천국에는 감옥이 없지 않습니까? 성령의 역사로 감옥의 옥문이 열리고 옥터가 움직이면서 천국이 된 것입니다. 하늘의 천사들이 강림하여 옥문을 열어버린 것입니다.

바울은 빌립보서 4장 11절로 12절에서 "내가 궁핍하므로 말하는 것이 아니니라 어떠한 형편에든지 나는 자족하기를 배웠노니 나는 비천에 처할 줄도 알고 풍부에 처할 줄도 알아 모든 일 곧 배부름과 배고픔과 풍부와 궁핍에도 처할 줄 아는 일체의 비결을 배웠노라" 배부를 때도 감사하고 배고플 때도 감사하고 일체 하나님 앞에 감사하고 찬송하는 비결을 배웠다고 말한 것입니다. 우리는 마음으로 감사하고 소리 내어 감사해야 되는 것입니다. 고요하게 조용한 마음으로 마음속에 늘 하나님께 감사드리고 기회가 있으면 마음에서 나오는 소리를 내어 두 손 들고 감사하고 항상 감사가 우리에게 떠나지 말아야 될 것입니다.

이렇게 감사를 하고 입으로 시인하면 믿음의 역사도 일어나고 하나님께서 기뻐하시게 되시는 것입니다. 마음으로 감사하고 소리 내어 감사하는 우리가 되어야 되는 것입니다. 사도바울 선생은 자기가 편지를 쓸 때 하나님께 드리는 감사가 어느 곳에

나 먼저 나왔습니다. 고린도교회에 주신 하나님의 은혜에 대해서도 고린도전서 1장 4절에 "그리스도 예수 안에서 너희에게 주신 하나님의 은혜로 말미암아 내가 너희를 위하여 항상 하나님께 감사하노니"라고 말했고, 로마교회의 믿음이 온 세상에 전파될 것을 예견하면서 로마서 1장 8절에 "먼저 내가 예수 그리스도로 말미암아 너희 모든 사람에 관하여 내 하나님께 감사함은 너희 믿음이 온 세상에 전파됨이로다"라고 말했었습니다. 데살로니가교회가 하나님의 말씀을 받아들인 것도 감사하고 빌립보 교인들이 복음에 동참한 것도 감사하고 그는 모든 편지의 서두에 감사가 넘쳤던 것입니다. 감사가 넘치니 성령으로 충만했던 것입니다. 성령으로 충만한 상태에서 찬양을 부르니 감옥이 천국으로 변화된 것입니다.

셋째, 하나님께 다 맡기고 감사하라. "우리가 살아도 주를 위하여 살고 죽어도 주를 위하여 죽나니 그러므로 사나 죽으나 우리가 주의 것이로다. 이를 위하여 그리스도께서 죽었다가 다시 살아나셨으니 곧 죽은 자와 산 자의 주가 되려 하심이라"(롬 14:8-9). "살아도 이제는 예수님을 위해서 살고 죽어도 우리는 예수님을 위해서 죽으니 사나 죽으나 주의 것이다. 주님 뜻대로 하시옵소서." 주님께 내어 맡기면 주님이 맡아 주시는 것입니다. 수영을 배우는 것처럼 내가 수영을 하겠다고 발버둥을 치면 물에 가라앉습니다. 물을 보고서 마음대로 하시오 하고 내 자신을 맡기면 놀랍게도 물이 사람을 띄우는 것입니다. 사람이 물에 가라앉고 싶어도 물에게 온몸을 내어 맡겨 버리면 안 가라 앉습니다. 반드시 물에 뜨는 것입니다. 그러나 안 가라앉으려고 막 발버둥을 치며 물과 싸우면 풍덩하며 가라 앉아버리고 마는 것입니다. 물은 의지하지 않으면 책임 안지는 것입니다. 하나님도 물과 같은 것입니다. 하나님의 은혜는 내어 맡기면 책임져 주시는 것입니다. 온전하게 하나님의 말씀에 순종하면 이루어주십니다.

그러나 살겠다고 발버둥을 치고 하나님 앞에 온갖 수단과 방법을 다하여 훼방을 하면 "네 마음대로 끝까지 해라. 잘 한다. 더 열심히하라" 진짜로 죽는 것입니다. 하나님 앞에서 내가 죽었다 하면 살아나고, 내가 살겠다고 발버둥을 치면 죽게 되는 것입니다. 그러므로 살려고 하면 죽고 죽으면 산다는 사실을 우리가 늘 알고 우리 생활 속에 인간의 수단과 방법으로 살려고 하지 말고 하나님 살든지 죽든지 흥하든지 망하든지 성하든지 쇠하든지 주님께 내어 맡겼으니 주님 붙들어 주시옵소서 하면 "걱정마라. 걱정마라. 내가 맡았다." 주님이 책임져 주시는 것입니다. 오늘날 여러 가지로 경제사정이 세계적으로 어려워지고 나라마다 걱정을 많이 하는데 이때 우리가 살겠다고 우리 인간의 힘으로 발버둥을 치면 하나님이 그래 네 힘으로 마음대로 하라. 너 죽도록 해보라고 방관하시고 안 도와주는 것입니다. 자기 목숨을 자기가 건지겠다고 발버둥을 치면 잃어버리나, 하나님께서 하라는 대로 순종하면 하나님께서 책임져 주겠다는 것입니다.

빌립보서 4장 6절로 7절을 읽어 봅시다. "아무 것도 염려하지 말고 다만 모든 일에 기도와 간구로, 너희 구할 것을 감사함으로 하나님께 아뢰라. 그리하면 모든 지각에 뛰어난 하나님의 평강이 그리스도 예수 안에서 너희 마음과 생각을 지키시리라" 아무것도 염려하지 말고 모든 일에 기도와 간구로 감사함으로 하나님께 맡겨 버리라는 것입니다. 살든지 죽든지 하나님께 책임져 주시라고 맡기면 맡기는 사람은 하나님이 책임져 주시는 것입니다. 사드락과 메삭과 아벳느고가 살든지 죽든지 하나님께 내어 맡기니까 하나님이 책임지고 불속에서 그들을 건져 주신 것입니다. 그들이 자기들이 살겠다고 발버둥을 치고 타협을 했으면 바싹 탔을 것입니다. 오늘날도 주님은 늘 하신 말씀이 내가 다 이루어 놓았으니 내게 맡겨라. 무엇을 먹을까, 무엇을 입을까, 무엇을 마실까 염려하지 말라. 이는 다 이방인들이 염려하는 것이나 너희 천부께서는 이 모든 것이 너희에게 있어야 될줄 아시느니라. 그 나라와 그 의를 먼저 구하라. 그리하면 이 모든 것을 너희에게 더하시리라고 말씀하신 것입니다. 하나님을 믿고 의지하고 맡기면 주님께서 우리를 책임져 주시는 것인데 우리가 정말 못하는 것을 자꾸 우리 힘으로 살겠다고 발버둥을 치기 때문에 하나님의 일을 훼방 시키는 것입니다. 하나님이 네가 너무 훼방을 많이 하기 때문에 하나님께서 일을 할 수 없으니 자신의 힘으로 한다는 생각이 없어질 때까지 주님이 기다리고 계신 것입니다.

모세가 40년 동안 광야에서 모든 인간의 수단과 방법이 다 죽었을 때 하나님께서 모세에게 나타나서 모세를 붙들어 사용할 수가 있었던 것입니다. 내가 잘한다고 지혜와 총명과 모략과 재능이 있다고 청춘이라고 주먹 깨나 쓴다고 무엇이든지 할 수 있다고 생각하고 하나님 앞에서 자꾸 건방지게 날뛰면 하나님이 훼방을 받아서 도저히 일을 할 수가 없습니다. 하나님은 우리가 온전히 우리 자신이 죽고 하나님께 내어 맡기면 하나님이 책임져 주시겠다는 것입니다. 구원도 한가지입니다. 내가 구원받겠다고 해서 금식하고 철야하고 온갖 고난을 고행을 행한다고 해서 구원받느냐. 구원받지 못합니다. 현실문제도 해결되지 않습니다. 빨리 자신을 알고 죄를 짓고 불의하고 추악하고 버림을 받아야 마땅한 인간이지만 천부여 의지 없어서 손들고 옵니다. 두 손 들고 주님께 내어 맡기면 예수님이 대신 죽어 주시고 죄를 씻어 주시고 구원해 주시는 것입니다.

예레미야서 33장 3절에 "너는 내게 부르짖으라 내가 네게 응답하겠고 네가 알지 못하는 크고 은밀한 일을 네게 보이리라" 너희가 할 일은 부르짖고 내어 맡기라는 것입니다. 그러면 내가 책임져 주겠다는 것입니다. 크고 은밀한 일을 보여주십니다. 삶의 어려움과 고난은 날씨와 같아서 항상 변화무쌍하게 다가오는 것입니다. 이것을 받아서 처리하는 것이 우리 몫이 아니라, 하나님이 받아서 처리해 주시는 것입니다. 우리가 하나님 앞에 해야 될 일은 하나님이 우리를 위해서 일해 주시는 것을 바라보고 늘 감사와 찬송을 드리는 것밖에 없는 것입니다. 감사와 찬송이 우리 하나님께 모든 일을 맡기는 가장 **빠**른 길인 것입니다.

감사는 하나님이 주신 위대한 선물이자 명령으로 우리를 희망으로 이끌어 줍니다. 우리는 늘 범사에 감사해야 된다고 그분은 말하고 있는 것입니다. 감사는 우리에게 다가온 큰 기회요, 하나님이 주시는 축복이라는 것을 그는 인정하라는 것입니다. 감사는 안하려면 다 안할 수 있습니다. 하려면 다 할 수 있는 것입니다. 오늘 이 시간도 우리가 감사하려면 얼마든지 감사할 수 있고 원망과 불평하려면 얼마든지 원망과 불평할 수 있는 것입니다. 그러나 하나님은 감사로 제사를 드리는 크리스천을 기다리고 계신 것입니다. 하나님을 기쁘시게 하면 하나님이 돌보아 주시는 것입니다. 인생을 자신의 힘으로 사는 사람이 있고 하나님의 은혜로 사는 사람이 있는데 하나님은 하나님의 은혜로 사는 사람은 기뻐하고 즐거워하는 것입니다.

영적인 문제도 하나님이 책임져 주시고, 육신적인 문제도 책임져 주시고, 현실이 아무리 어둡고 캄캄한 곳이라도 하나님이 책임져 주십니다. 저 하늘과 땅을 지으신 하나님은 어제나 오늘이나 영원토록 동일하시고 전지전능, 무소부재 하셔서 우리와 인생을 함께 살기를 원하시는 것입니다. 사망의 음침한 골짜기를 혼자 지나가라고 말씀 안하십니다. 같이 사망의 골짜기를 지나가면서 사망의 골짜기를 밝은 터널로 변화시켜 주시는 것입니다. 하나님은 지금 이 자리에 계십니다. 하나님께서 함께 하십니다. 하나님께서 함께 하시니 어디를 가나 천국입니다.

주 예수와 동행하니 그 어디나 하늘나라(통495장/새438장)를 불러봅시다.

1절. 내 영혼이 은총 입어 중한 죄짐 벗고 보니 슬픔 많은 이 세상도 천국으로 화하도다. 할렐루야! 찬양하세 내 모든 죄 사함 받고 주 예수와 동행하니 그 어디나 하늘나라.

2절. 주의 얼굴 뵙기 전에 멀리 뵈던 하늘나라 내 맘 속에 이뤄지니 날로, 날로 가깝도다. 할렐루야! 찬양하세 내 모든 죄 사함 받고 주 예수와 동행하니 그 어디나 하늘나라.

3절. 높은 산이 거친 들이 초막이나 궁궐이나 내 주 예수 모신 곳이 그 어디나 하늘나라. 할렐루야 찬양하세 내 모든 죄 사함 받고 주 예수와 동행하니 그 어디나 하늘나라. 아멘

예수님은 볼지어다. 세상 끝날 까지 내가 너와 항상 같이 있겠다고 말한 것입니다. 그러므로 우리는 뭐라고 말하겠습니까? 감사합니다. 나와 같이 있으니 감사합니다.

바울은 빌립보 감옥에서 성령으로 충만하여 하나님께 감사와 찬양을 드렸습니다. 감사와 찬양을 드리자 성령이 감옥을 장악합니다. 빌립보 감옥을 성령이 장악하니 천국이 된 것입니다. 천국이 되니 "이에 갑자기 큰 지진이 나서 옥터가 움직이고 문이 곧 다 열리며 모든 사람의 매인 것이 다 벗어진지라." 라고 성경은 말하고 있습니다. 성령으로 충만하여 찬양을 하면 감옥이 천국이 되는 것입니다. 가정이 지옥입니까? 성령으로 충만한 가운데 찬양을 하십시오. 그러면 가정이 천국으로 바뀌게 됩니다.

4부 천국을 보며 누리게 하시는 성령님

15장 지금 천국을 누리기를 원하시는 하나님

(눅 17:21)"또 여기 있다 저기 있다고도 못하리니 하나님의
나라는 너희 안에 있느니라"

하나님은 예수를 믿는 우리가 지금 심령천국을 이루고, 아브라함의 복을 받으며 살다가 영원한 천국에 입성하기를 소원하십니다. 우리가 잘못이해하고 있는 것이 있습니다. 예수를 믿으면 천국에 가는 것입니다. 그래서 불신자들에게 전도할 때 예수님 믿고 천국가세요? 합니다. 여기서 우리가 바르게 알아야 할 것이 있습니다. 죽어서 천국 가는 예수님만 믿으면 안 된다는 것입니다. 예수님은 지금 이 땅에 천국을 만드시려고 오셨습니다. 하나님의 입장에서는 지금 이 땅에 하나님의 나라가 건설되는 것이 중요합니다. 그렇기 때문에 예수를 믿는 우리가 지금 이 땅에서 심령에 천국을 누리면서 하나님의 나라를 건설하는 것을 하나님은 원하신다는 것입니다. 한마디로 예수님을 누리면서 살아가라는 것입니다. 예수님을 누리면서 예수님의 권능을 세상에 적용하여 세상을 하나님의 나라를 만드는 것이 우리를 향한 하나님의 뜻입니다. 그래서 '예수축복' '불신불행' '예수천국' '불신지옥'이 맞는 말입니다.

이것이 진정한 복음의 진실입니다. 하나님은 지금 예수님을 누리면서 하나님의 나라, 천국을 누리며 살아가는 우리가 되기를 소원하십니다. 그래서 성령으로 인도하시면서 성도들을 훈련하시는 것입니다. 하나님을 기쁘시게 하는 것은 지금 영과 진리로 하나님을 예배하면서 마음에 천국을 이루면서 아브라함의 복을 받아 세상에 나가 예수님을 증거 하는 삶을 살아갈 때 하나님께서 기뻐하시는 것입니다. 이렇게 하나님의 복을 받아 세상에 하나님의 나라를 건설하며 천국을 누리면서 살다가 영원한 천국에 들어가는 것이 하나님을 기쁘시게 하는 것입니다.

분명하게 하나님이 세상에서 우리를 부르신 것은 하나님의 복을 받아 세상에서 하나님의 나라를 건설하는 군사가 되게 하기 위해서입니다. 그러므로 하나님의 부름을 받고 예수를 믿고 세상에서 나온 우리는 하나님의 복을 받게 되어있습니다. 하나님은 우리를 잘되게 하시려고 부르신 것입니다. 우리가 잘되어야 우리를 통하여 이 땅에 하나님의 나라를 건설하며 천국을 누리면서 살다가 영원한 천국에 들어갈 수가 있기 때문입니다. 그렇기 때문에 우리가 하나님께서 주신 권위를 사용하며 축복을 받아 예수님을 증거하며 세상을 살아갈 때 하나님께서 기뻐하시는 것입니다.

만약에 어떤 사람이 하나님의 부름을 받고 세상에서 나와 하나님께서 주신 권위를 사용하지 않고 자기 재능과 힘으로 세상을 살아가면서 "부부불화가 있다. 어깨통증이 있다. 등과 허리에 통증이 있다. 머리가 아프다. 어지럽다. 불면증이 있다. 불감증이 있다. 우울증이 있다. 꿈이 많아 깊은 잠을 자지 못한다. 위괴양이 있다. 잘 놀란다. 교통사고, 사고, 수술 후유증이 있다. 불안과 두려움이 심하다. 온몸에 근육통증이 있다. 허리와 목 디스크로 고생한다. 요통이 있다. 골반 통증이 있다. 가슴이 답답하다. 기도가 안 된다. 늘 피곤하다. 늘 졸린다. 아랫배에 통증이 있다. 이해하지 못할 사고를 잘 당한다. 생각하지 못한 일로 물질이 손해가 난다. 역류성 식도염이 있다. 공황장애가 있다. 불안장애가 있다. 서러움이 많다. 짜증과 혈기가 심하다. 부모님이 중풍이 있다. 부모님이 치매가 있다. 자녀가 정신문제로 고생한다. 자녀가 학교에서 왕따 당한다. 귀신역사로 고생한다. 신 끼로 고생한다. 식탐으로 먹고 토한다." 이런 지옥의 고통을 당하다가 죽어서 천국에 들어오면 하나님께서 책망하시는 것입니다.

야~ 김목사! 김장로! 오권사! 명집사! 너는 내가 자네에게 준 권능(축복)이 얼마인데 사용하지 못하고 그렇게 이방인 같이 살면서 내 얼굴에 먹칠을 하면서 살다가 왔는가! 참으로 안타깝네! 분명하게 책망을 들을 것입니다. 성경에 기록되어 있습니다. 마태복음 25장 24-30절입니다. "한 달란트 받았던 자는 와서 이르되 주인이여 당신은 굳은 사람이라 심지 않은 데서 거두고 헤치지 않은 데서 모으는 줄을 내가 알았으므로 두려워하여 나가서 당신의 달란트를 땅에 감추어 두었었나이다. 보소서 당신의 것을 가지셨나이다. 그 주인이 대답하여 이르되 악하고 게으른 종아 나는 심지 않은 데서 거두고 헤치지 않은 데서 모으는 줄로 네가 알았느냐, 그러면 네가 마땅히 내 돈을 취리하는 자들에게나 맡겼다가 내가 돌아와서 내 원금과 이자를 받게 하였을 것이니라 하고, 그에게서 그 한 달란트를 빼앗아 열 달란트 가진 자에게 주라. 무릇 있는 자는 받아 풍족하게 되고 없는 자는 그 있는 것까지 빼앗기리라. 이 무익한 종을 바깥 어두운 데로 내쫓으라 거기서 슬피 울며 이를 갈리라 하니라"

하나님께서 우리를 부르신 것은 복되게 하여 하나님을 선전하게 하려고 부르신 것입니다. 그렇기 때문에 하나님의 부름을 받은 우리가 하나님께 영과 진리로 예배를 드리고, 하나님께서 하라는 대로 말씀에 순종하면서 살면 반드시 아브라함과 같은 전인적인 복을 받을 수가 있는 것입니다. 왜냐하면 우리가 아브라함의 복을 받는 것이 하나님의 뜻이기 때문입니다. 갈라디아서 3장 13-14절에서 하나님은 이렇게 말씀을 하십니다. "그리스도께서 우리를 위하여 저주를 받은바 되사 율법의 저주에서 우리를 속량하셨으니 기록된바 나무에 달린 자마다 저주 아래에 있는 자라 하였음이라. 이는 그리스도 예수 안에서 아브라함의 복이 이방인에게 미치게 하고 또 우리로 하여금 믿음으로 말미암아 성령의 약속을 받게 하려 함이라" 이것이 하나님의 뜻입니다. 하나님은 믿음으로 복을 받았다고 믿으라고 하는 것이 아니라, 다른 사람들의 눈으로 보이는 복을 허락하십니다.

말씀에 보면 아브라함이 하나님께 복을 받은 것을 하인도 알고 자랑을 합니다. 창세기 24장 34-36절 말씀입니다. "그가 이르되 나는 아브라함의 종이니이다. 여호와께서 나의 주인에게 크게 복을 주시어 창성하게 하시되, 소와 양과 은금과 종들과 낙타와 나귀를 그에게 주셨고, 나의 주인의 아내 사라가 노년에 나의 주인에게 아들을 낳으매 주인이 그의 모든 소유를 그 아들에게 주었나이다" 이렇게 천하 만민이 인정하는 복을 주시려고 하나님께서 우리를 세상에서 부르신 것입니다. 그렇기 때문에 우리는 죽어서 천국 가는 예수만을 알고 믿었다면 정말로 큰 오해를 한 것입니다. 하나님은 우리가 이 땅에서 하나님께 영과 진리로 예배를 드리면서, 심령에 천국을 이루고 아브라함의 복을 받아 누리면서 하나님을 선전하면서 살다가 천국에 들어오기를 바라시는 것입니다. 하나님께 부름을 받은 우리는 이미 복을 받은 사람들입니다. 그래서 우리가 바르게 알고 믿어야 합니다. 하나님의 뜻은 삶에서 예수님을 누려야 한다는 것입니다. 그런데 이 땅에서 예수님을 누리려면 행위가 아니라. 성령의 초자연적인 역사로 되는 것입니다. 성령의 초자연적인 역사가 없이는 이 땅에서 예수님을 누리면서 살아갈 성도가 없습니다. 반드시 성령의 초자연적인 인도를 받아야만 가능합니다.

왜 똑 같은 예수를 믿으면서 어떤 성도는 심령천국을 이루며 하나님의 복을 받아 누리면서 살아가고, 어떤 성도는 마음에 불안과 두려움을 가지고, 오만 가지 환란과 고통을 당하면서 살아가느냐 입니다. 이유는 성령의 초자연적인 역사와 인도를 받느냐 받지 않느냐 차이입니다. 성령의 초자연적인 역사와 인도 없이 말씀과 행위로 믿음 생활을 하기 때문에 하나님께서 주신 것들을 누리지 못하는 것입니다.

왜냐하면 많은 목회자가 교회에 충성하고 자신을 희생하여 봉사하며 헌금을 열심히 바치면 이생과 내세에서 복을 받는다는 기복 신앙을 증거하고 있기 때문입니다. 열심히 하면 이루어진다는 샤머니즘의 혼합복음을 전합니다. 절대로 성령의 초자연적인 역사 없이 열심히 충성하고, 자신을 희생하여, 봉사하며, 헌금을 많이 한다고 예수님을 누리지 못합니다. 이론과 행위로는 이 땅에 하나님의 나라가 건설되지 못합니다.

분명하게 예수님도 요단강에서 세례요한에게 세례를 받으시고, 성령의 세례를 받으시고, 성령의 이끌림을 받으시면서 광야에서 40일간 마귀의 시험을 성령께서 주시는 말씀으로 물리치시고 천사들의 수종을 받으시면서 천국복음을 증거 하셨습니다. 성경 누가복음 4장 18-19절에 "주의 성령이 내게 임하셨으니 이는 가난한 자에게 복음을 전하게 하시려고 내게 기름을 부으시고 나를 보내사 포로 된 자에게 자유를, 눈 먼 자에게 다시 보게 함을 전파하며 눌린 자를 자유롭게 하고, 주의 은혜의 해를 전파하게 하려 하심이라 하였더라" 성령의 초자연적인 역사가 있어야 땅의 주인인 사단, 마귀, 귀신이 물러가기 때문입니다. 우리가 바르게 알아야 할 것은 절대로 성령의 초자연적인 역사 없이 열심히 충성하고, 자신을 희생하여, 봉사하며, 헌금을 한다고 땅의 주인인 사단, 마귀, 귀신이 물러가지 않습니다. 땅의 주인이 물러가지 않으니 똑같이 예수를 믿으면서도 예수님을 누리지 못합니다. 이론과 행위로는 자신에게 역사하는 땅의 주인을 몰아낼 수가 없습니다.

그래서 이론과 행위로는 하나님의 나라가 건설되지 못합니다. 많은 목회자와 성도들이 교회를 말씀을 공부하고 배우는 곳으로 이해하고 있습니다. 많이 알면 다 되는 줄로 착각하고 있습니다. 교회는 공부하고 배우는 곳이 아닙니다. 성령의 초자연적인 역사와 생명의 말씀으로 땅의 사람을 하늘의 사람으로 바꾸는 곳입니다. 절대로 땅의 사람이 이론을 알고 열심히 한다고 바뀌지 않습니다. 반드시 성령의 초자연적인 역사가 있어야 바뀌는 것입니다. 우리 성도들이 세상에서 예수님을 누리면서 살아가려는 관심만 가지면 쉽게 될 수 있습니다. 초대 교회에 있던 성령의 초자연적인 역사가 교회들마다 일어나게 하면 되는 것입니다.

교회들마다 지도자들이 이론으로 행위로 문제를 해결하려고 하지 말고, 실제 성령의 역사로 문제가 해결이 되도록 하면 되는 것입니다. 이제 목회자들이 영적으로 병든 자들에게나 육적으로 병든 자들에게 더욱 기도하고 헌신하라는 말만 되풀이 하지 말고, 성령의 초자연적인 역사로 문제를 해결하도록 해야 합니다. 목회자들이 어떻게 해야 예수 그리스도께서 말씀하시던 '하나님의 성전'으로 그리고 '그리스도의 제자'로서의 삶을 살아갈 수 있는지…. 그리고 어떻게 하나님과 동행하며 살아갈 수 있는지를 깨달아, 성도들에게 바른 복음을 전하려고 관심을 가지면 쉽게 해결이 됩니다. 저는 가끔 이렇게 말합니다. 영육의 문제가 있어서 목회자를 찾아가면 목회자가 이론과 행위로 문제가 해결이 된다고 말한다면 그 목회자는 거짓선지자라는 것입니다. 참선지자는 이론만이 아니라 생명의 말씀과 성령의 역사로 직접 문제를 해결하도록 인도한다는 것입니다. 성도들이 당하는 영육의 문제는 즉각 해결되지 않기 때문에 솔직하게 생명의 말씀과 성령의 역사를 체험하며 문제를 해결하게 합니다. 성령의 역사가 장악하는 만큼씩 문제가 해결이 되기 때문입니다.

목회자들이 바르게 알아야 할 것이 있습니다. 아무것도 모르는 어린 양들은 영이 잠자고 있거나 영적으로 병들어서 목회자가 교회에서 가르치는 대로 자신들은 이미 구원 받았다고 믿고 자만하며 모든 고통을 감내하고 있다는 것입니다. 복음을 바르게 알지 못하여 불필요한 고통을 당하면서 살아간다는 것입니다. 그나마 깨어있는 영혼들은 길을 잃지 않기 위해 안간힘을 쓰며, 세상과 타락한 교회와 타협하지 않고 잠들지 않기 위해 열심히 기도하며, 하나님을 구하지만 이미 암흑이 드리워져 마지막으로 달려가는 이 땅의 악함을 바라보며 예수 그리스도의 다시 오심만을 기다리고 있습니다. 다시 한 번 강조합니다. 예수 믿으면 죽어서 천국만 가는 것이 아니고 이 땅에서도 마음에 천국을 이루고 아브라함의 복을 받는 것입니다.

　복음은 아무런 열매가 없는 마른 나무가 아닙니다. 우리의 구원자이신 예수 그리스도의 참 복음은 우리의 삶을 변화 시킵니다. 나아가 우리의 가정을 변화시키고, 더 나아가 우리의 교회와 나라에 그리스도의 능력을 나타내게 합니다. 거짓 복음은 영혼을 병들게 하고 병들어 있는 자신을 자각할 수도 없게 마비시키며, 양심을 더럽히고, 가정을 무너뜨리며, 교회를 사탄에게 내어주도록 만듭니다. 자신의 안위를 위해 남을 무너뜨리면서도 하나님의 뜻이라 말하는 엄청난 범죄를 아무런 가책 없이 행할 수 있게 만드는 것이 거짓복음입니다.

　'그러면 나는 무엇을 어떻게 해야 하는가?' 라는 자문이 든다면 예수 그리스도께서 피로 사신 '하나님의 성전'인 당신은 먼저 생명의 말씀과 성령의 초자연적인 역사로 자신을 바꾸어야 합니다. 먼저 자신이 생명의 말씀과 성령의 초자연적인 역사를 체험하며 영육의 문제를 해결 받아 삶에서 예수님을 누리는 심령이 되어야 한다는 것입니다. 자신이 성령의 사람으로 바뀐 체험을 가지고, 성령의 인도를 받으며 주변에 병든 자들을 찾아나서야 합니다. 체험을 전하면서 가난한 자를 찾아서 있는 힘껏 도와야 합니다. 영적으로 억압받고 고통 받는 자들을 찾아 함께 기도하며 전능하신 하나님의 능력을 전해야합니다.

　세상에서 고통을 당하는 사람들에게 복음을 듣고 교회에 나오게 해야 합니다. 교회로 나와서 성령의 초자연적인 역사를 체험하고 하나님께 기도하여 하나님께서 하라는 대로 순종하면 문제가 떠나가기 시작을 하는 것입니다. 문제를 해결하려면 하나님과 관계를 열어야 합니다. 하나님과 관계를 열려면 교회에 나와서 말씀을 듣고 기도하며 성령의 세례를 체험해야 합니다. 성령의 세례를 체험하면 성령께서 인도하시면서 자신의 문제를 해결하게 하십니다. 문제의 해결은 하나님께 기도하여 하나님께서 하라는 대로 순종할 때 성령의 역사로 문제가 해결이 되는 것입니다. 많은 성도들이 세상에서 고통을 당하다가 복음을 전도 받고 교회에 들어오면 자신의 문제를 해결하려는 것에 급급합니다. 자신의 문제를 해결하여 달라고 기도하다가 해결이 되지 않으니 하나님을 원망하기도 합니다.

이는 하나님의 잘못이 아니라 자신의 잘못입니다. 자신의 영육의 문제는 성령의 초자연적인 역사가 일어나야 해결이 되는 것입니다. 그렇기 때문에 먼저 문제를 들고 교회에 들어와 하나님을 예배하며 말씀을 듣고 성령으로 기도하며 성령으로 세례를 받으려고 해야 합니다. 성령의 세례를 받고 성령으로 기도하며 하나님과 관계를 열어야 합니다. 하나님과 관계가 열리면 성령께서 기도할 때 문제를 해결할 수 있는 레마를 주십니다. 레마를 듣고 순종할 때 성령의 역사로 문제가 해결되기 시작하는 것입니다. 그래서 바르게 알고 믿어야 합니다. 제가 설명하는 말씀을 잘 이해해야 합니다. 시한부 종말론 자처럼 세상의 모든 것과 가정을 내팽개치고 교회에 나와서 기도하며 말씀을 들어야 된다는 말이 절대로 아닙니다.

자신이 하나님의 부르심에 순종하면 하나님은 성령으로 인도하시면서 하나님의 사람으로 만들어 가실 것입니다. 절대로 하나님은 사람의 말이나 행위로 성화시키지 않습니다. 성령의 초자연적인 역사로 성화되는 것입니다. 구약에서 말하는 성화가 '분리,' '오염되지 않은 순수함,' 혹은 인간과는 전적으로 분리된 '하나님의 거룩하심'을 뜻한다면 신약에서의 성화는 성령님을 통해 주어지는 내적 변화입니다. 바울은 성화를 신자들에게 주어지는 신분상의 변화(고린도전서 1:2)이자, 그리스도를 믿는 믿음으로 하나님 앞에서 의롭게 된 사람의 도덕적, 영적 변화의 과정이라고 보았습니다. 한마디로 예수님과 같아지는 것을 성화라고 합니다. 하나님은 우리가 그분을 닮아 거룩한 자가 되기를 원하십니다. 세상에서 예수님의 권능을 사용하여 세상을 하나님의 나라를 만드는 군사가 되기를 원하십니다.

성화는 구원받은 사람들이 이 땅을 살아가면서 뿜어내는 예수의 향기입니다. 우리가 만약 예수의 사도된다면 그 예수를 따르는 삶이 성화일 것입니다. 단순히 부드럽게 말하고 선행을 베풀고 겸손하단 것만으로 기독교의 성화는 아닙니다. 예수님과 동행하면서 성령의 초자연적인 역사로 예수님을 누리면서 세상을 하나님의 나라를 만드는 것입니다.

구원은 이러한 율법이 아닌 오직 예수에게만 달려 있습니다. 우리는 믿고 그것을 입으로 시인하면 구원에 이른다고 합니다.

즉, 구원은 믿음의 문제입니다. 그러면 성화는 어떤 것일까요? 바로 믿는 자가 땅에서 누리는 천국의 삶입니다. 예수 그리스도 께서는 산상수훈에서 비록 고통 받고 저주받은 땅위에서일 망 정 예수를 따르는 자들은 천국에서처럼 살 수 있다고 하셨습니 다(마5:3-12).

예수를 믿은 사람들의 모습이야 말로 땅에서 천국을 살아가는 이들의 모습 즉, 하나님의 의와 그의 나라를 구하는 이들의 모습 입니다. 예수를 가졌다는 것은 곧 기회를 가졌다는 뜻입니다. 하 나님의 복을 받은 사람들이라는 것입니다. 또한 예수를 가진 이 들에게는 필히 선물로서 하늘의 성령을 받는다 하였습니다. 이 는 중보자, 보혜사로서 우리에게 예수께서 행하신 모든 것과 말 씀하신 모든 것을 기억나게 하여 일깨워 주신다고 하셨습니다. 그럼 우리가 성화된 그리스도인이라 불리는 것은 곧 성령의 임 재(세례) 하심으로 부터 시작되는 것입니다. 성령의 인도로 성화 되어 가는 것입니다. 예수를 믿으면서도 성화되지 않아 예수님 을 누리지 못하는 것은 성령의 인도를 받지 않기 때문입니다.

성령의 인도로 이 지상에서 살아가는 천국생활이 하늘에 이 르게 될 때, 비로소 그는 충만한 기쁨으로서 하늘나라를 상속받 는 것입니다. 하지만 이런 삶을 가지질 못했다면 그는 구원받고 하늘나라에 가더라도 땅에서 그리 행복한 삶을 보너스로 누리진 못할 것입니다. 그래서 하나님은 예수를 믿는 성도들이 지금 이 땅에서 예수님을 누리기를 소원하십니다. 예수를 믿으면 천국에 간다고 믿지 말고, 지금 이 땅에서 심령에 천국을 누리며, 삶에서 아브라함의 복을 누리며 살다가 천국에 입성하기 위해서 예수를 믿으라는 것입니다. 그런즉, 우리는 성령의 인도를 받으며 성화되어야 합니다. 성화는 예수께서 우리에게 베푸시는 천국 사는 맛입니다. 예수께서도 이 맛을 보시며 사셨습니다. 성화는 진정한 행복입니다. 그것이 하나님을 기쁘시게 합니다.

하나님은 우리 성도들이 예수님을 삶에서 누리기를 원하십니다. 예수님을 삶에서 누리려면 성령의 인도를 받으며 성화가 되어야만 가능합니다. 우리 믿음의 조상 아브라함을 보시기 바랍니다. 아브라함의 한계는 결국 하나님께서 오셔서 내년에 아들을 주시겠다고 하셨을 때에는 비웃음으로 하나님의 말씀을 무시하기까지 하였습니다. 이러한 아브라함이 언제 성화가 되겠습니까? 이것이 아브라함의 의지로 가능하겠습니까? 분명한 사실은 아브라함은 결코 성화될 수 없다는 사실입니다. 언제까지요? 자기의 품에 자기의 아내로 통하여 낳은 아들을 품에 안을 때까지입니다. 그 전에는 그는 결코 성화될 수 없습니다. 그런데 이 또한 아브라함의 힘으로는 불가능합니다. 하나님께서 그렇게 일을 행하시는 중에 있기 때문입니다.

결론적으로 현재 세상에서 누리는 천국은 일시적입니다. 사후 세계에 들어가는 영원한 천국이 있습니다. 영원한 천국은 누가 가느냐 베드로와 같이 이땅에서 천국을 누리며 스스로 예수님이 주신 사명을 감당한 성도가 들어갑니다. 군사가 들어갑니다.

16장 이 땅에서 천국을 누리게 하시는 성령님

(눅 4:18-19)"주의 성령이 내게 임하셨으니 이는 가난한 자에게 복음을 전하게 하시려고 내게 기름을 부으시고 나를 보내사 포로 된 자에게 자유를, 눈 먼 자에게 다시 보게 함을 전파하며 눌린 자를 자유롭게 하고, 주의 은혜의 해를 전파하게 하려 하심이라 하였더라"

하나님은 성령으로 이 땅에 하나님의 나라인 천국을 건설하십니다. 성령이 아니고는 천국을 누릴 수가 없습니다. 성령의 역사가 일어나야 세상 신이 물러가기 때문입니다. 세상신이 물러가지 않는 한 천국은 누릴 수가 없는 것입니다. 성도님들의 마음의 생각을 정비해야만 하는 것입니다. 하나님은 우리들의 생각을 통해서 역사하시는 것입니다. 우리 몸은 하나님의 성령이 거하시는 성전이라고 말했는데 예수를 믿으면 하나님의 성령이 우리 영속에 와서 거하십니다. 그러나 성령이 거하시는 영이 지성소라면 우리 마음은 성소요, 우리 몸은 성전 뜰입니다. 하나님의 성령은 우리의 영에서 역사하여, 마음을 경유해서, 우리의 육체를 뚫고 나타나는 것입니다. 이렇기 때문에 아무리 성령이 우리에게 충만해도 우리 마음이 정비돼 있지 못하면 하나님께서 100%나타나실 수가 없는 것입니다.

성경에는 "지킬만한 것보다 네 마음을 지켜라 생명의 근원이 이에서 남이라고" 말씀하셨으며 우리의 온갖 구하는 것이나 생각하는 것에 넘치도록 능히 하시는 하나님이라고 말씀하시고 있는 것입니다. 그러므로 우리의 생각을 자신 안에 계신 하나님과의 관계를 여는 신앙으로 정비해야 합니다. 그래야 지금 천국을 누리면서 살아갈 수가 있습니다. 그러면 생각을 어떻게 정비할까요? 우리는 먼저 보이는 성전 중심 신앙생활의 생각을 바꾸어야 합니다. 보이는 성전(유형교회)에 50% 관심을 두고, 마음 성전(무형교회)이 잘되는 일에 50% 관심을 두어야 합니다. 마음 성전이 잘되기 위하여 보이는 교회에 나가는 것입니다.

저는 성령치유 사역을 16년간 했습니다. 많은 부모님들이 자녀들의 문제로 상담을 합니다. 대다수의 부모님들이 생각이 이렇습니다. 어려서 교회에 잘나가면 신앙이 된 것으로 착각을 합니다. 찬송 부르고 예배드리고 성경을 읽으면 믿음이 된 것으로 생각을 합니다. 무조건 교회에 잘 나가면 된다는 사고입니다.

그런데 지옥을 만드는 문제는 아이의 내면(무의식과 잠재의식)에 있다는 것입니다. 아이들의 내면의 문제는 성령의 역사가 있어야 치유되고 변화됩니다. 내면이 치유되어야 한다는 것입니다. 내면의 치유는 성령으로 세례를 받아야 치유가 되기 시작을 합니다. 영의 눈이 열리지 않았으니 내면의 세계를 이해하지 못합니다. 또 다른 이유는 세상에서 샤머니즘적인 신앙생활을 하여 교회에 가서 하나님을 섬기는 신앙의 사고가 고정되어 있다는 것입니다.

교회에 열심히 가서 하나님을 잘 섬기면 믿음이 좋은 것으로 믿어버립니다. 그래서 자신 안에 계신 하나님과 교통하는 신앙생활을 이해하지 못하는 것입니다. 이렇게 신앙생활을 하다가 보니 자신 안에 계신 하나님과 교통하지 못하는 것입니다. 보이는 성전중심의 신앙생활을 하게 됨으로 자신의 내면에 관심을 갖지 못합니다. 문제도 자신의 내면에 있고, 하나님도 자신의 내면에 임재하여 계십니다. 그런데 자신의 내면에 관심을 갖지 않는 것입니다. 그래서 예수를 믿으면서도 여전하게 세상신의 영향으로 지옥 같은 생활을 하는 것입니다. 우리가 바르게 알아야 할 것은 내면에 잠재하여 있는 지옥을 만드는 문제는 교회에 나가서 예배드리는 것으로 해결되지 못합니다. 반드시 성령으로 세례를 받고 내면을 치유하여 성령으로 충만해야 합니다. 문제의 뒤에는 사람의 힘보다 강한 귀신이 역사하기 때문입니다.

이 땅에서 천국을 누리기를 원한다면 크리스천들의 사고를 바꾸어야 합니다. 성령으로 충만하지 않으면 언제든지 귀신이 침입할 수 있다고 믿게 해야 합니다. 자신의 하나님과 멀어져 육체가 되면 언제라도 귀신이 침입한 다는 것을 알고 관리하게 해야 합니다. 이를 방지하기 위하여 성령으로 세례를 받고 성령의 인도를 받으며 하나님과 동행하며 친하게 지내는 습관이 되어야 합니다. 이는 나이가 한 살이라도 어려서 영적으로 바뀌도록 치유해야 합니다. 자신 안에 역사하는 귀신은 교회에 다닌다고 떠나가지 않습니다.

제가 매주 토요일 날 하는 집중 치유할 때 어떤 분은 우리나라에서 성령의 역사가 가장 강하게 일어난다고 하는 교회를 십년 이상 다녔는데도 귀신이 떠나가지를 않았다는 것입니다. 그래서 집중치유를 하니 2시간 15분 만에 혀를 10센티나 내밀면서 떠나가는 것입니다. 이렇게 성령이 충만한 교회에 십년을 다녀도 귀신이 나가지 않습니다. 그렇게 잠재하여 있는 귀신은 나이가 들면 치유하는데 시간도 많이 걸리고 치유받기도 힘이 듭니다. 대다수의 부모님들이 이런 경우를 이해하지 못하니 자녀들의 내면을 성령으로 치유하지 못하여 자녀들의 인생을 망가지게 하는 경우가 있습니다. 자녀들의 내면에 잠재하여 있는 문제는 나아가 들어가면서 더 강해집니다. 한 살이라도 덜 먹어서 치유하는 것이 좋습니다. 자녀들의 내면에 있는 문제는 자녀들의 믿음이 자라지 못하도록 방해합니다. 성령의 인도를 받는 것도 방해합니다. 하나님의 음성을 듣지 못하게 합니다. 이들이 세상에서 천국을 누리지 못하게 방해합니다. 아니 지옥같은 생활을 하게 하는 것입니다. 어려서 치유하여 성령의 인도를 받으며 내면에 계신 하나님을 무시로 찾는 신앙으로 바뀌어야 합니다.

　우리 자녀들의 신앙은 부모님들의 신앙을 따라가게 되어 있습니다. 저는 개인적으로 이런 생각을 하고 있습니다. 과거 우리 부모님들의 신앙이 복음 중심이 되지 못했다는 것입니다. 지금 일부 교회의 지도자들이 영적으로 병든 자들에게나 육적으로 병든 자들에게 더욱 기도하고 헌신하라는 말만 되풀이 합니다. 무조건 기도하고 열심히 하면 영육의 문제가 해결이 된다고 합니다. 예수님이 주신 초자연적인 권능은 뒷전으로 하고, 행위와 보이는 열심히로 문제를 해결하려고 합니다. 이렇게 알고 문제를 해결하기 위하여 성전에 가서 살다시피 하면서 기도합니다. 물질을 드리기도 합니다. 그러나 문제가 해결이 되지 않습니다. 이를 보면서 자란 자녀들이 교회를 좋은 인식을 가지고 바라보지 않게 되었다는 것입니다. 교회를 더 멀리하는 핑계를 만들었다는 것입니다. 우리 어머니, 아버지가 교회에 살다시피 하면서 기도하고 봉사하고 헌금했는데 변한 것이 무엇인가, 의구심을 갖는 자녀들도 있습니다. 이렇게 만든 것은 부모님들이 기독교 복음을 바르게 알지 못한 결과라는 것입니다. 기독교 복음은 말씀과 성령으로 자신이 변하는 것입니다. 하나님께서 부여한 권능을 사용하여 문제를 풀어가야 합니다. 그런데 하나님께서 해주시기를 바라면서 기도하고 봉사했다는 것입니다. 이는 세상에서 하던 샤머니즘의 신앙의 잔재를 버리지 못한 연고입니다. 샤머니즘의 신앙이 자신이 숭배하는 신을 섬겨서 신이 문제를 해결해주기를 바라는 것입니다. 그런데 복음은 그렇지 못합니다. 자신이 말씀과 성령으로 변하면서 하나님께서 부여한 권능을 사용할 때 문제가 해결이 되는 것입니다. 하나님은 분명하게 마가복음 16장 17-18절에서 "믿는 자들에게는 이런 표적이 따르리니 곧 그들이 내 이름으로 귀신을 쫓아내며 새 방언을 말하며, 뱀을 집어 올리며 무슨 독을 마실지라도 해를 받지 아니하며 병든 사람에게 손을 얹은즉 나으리라 하시더라" 말씀하셨습니다. 하나님의 말씀대로 하지 않고 하나님께서 문제를 해결하여 주실 것으로 믿고 기도하고 봉사하고 헌금을 한 것입니다. 근본이 방향이 잘못된 것입니다. 우리 부모님들이 복음적인 신앙을 회복하여 자녀들에게 의식을 바꿔주어야 합니다.

예수를 믿었으면 교회에 가서 기도하면서 성령으로 세례를 받고, 자신의 무의식과 잠재의식에 있는 상처를 치유하고, 잘못된 자아를 말씀과 성령으로 부수고, 혈통에 역사하는 귀신들을 떠나보내야 한다는 것을 알고 체험하게 해야 합니다. 성령의 인도를 받으면서 하나님께서 자신에게 부여한 권능을 사용하는 하나님의 군사가 되도록 인도해야 합니다. 세상을 살아가면서 하나님과 동행하는 신앙이 되도록 인도해야 합니다. 그래야 자녀들이 세상을 살아가면서 아브라함의 복을 받으며 천국을 누릴 수가 있습니다. 이 모든 일이 성령이 아니고는 절대로 될 수가 없습니다. 세상에서 천국을 누리면서 살아가려면 이렇게 해야 합니다.

첫째, 성령으로 세례를 받아야 합니다. 성령치유 사역을 하다가 보니 성령의 세례를 받으면 그때부터 치유(성화)가 이루어지기 시작했습니다. 성화가 되어야 심령이 천국이 이루어지기 시작을 하는 것입니다. 저는 성령의 세례를 이렇게 표현하기도 합니다. 성령의 세례는 예수를 영접할 때 내주하신 성령께서 순간 폭발하여 전인격을 사로잡는 것이라고 하기도 합니다. 예수를 믿으면 성령이 내주하십니다. 즉시로 죽었던 영은 살아납니다. 그러나 육체는 성령으로 장악당하지 않은 상태입니다. 육체는 구습을 따르는 옛 사람이 그대로 있다는 말입니다. 그러므로 옛 사람에게 역사하던 세상신이 여전히 주인노릇을 하고 있다는 뜻도 됩니다. 하지만 성령으로 세례를 받으면 성령께서 전인격을 사로잡으므로 옛 사람에게 역사하던 세상신이 떠나가기 시작을 하는 것입니다.

성령을 체험하고 성령으로 세례를 받아 권능 있는 하나님의 일꾼이 되어가는 과정을 좀 더 상세하게 설명하면 이렇습니다. 하나님은 성령을 체험하면서 성령으로 세례를 받게 합니다. 성경에서 성령과 관련하여 사용된 가장 뜻 깊은 표현들 중 하나는 바로 '성령세례'라는 말입니다. 이 표현을 제일 처음 사용한 사람은 세례요한이었습니다. 자신에 대해 그리고 장차 오실 분(예수님)에 대해 언급하면서 그는 이렇게 말했습니다.

"나는 너희로 회개케 하기 위하여 물로 세례를 주거니와 내 뒤에 오시는 이는 나보다 능력이 많으시니 나는 그의 신을 들기도 감당치 못하겠노라 그는 성령과 불로 너희에게 세례를 주실 것이요"(마 3:11). 여기에서 요한은 두 가지의 세례, 즉 '성령세례'와 '불세례'를 말하는 것이 아닙니다. 그는 단지 하나의 세례, 즉, '성령과 불세례'를 말하고 있습니다. 후에 예수님도 '성령세례'에 대해 이렇게 언급하셨습니다. "요한은 물로 세례를 베풀었으나 너희는 몇 날이 못 되어 성령으로 세례를 받으리라"
(행 1:5).

사도행전 10장 44-46절에는 이렇게 기록되어 있습니다.
"베드로가 이 말 할 때에 성령이 말씀 듣는 모든 사람에게 내려
오시니 베드로와 함께 온 할례 받은 신자들이 이방인들에게도
성령 부어주심을 인하여 놀라니 이는 방언을 말하며 하나님 높
임을 들음이러라." 후에 베드로는 예루살렘에서 이 체험에 대해
보고하면서 이렇게 말했습니다. "내가 말을 시작할 때에 성령이
저희에게 임하시기를 처음 우리에게 하신 것과 같이 하는지라
내가 주의 말씀에 요한은 물로 세례 주었으나 너희는 성령으로
세례를 받으리라 하신 것이 생각났노라 그런즉 하나님이 우리
가 주 예수 그리스도를 믿을 때에 주신 것과 같은 선물을 저희
에게도 주셨으니 내가 누구관데 하나님을 능히 막겠느냐 하더
라"(행 11:15~17).

여기에서 베드로는 고넬료와 그의 집 사람들에게 일어난 일
이 '성령세례'라고 분명히 말합니다. 그러므로 우리는 "성령이
임하셨다"(행 11:15)라는 표현과 "(성령의) 선물"(행 11:17)
이라는 표현이 "성령세례를 받는다"(행 11:16)라는 표현과 사
실상 동의어라는 것을 알 수 있습니다. '성령세례'라는 복된 사
건을 표현하기 위한 말들을 성경에서 다양하게 사용되고 있습
니다. "성령을 받다"(행 19:2), "성령이 그들에게 임하셨다"(행
19:6), "성령의 선물"(행 2:38;히 2:4), "내가 내 아버지의 약

속하신 것을 너희에게 보낼 것이다"(눅 24:49), "위로부터 능력을 입히우다"(눅 24:49)를 들 수 있습니다.

우리는 성령세례에 대하여 올바로 이해해야 합니다. 그래야 하나님의 권능을 가지고 세상에서 하나님의 나라를 이룰 수가 있습니다. 성령세례를 이해할 수 있도록 설명한다면 이렇습니다. 성령세례를 받은 사람은 자기가 성령세례를 받았다는 것을 알지 못할 수가 없습니다. 이것은 다음과 같은 세 가지 사실들에서 충분히 입증됩니다. 바울은 그들에게 성령세례의 약속이 성취되었다고 말해주었으며, 그들에게 안수하여 그들의 모임이 끝나기 전에 성령세례를 받게 하였습니다.

성령을 받는 것이 "당신은 성령세례를 받았습니까?"라는 질문에 대해 딱 부러지게 '예'나 '아니요'로 대답할 수 있을 정도로 '분명한' 체험이라는 사실은 갈라디아서 3장 2절에서도 분명히 입증됩니다. 갈라디아서 3장 2절에서 바울은 갈라디아교인들에게 "내가 너희에게 다만 이것을 알려 하노니 너희가 성령을 받은 것은 율법의 행위로냐 듣고 믿음으로냐"라고 묻습니다.

여기에서 바울은 그들이 성령을 받은 사실을 그의 주장의 논거로 삼고 있습니다. 그들이 성령을 받은 체험은 그가 그의 주장의 논거로 삼을 만큼 '분명한 의식적 체험'이었습니다. 필자가 지난 16년간 체험한 사실로도 성령으로 세례를 받게 되면 첫째, 자신이 느끼고 알게 됩니다. 둘째, 다른 사람들도 성령이 역사하는 현상을 보고 알 수가 있습니다. 성령으로 세례를 좀도 빨리 체험하려면 바른 성령의 역사를 일으키는 장소에 가는 것입니다. 목회자가 말씀과 체험이 균형을 이루는 곳을 가야 합니다. 성령의 세례는 성령세례를 받고 성령으로 기도하는 성령의 사람이 말씀을 전하고 안수할 때 받습니다. 성령세례를 받으시려면 바르게 성령의 역사가 일어나는 곳으로 가셔야 합니다.

오늘날 사람들은 성령세례에 대해 많은 말을 하고 성령세례를 받기 위해 기도도 많이 하지만, 그들이 하는 말이나 기도는 아주 애매하고 모호합니다. 성령세례는 이론이 아닙니다. 자신도 몸으로 체험하고 느끼고 옆에 있는 사람들도 자신이 성령세례를 받는 것을 눈으로 볼 수가 있습니다.

성령세례는 성령의 거듭나게 하는 사역에 추가적으로 주어지는 것입니다. 성령이 말씀을 듣고 믿게 하여 예수를 믿음으로 거듭나는 것(중생)과 성령세례는 다르며, 성령세례는 중생 다음에 추가적으로 주어지는 것이라는 말입니다. 필자가 그동안 성령사역을 하면서 체험한 바도 많은 분들이 예수를 믿은 다음에 성령세례를 받았다는 것입니다. 이를 비교하면 기록된 하나님의 말씀으로 알게 되는 성령세례와 실제 사역을 하면서 체험하는 성령세례가 맞아떨어진다는 것입니다.

그리고 사도행전 8장 12절과 사도행전 8장 15, 16절을 비교해볼 때 더욱 분명해집니다. 사도행전 8장 12절에 따르면, 제자들의 큰 무리가 하나님 나라를 전하는 빌립의 전도를 들은 뒤 예수 그리스도의 이름을 믿고 "주 예수의 이름으로 세례를 받았다"(행 8:16). 세례를 받은 이 제자들의 무리 중 적어도 일부는 '거듭난 사람들'이었음에 틀림없습니다. 물세례의 참된 형태가 무엇이든지 간에, 틀림없이 그들은 물세례를 받았습니다. 왜냐하면 성령께 사명을 받은 사람이 그들에게 물세례를 주었기 때문입니다. 그들이 물세례를 받은 후에 무슨 일이 일어났는지 보겠습니다.

"그들이 (베드로와 요한이) 내려가서 저희를 위하여 성령 받기를 기도하니 이는 아직 한 사람에게도 성령 내리신 일이 없고 오직 주 예수의 이름으로 세례만 받을 뿐이러라"(행8:15-16). 그들은 '물세례를 받은 신자들'이었습니다. 그들은 주 예수의 이름으로 물세례를 받았습니다. 그들 중 일부는 틀림없이 '거듭난 사람들'이었지만 그들 중 성령을 받은 사람들, 즉 성령세례를 받은 사람은 아무도 없었습니다. 그러므로 여기에서도 우리는 중생과 성령세례는 다르며 성령세례는 중생 다음에 추가적으로 주어진다는 것을 알 수 있습니다. 성령에 의해 거듭났지만 성령세례를 받지 못한 경우가 생길 수 있습니다. 중생을 통해 우리는 생명을 받는데, 이 생명을 받은 사람은 구원을 받은 것입니다. 한편 우리는 성령세례를 통해 초자연적인 권능을 받는데, 성령으로 권능을 받은 사람은 사역을 감당하기 위한 초자연적인 힘을 받습니다. 즉, 하나님의 부름을 받고 훈련받아 하나님의 일꾼이 되려면 성령세례를 받아야 한다는 것입니다. 그래서 하나님께서 성령으로 인도하면서 성령으로 세례를 받게 하시는 것입니다.

둘째, 성령의 인도를 받아야 합니다. 하나님의 성령으로 인도함을 받는 그들이 곧 하나님의 아들이라고 말한 것입니다. 이러므로 하나님의 아들이 된 사람이면 그 누구를 불문하고 성령의 인도를 받을 자격이 있고 권리가 있는 것입니다. 성도는 반드시 성령의 인도함을 받아야 합니다. 성령님께 문의하는 것입니다. 성령의 감동을 받는 것입니다. 성령의 지배를 받는 영의 상태에서 기도하거나 말씀을 묵상할 때 문제에 대한 해결방법을 깨닫게 하십니다. "이렇게 하라. 저렇게 하라." "어디를 가보아라. 명령하고 선포 하라."성령은 우리의 지성을 무시하지 않습니다. 우리의 지성에 하나님께서 성령의 지성으로 깨닫게 해주셔서 깨달음을 통하여 성령이 인도해 주시는 것입니다.

그렇기 때문에 범사에 성령의 인도를 받으려면 성령님을 인정하고 환영하고 모셔드릴 뿐만 아니라, 문제가 생겼을 때 "성령이여 내게 깨달음을 주시옵소서. 이것이냐 저것이냐 깨달음을 주시옵소서. 이 길이 옳으냐? 저 길이 옳으냐? 깨달음을 주시옵소서. 어느 것이 하나님의 뜻인지 깨달음을 주시옵소서." 깨달음을 바라고 성령으로 기도할 때 하나님의 성령께서 우리에게 빛을 비추어서 깨닫게 해주십니다. 그 깨달음대로 순종하고 걸어가면 성령의 인도를 받는 것이 되는 것입니다.

성령의 인도를 받으면서 자신의 전인격을 치유하여 성령의 지배를 받아야 합니다. 어느 권사님의 간증입니다. 저는 지금 나이가 오십 셋입니다. 그리고 교회에서는 권사입니다. 권사

직분을 받고 그렇게 믿음 생활을 열심히 했어도 저의 질병은 치유 되지 않았습니다. 예수를 믿으면서도 지옥 같은 삶을 산 것입니다. 지금 깨닫고 보니 영적인 면에 무지하여 마음에 계시는 하나님과 영의통로가 열리지 않은 이유였습니다. 저는 류마치스 관절염과 심장병이 있어서 전철을 타려면 계단을 오르내리는 것이 꼭 죽는 것만 같은 고통을 당하면서 살았습니다. 정말 지옥 같은 삶을 살았습니다. 그 이유는 제가 한창 전쟁이 심했던 1951년에 태어났습니다. 저의 어머니가 하시는 말씀이 저를 낳고 보니 딸이더랍니다. 그러니까, 저의 할머니가 이 전쟁통에 딸을 키워서 무엇 하겠느냐, 버리라고 해서 버렸답니다.

삼일이 지난 다음에 저의 어머니가 가보니, 그때까지 제가 죽지 않고 울고 있더랍니다. 그래서 너무나 불쌍한 마음이 들고, 너무나도 명이 긴 아이라고 생각하고 데려다 길렀답니다. 나중에 내적치유를 받으면서 깨닫고 보니, 그때 들어온 상처로 인하여 제가 류마치스 관절염과 심장병으로 그렇게 오랜 세월을 고생하며 살아온 것입니다. 마음의 상처로 하나님과 영의 통로가 막혀서 당한 불필요한 고통입니다. 성령님의 역사를 몰라서 당한 고통입니다. 저를 잘 아는 분들이 충만한 교회를 소개해 주었습니다. 그래서 열심히 다니면서 치유의 은혜를 받았습니다. 내적치유를 받으면서 세상에 처음 태어나서 죽음의 두려움으로 고통스러워하고 있는 저의 모습을 환상으로 보면서 수없이 울었습니다. 할머니를 용서했습니다. 저에게서 수많은 상처들이 떠나갔습니다. 너무나 상처가 오래되어 그렇게 쉽게 치유되지를 않았습니다. 그러나 하루하루 상태가 좋아지는 것을 느꼈습니다. 그래서 하루도 빠짐없이 다니면서 치유를 받았습니다. 삼 개월쯤 다니니까, 류마치스 관절염도 없어지고 심장병도 떠났습니다. 이젠 전철을 타려고 계단을 올라가도 숨이 차지 않습니다. 치유를 받기 전에는 3계단을 올라가서 쉬고 또 올라가고 했는데 이제 오십 계단을 거뜬히 올라갑니다. 예수님이 말씀하신 대로 지금 천국이 이루어진 것입니다. 정말 바른 진리를 깨달아야 하고 말씀과 성령으로 내적치유는 필요합니다. 제가 영적으로 무지해서 그렇게 오랜 세월을 생으로 고생하며 지옥 같은 세상을 살았습니다.

교회에 나가서 무조건 열심히 하면 하나님께서 질병을 고쳐주시는 줄 알았는데 그것이 아니었습니다. 지금 생각하면 정말 후회스럽습니다. 그래서 저는 이렇게 생각합니다. 예수를 믿는 다고 다되는 것이 아니고 예수를 삶에서 누려야 한다고 생각합니다. 그래야 세상에서 천국을 누리면서 살아갈 수가 있습니다. 그런데 문제는 목사님들도 말씀과 성령으로 무의식을 치유하는 내적치유에 대하여 잘 이해하지 못한다는 것입니다.

그냥 신구약 말씀이면 다된다고 하시면서 설교를 하십니다. 그러니 지금 교회에 얼마나 많은 성도들이 상처로 저 같이 생고생을 하면서 지내는지 모를 일입니다. 강 목사님이 강조하시는 말씀이 성도가 영육으로 고통당하는 것은 하나님과 영의 통로가 열리지 않고 영적으로 무지해서 당한다는 말이 맞는 말입니다. 앞으로는 항상 깊은 영의기도를 하여 성령 충만한 성도가 되어 삶에서 천국을 누리면서 예수님의 마음을 시원하게 할 것입니다. 영적전쟁을 하는 군사가 되어 하나님에게 쓰임을 받도록 하겠습니다.

결론적으로 세상에서 천국을 누리지 못하는 것은 복음을 정확하게 이해하지 못한 연고입니다. 그리고 성령으로 세례 받고 성령의 인도를 받으면서, 전인격이 성령의 지배를 받지 못하기 때문입니다. 예수를 믿은 성도라도 육체를 가지고 있습니다. 육체에 세상신이 역사하기 때문에 예수를 믿어도 여전하게 지옥 같은 세상을 사는 것입니다. 지옥은 마귀와 귀신들이 만드는 곳입니다. 예수님은 지옥 같은 세상을 하나님의 나라, 천국을 건설하러 오셨습니다.

바른 복음을 듣고, 성령의 인도를 받아 예수님의 소원대로 지금 이 땅에서 천국을 누리면서 하나님의 나라를 건설하는 군사로 쓰임을 받다가 영원한 천국에 입성하시기를 바랍니다. 분명하게 알아야할 것은 지금 이 땅에서 천국을 누리지 못하면 주님 재림하실 때 영원한 천국에 들어갈 수가 없다는 것을 알아야 합니다. 영원한 천국은 이 땅에서 천국을 누리는 성도가 들어가는 곳입니다. 영원한 천국은 검정고시로 들어갈 수가 없습니다. 지금 천국을 누리지 못하면 영원한 천국에 들어갈 길이 없다는 말입니다. 예수님의 말씀대로 사람의 미혹을 받지 말고 성령의 인도를 받아 이 땅에서 천국을 누리고 때가 되면 영원한 천국에 들어가시기를 바랍니다.

17장 천국이 되도록 기도하게 하시는 성령님

(유 1:20)"사랑하는 자들아 너희는 너희의 지극히 거룩한
믿음 위에 자신을 세우며 성령으로 기도하며"

하나님은 영이십니다. 영이신 하나님께 기도하려면 성령으
로 장악된 영적인 상태에서 기도를 해야 합니다. 성도들이 머리
로 기도하는 분들도 있고, 입술로 목으로 생각으로 기도하는 분
들이 있습니다. 알아야 할 것은 이런 기도는 영이신 하나님이 듣
지 못합니다. 예수를 믿고 성령으로 거듭난 성도는 성령으로 깊
은 영의 기도를 해야 합니다. 성령으로 충만한 온몸으로 기도를
해야 합니다. 온몸으로 기도하는 것은 마음 중심으로 성령의 인
도를 받아가며 기도하라는 것입니다. 성령으로 깊은 영의기도를
하면 성령으로 충만하여 영적 에너지가 충만하게 채워집니다.
영적 에너지가 충만하게 채워지면 영적인 자존감이 높아지는 것
을 스스로 체험하게 됩니다. 전인격으로 기도하는 방법은 다른
것이 아닙니다. 마음과 정성으로 기도하는 것입니다. 시편 77편
6절에 "밤에 부른 노래를 내가 기억하여 내 심령으로, 내가 내
마음으로 간구하기를" 이라고 말씀하십니다. 이는 항상 마음으
로 하나님께 집중했다는 것입니다. 예수님은 제자들에게 보이는
예수님에게 소망을 두지 않도록 하셨습니다. 모든 언행 심사를
보이지 않는 영의 하나님께 집중하도록 하셨습니다.

온몸으로 기도하라는 뜻은 앉으나 서나 걸어 다니거나 할 것 없이 마음으로 영이신 하나님께 집중하며 주님을 생각하며 찾으라는 말입니다. 기도를 너무나 어렵게 생각할 필요가 없습니다. 기도는 하나님께 집중하는 것입니다. 항상 마음으로 하나님을 생각하며 찾으니 전인격으로 기도하는 것입니다. 마음으로 하나님을 찾으면서 물어보고, 음성을 듣는 것입니다.

예수를 믿고 성령으로 거듭난 영적인 성도는 깊은 영의기도를 하므로 영이 깨어나 하나님과 교통하게 됩니다. 하나님과 교통하니 영적인 자존감을 회복하게 되는 것입니다. 고로 예수를 믿어 성령으로 거듭난 성도가 기도를 무시하면 안 됩니다. 또 말씀을 등한히 해서도 안 됩니다. 말씀과 신비(기도)와 역사가 균형이 잡혀야 합니다. 영적인 일은 성령으로 해야 합니다. 성령이 충만해야 한다는 것입니다. 보이지 않는 영의 세계를 성령으로 장악을 해야 하기 때문입니다. 성령으로 충만 하는 것은 깊은 영의기도를 해야만 가능합니다. 성령으로 깊은 영의기도를 하여 영적인 자존감을 높여야 합니다. 깊은 영의기도 만이 영적 자존감을 높여줍니다. 성령으로 깊은 영의기도를 합시다.

깊은 영의기도로 심령에 영적 에너지를 저축해야 합니다. 하나님을 찾으므로 영적인 에너지가 마음에서 올라와 자신의 전인격을 장악하는 것입니다. 기도할 때 하늘의 에너지가 저축되는 것입니다. 성령을 소개하는 말의 헬라어는 프뉴마입니다. 이는 바람이라는 말입니다. 바람은 공기가 움직이는 것입니다. 공기는 온도 차이와 기압의 차이에 따라서 움직이게 됩니다. 공기는 여러 가지 원소로 구성되어 있지만 그 속에는 에너지가 포함되어 있는 것입니다. 공기 속의 에너지를 풍력(風力)이라는 수치로 측정이 가능합니다. 이와 같은 물리적 에너지를 포함하여 그 속에는 영적인 에너지가 또한 섞여 있음을 알아야 합니다. 영적인 에너지는 하나님으로부터 오는 것이 있고 마귀로부터 오는 것이 있습니다. 우리는 하나님으로부터 오는 영의 에너지로 살아갑니다. 자연인은 물리적 에너지로 살아가지만, 거듭난 그리스도인은 영의 에너지로 살아갑니다. 영의 에너지는 하나님으로부터 공급되며, 그 공급의 통로 중 하나가 호흡입니다. 호흡을 통하여 우리는 마음 안에 계신 영이신 하나님으로부터 영적 에너지를 공급 받게 되는 것입니다. 호흡을 들이쉴 때에는 밖에서 역사하는 성령을 마시는 것입니다. 호흡을 내쉴 때에는 자기 안에 역사하는 성령을 끌어내며 심령의 노폐물을 배출하는 것입니다. 우리는 대기 속에 있는 공기를 호흡할 때 그 속에 영적인 에너지를 함께 호흡하게 된다는 것을 알아야합니다.

그런데 그 속에는 하나님의 에너지만 있는 것이 아니라, 악한 영의 에너지도 포함되어 있습니다. 악한 영의 에너지가 들어오지 못하도록 하나님을 생각하며, 하나님을 찾는 말(언어)에 집중하고 기도를 해야 합니다. 나쁜 에너지가 들어오지 못하도록 자신 안에 하나님의 영적 에너지로 충만하도록 관심을 가져야 합니다. 하나님의 일을 할 때는 자신 안에 계신 하나님으로 부터 영적 에너지를 충전 받은 만큼 사용해야 합니다. 우리는 성령으로 이악한 영의 에너지를 호흡을 내쉬면서 배출해 내어야합니다. 단순한 호흡을 통하여 우리는 하나님의 에너지를 받아들일 수 있다는 것은 놀라운 일입니다. 사실 하나님의 일은 단순하고 쉽습니다. 이 단순한 사실을 사람들은 복잡하게 만듭니다. 특히 지식을 가진 사람들은 이를 매우 복잡하게 만듭니다. 즉 지식에 지식을 더하여 어느덧 하나님의 본 의도와는 사뭇 다른 사람의 의도로 바뀌어버리게 하는 것입니다. 이것이 율법주의의 대표적인 예입니다. 그래서 예수님은 "사람의 미혹을 받지 않도록 주의하라"고 하시는 것입니다.

단순한 호흡을 통하여 우리는 영의 에너지를 공급 받게 되는 것입니다. 영의 에너지는 하나님을 알아가는 에너지입니다. 사람은 각각 고유한 분량의 에너지를 필요로 합니다. 비대한 사람이 마른 사람보다 더 많은 에너지를 필요로 하듯이 하나님의 쓰임에 따라 그 에너지의 양이 다릅니다. 평범한 성도와 사역자의 영적 에너지의 양은 다릅니다. 그렇기 때문에 자신에게 주어진 소명과 은사에 따라서 요구되는 영적 에너지의 양이 다를 수밖에 없다는 말입니다. 하나님으로부터 주어진 부르심의 소명에 따라 우리는 영적 에너지를 공급 받아 그 사역에 필요한 충분한 에너지를 비축해야만 합니다. 충분한 에너지를 비축하는 데는 사람마다 용량이 다르기 때문에 그 기간도 다릅니다. 쉽게 말하면 배터리 용량에 따라서 충전 시간이 달라지듯이 주어진 역할에 따라 쓰이는 에너지의 용량이 다르다는 말입니다.

　그러므로 충분한 양의 에너지가 축적되어야 비로소 사역의 효과가 나타나게 됩니다. 그런데 이 영적 에너지는 쉽게 소멸되는 특성을 가지고 있습니다. 그렇기 때문에 고갈되는 영적 에너지를 보충하는 노력을 날마다 해야 합니다. 그래서 하나님은 "항상 기뻐하라. 쉬지 말고 기도하라. 범사에 감사하라" 말씀하시는 것입니다. 영적 성숙 즉 능력의 향상은 하나님의 은혜로 성령의 계시하심에 의해서만 이루어집니다. 지금 자신이 머물러 있는 영적 단계에서 보다 더 깊은 단계로 나아가고 싶지만 뜻대로 되지 않는 사람이 많습니다.

　이는 에너지가 부족하기 때문입니다. 지금 단계에서 다음 단계로 나아가기 위해서는 보다 많은 양의 영적 에너지가 축적되어야 하는데 그 축적이 제대로 되지 않는 것입니다. 하나님으로부터 공급 받는 에너지보다 사용하는 에너지가 많아 축적이 되지 못하는 것입니다. 다음 단계로 이르기 위해서는 보다 많은 양의 에너지가 필요한데 그 에너지를 충분히 갖추지 못했기 때문에 지금 단계에 계속 머물러 있고 영적 진보가 이루어지지 않는 것입니다. 은사를 받은 사역자가 2~3년 지나면 능력이 사라지는 경우가 많습니다. 집사로 있을 때에는 능력이 나타나 전임 사역자가 되기 위해 신학교에 들어가 목사 안수를 받고 사역자가 되었는데 전에 있던 능력이 나타나지 않습니다. 이는 영적 에너지가 소진된 까닭입니다. 머리를 사용하는 만큼 기도를 소홀히 하기 때문입니다. 영의 에너지는 성령으로 기도할 때 채워지기 때문입니다.

배터리가 완전 방전되면 배터리의 기능이 사라지는 것처럼 영적 에너지가 완전히 고갈되면 더 이상 그 기능을 할 수 없게 됩니다. 안타까운 일이지만 이러한 경우에 이르러 있는 사람들이 너무도 많습니다. 그러한 사람들은 이 사실을 인정하려 하지 않습니다. 이 사실이 더욱 안타깝습니다. 이를 인정하고 회개하고 다시금 기회를 얻도록 힘쓰십시오. 영적 에너지는 그 충만한 분량에 이르지 못하면 쓸모가 없습니다. 그러므로 날마다 성령으로 충만해야 하는 이유가 여기에 있는 것입니다. 영적 에너지를 공급 받는 간단한 방법 중의 하나가 호흡인 것입니다. 간단히 숨을 들이 쉬고 내 쉬는 것만으로 우리는 하나님의 임재 속에 들어가 그 분으로부터 충만한 에너지를 공급 받게 되는 것입니다. 공기 속에 포함되어있는 신령한 에너지를 우리 몸속에 가득 채워야 합니다. 그리고 그 에너지를 가장 효과적으로 사용하는 방법을 익혀야 합니다. 예수님은 환자가 자신의 옷자락을 만졌을 때 자신의 몸에서 에너지가 빠져 나가는 것을 느꼈습니다.

우리도 이 에너지의 흐름을 느낄 수 있습니다. 그 느낌이 있어야 내 몸에서 얼마나 많은 양의 에너지가 오늘 하루 소진되었는지를 알고 그에 따른 재충전의 시간을 조절할 수 있는 것입니다. 우리는 일을 많이 해서 에너지가 소진되면 몸으로 느낍니다. 그래서 에너지를 보충하기 위해 밥을 먹습니다. 영적인 원리도 이와 같습니다. 영적 에너지가 소진되면 곧바로 보충해야 합니다. 배가 많이 고프면 밥을 많이 먹어야 합니다. 이처럼 영적 에너지가 많이 소진되면 많은 양의 영의 기도가 필요합니다. 성령으로 영의기도를 하면 소진된 에너지가 공급되어 채워지는 것을 느끼게 됩니다. 그리고 충분히 채워지면 그 기운을 느끼게 됩니다. 그런데 많은 사람들은 이러한 사실을 잘 알지 못하는 것 같습니다.

에너지를 충전하는 방법은 여러 가지가 있습니다. 기도가 가장 좋은 방법이지만 기도 이외에 경건하고 능력 있는 사람과 함께 함으로써 그 사람으로부터 자연스럽게 힘을 공급 받게 됩니다. 능력 있는 사람과 함께 하면 영적 힘을 공급 받아 영적인 활력을 얻고 긍정적이고 희망적인 생각이 막 생겨나는 것을 경험하였을 것입니다. 특히 능력이 충만한 사람에게서 안수를 받으면 기분이 맑아지고 힘이 솟아나는 것을 느꼈을 것입니다.

반대로 믿음이 없거나 세속적인 사람과 함께 하면 웬지 힘이 들고 피곤한 느낌을 받게 될 것입니다. 저는 평소에 안수 사역을 많이 하기 때문에 혼탁한 사람을 치유하면 영적 에너지가 많이 소모되는 것을 느낍니다. 또 세속적인 일에 관여하면 상당히 많은 양의 에너지를 소모하게 됩니다. 믿음 있는 사람에게 안수하면 힘이 덜 드는데 믿음이 없는 사람에게 안수하면 무척 힘이 듭니다. 이는 불신자에게 더 많은 에너지를 빼앗기는 것입니다. 초보 사역자는 이것을 느끼지 못하기 때문에 영적 에너지가 고갈이 되어도 잘 대처하지 못합니다. 그래서 영적 탈진에 빠지기도 합니다. 영적 에너지는 하나님께 받은 만큼 사용하는 습관이 되어야 합니다. 저는 깊은 영의기도로 충전합니다.

영적 에너지는 거듭난 그리스도인의 생명의 양식입니다. 환자를 위해서 안수할 때 자신의 영적 에너지의 총량과 환자가 필요로 하는 에너지의 양을 안다면 적당한 치유가 이루어질 수 있습니다. 환자가 필요로 하는 에너지가 자신의 에너지의 한계를 넘는다면 치료의 효과는 기대하기 어렵습니다. 이때는 여러 날로 나누어 치유를 해야 합니다. 그래서 때로는 2~3일 또는 1주일의 치유기간이 필요한 것입니다. 이렇게 하는 것이 사역자 자신을 보호하는 적극적인 방법입니다. 저는 사역을 할 때 영적 에너지가 많이 필요한 환자는 지속적인 집회 참석을 권유합니다. 서서히 성령으로 장악하여 치유하기 위해서입니다. 그러나 여러 날을 치유해도 장악이 안 되는 영적으로 강하게 묶인 환자가 있습니다. 이렇게 자신의 에너지의 한계를 넘는 경우는 치유를 포기하여야 합니다. 이런 환자를 다루면 자신의 에너지만 소진될 뿐입니다.

자신이 안수하면 전혀 차도가 없던 사람이 다른 사역자가 안수하여 쉽게 치유하는 경우를 보게 됩니다. 이는 에너지의 문제인 경우가 많습니다. 그 환자가 필요로 하는 에너지를 자신이 충분히 채워주지 못했기 때문입니다. 이 에너지는 나의 삶뿐만 아니라 봉사의 삶을 살기 위해서 반드시 충분한 양이 날마다 채워져야 하는 것입니다. 매일 소진된 양 이상으로 충분한 에너지를 저축하십시오. 그 방법 중의 하나가 호흡을 통해서 얻는 방법이 있는 것입니다. 단전호흡이니, 뇌 호흡이니 하고, 세상 사람들이 건강관리를 위해 이용하고 있는데, 이는 극히 인간적인 방법으로 주의해야 합니다. 하나님은 이 방법을 성령으로 하나님의 에너지를 공급해 주기 위해서 우리에게 주신 방법인 것입니다. 이를 우리가 무시하고 버렸는데 세상 사람들이 자기들의 목적을 위해 사용하고 있는 것입니다. 세상의 모든 방법들은 하나님에게서 온 것입니다. 우리는 이 방법을 주신 하나님의 뜻에 따라 선한 목적에 사용하여야 할 것입니다. 깊은 영의기도를 하시고 싶은 분은 "깊은 영의기도 숙달하는 비결"을 읽어보시기를 바랍니다.

항상 하나님께 집중하고 몰입하기 위한 기도 방법으로 관상기도라는 방법이 있습니다. 이 기도는 영의 통로가 열리고 항상 하나님께 성령으로 기도할 수 있는 수준이 된 분들이 할 수 있는 기도방법입니다. 초보자들은 좀 더 훈련하시고 하는 것이 여러모로 좋습니다. 쉬지 않고 항상 자신의 마음 안에 계신 하나님을 대면하는 관상 기도의 단계는 이렇습니다. 관상이란 자신 안에 계신 하나님을 바라본다. 대면한다는 말입니다. 하나님을 대면하며 기도하는 관상기도는 단 한 번의 시도로 하나님과 끊임없이 교제하는 단계까지 뛰어오를 수는 없습니다. 일정 기간 동안 한 결 같이 연습에 연습을 거듭해야 가능합니다.

첫 번째 단계는 외적 훈련의 단계입니다. 의지적으로 훈련하여 어떤 일에 대해 숙달하게 됩니다. 능숙한 타이피스트의 경우, 지금은 그의 손이 컴퓨터 자판기 위에서 날렵하게 움직이지만 그도 한 때는 아주 간단한 타자 법을 가지고도 많은 노력을 했을 것입니다. 우리의 경우도 마찬가지입니다. 그래서 우리는 간단하면서도 눈에 띄는 방법으로, 심지어 인위적인 방법을 써가며 기도를 시작합니다. 예를 들어, 좋아하는 음악을 들을 때마다 하나님의 끝없는 사랑의 임재를 상기하면 됩니다. 외과 의사들은 수술을 집도하기 전 소독약으로 닦아낼 때마다 하나님께 기도하라는 신호로 받아들이면 됩니다. 은행원들은 창구 앞에 사람이 올 때마다 기도하면 됩니다. 냉장고나 욕실의 거울, 또는 텔레비전 앞에 보기만 하면 저절로 기도할 수 있는 표시를 해놓을 수도 있습니다. 설거지를 하거나 화단을 가꾸거나 슈퍼마켓에서 줄을 서서 기다릴 때, 이 모든 일이 우리에게 기도하도록 자극할 수 있습니다. 조깅, 수영, 산책 등도 역시 마찬가지입니다. 어느 때에나 하나님에게 기도해야 한다는 생각을 갖는 것입니다.

행동을 하면서 말로 기도하는 것입니다. 예를 든다면 "하나님 사랑합니다." "하나님 도와주세요." "하나님 용서하여 주세요." "하나님 감사합니다." "하나님 치료하여 주세요."하면서 무의식에 잠기도록 말을 하면서 하나님을 찾는 것입니다.

두 번째 단계는 이 일이 잠재의식 속에 들어가는 것입니다. 우리가 기도를 하되 그 말한 것을 인식하지 못할 정도가 되는 것입니다. 모든 일의 기저와 그 배경에는 늘 경이로움과 찬양에의 갈망이 숨 쉬고 있음을 느끼되 하루 종일 콧노래를 부르다가 불현듯 그 곡조를 인식하는 것과 같이 자연스럽게 되는 것입니다. 내적인 기도는 전혀 뜻밖의 순간에 흘러나옵니다. 교통이 막혔을 때나 소나기가 올 때, 또는 사람이 북적대는 상점가 같은 곳에서 그런 기도가 나옵니다. 마침내 기도를 꿈꾸기 시작합니다. 이 단계가 되면 우리 행동의 변화까지도 감지할 수 있게 됩니다. 교통이 혼잡해도 짜증이 덜 나고, 집안이나 회사의 사소한 문젯거리들도 더 쉽게 견뎌 낼 수 있습니다. 다른 사람들의 말에 더 열심히, 그리고 더 조용히 귀를 기울일 수 있게 됩니다. 아이들의 말에 대해서도 보다 더 신경을 쓰게 됩니다.

기도하는 방법은 호흡을 들이쉬고 내쉬면서 마음으로 말을 하면서 기도하는 것입니다. 예를 든다면 호흡을 들이쉬면서 "하나님 사랑합니다." 호흡을 내쉬면서 "하나님 도와주세요." 호흡을 들이쉬면서 "하나님 용서하여 주세요." 호흡을 내쉬면서 "하나님 감사합니다."하면서 무의식에 잠기도록 말을 하면서 하나님을 찾는 것입니다.

세 번째 단계는 기도가 마음속에 심기는 것입니다. 실제로 우리는 지성과 더불어 마음속으로 들어가게 됩니다. 감성과 이성이 보다 조화롭게 활동합니다. 기도하는 일이 좀 더 수월해지고, 점점 더 사랑스러워지며 점점 더 자연스러워집니다. 기도가 부담스럽기보다는 즐겁게 느껴집니다. 이제 우리는 사랑을 느끼기 시작합니다. 우리의 결정은 좀 더 사랑에 근거한 합리성에 기초하게 됩니다. 예를 들면, 다른 사람들의 아픔과 고통에 대해 더 민감해집니다. 방안에 들어서면 누가 슬프고 외로운지, 또 누가 깊고 표현할 수 없는 슬픔 속에 잠겨 있는지 즉시 알아봅니다. 그런 경우 우리는 그들 옆에 슬쩍 다가가서 말없이 앉아 "깊은 바다가 서로 부른다"(시42:7)는 것을 알고서 그들을 위로하고 이해하고 치료할 수 있습니다.

호흡을 들이쉬고 내쉬면서 마음으로 하나님에게 기도하는 것입니다. 예를 든다면 마음으로 "하나님 사랑합니다." "하나님 도와주세요." "하나님 용서하여 주세요." "하나님 감사합니다."하면서 무의식에 잠기도록 말을 하면서 하나님을 찾는 것입니다.

네 번째 단계는 기도가 전인격 속에 스며드는 것입니다. 기도가 숨 쉬듯 자연스럽게 되고 피가 전신을 돌아다니는 것처럼 되는 것입니다. 기도가 우리 속에서 강렬한 리듬을 만드는 것입니다. 내가 직접 경험한 것은 아니지만 들은 바로는 그렇습니다. 그것은 믿을 만한 것입니다. 예로부터 여러 성인들은 그들이 종종 '신적인 연합'이라고 하였던 실제에 대해 증언해 왔습니다. 귀용부인은 확언하기를 우리의 모든 기도와 모든 묵상이 보다 깊은 이 일을 위한 '단순한 준비'에 불과하다고 하면서 이렇게 말했습니다. "그런 것들은 끝이 아니라, 끝으로 가는 길일뿐입니다. 끝은 하나님과 연합하는 것입니다." 이 마지막 단계는 지금 당장으로서는 내게 조금 큰일입니다. 당신에게도 마찬가지일 것입니다. 이것을 통해 이 마지막 단계의 실제를 이해하기보다는 오히려 오늘 우리의 영적 상태가 얼마나 빈곤한가를 알게 됩니다. 이 단계는 세 번째 단계로 지속적으로 기도를 하다가 보면 순간 들어가는 영의 상태의 기도입니다. 주의 할 것은 절대로 영의 상태에 들어가야 해 하고 의식을 하면 안 됩니다.

관상 기도의 방법으로 예수 기도를 훈련하십시오. 동방기독교의 전통적인 영성 기도로서 예수 기도라는 것이 있습니다. 마음의 기도 또는 심장 기도라고도 부릅니다. 이 기도는 아주 단순합니다. '주 예수 그리스도시여, 나를 불쌍히 여기소서.' 이 내용을 계속 마음속으로 반복하는 것입니다. 그 내용을 호흡에 맞추어서 반복합니다. 숨을 들이마시면서 '주 예수 그리스도여'를 하고 숨을 내쉬면서 '나를 불쌍히 여기소서.' 합니다. 원어로는 '쿠리오스, 끼리에 엘레이손'입니다. 저는 처음에 이 기도를 별로 좋아하지 않았습니다. 기도란 다양한 형식이 있으며 고백, 간구, 찬양, 회개, 싸움, 중보 등 여러 양식과 변화가 있는데 이 기도는 너무 단순하여 지나치게 획일적이고 재미없는 것이 아닌가 생각했었습니다.

그러나 차츰 기도는 복잡한 것이 아니며 단순히 주님을 알아가는 것이라는 사실을 알게 되었습니다. 많은 기도의 형식과 내용이 있지만 주님을 가까이 알게 되면 그 모든 기도를 이루는 것이며, 그분의 충만으로써 충만이 우리 안에 거할 때 그분이 우리를 통하여 무엇이든 할 수 있다는 사실을 깨닫게 되었습니다.

그 후로 나는 예수 기도에 관심을 가지고 열심히 시도해 봅니다. 그런데 해보니까 호흡을 언어에 맞추는 것이 정말 쉽지 않습니다. 이 기도를 하루에 수천 번 드렸다는 동방의 영성 인들이 정말 존경스러워 집니다. 그래서 나는 내 식으로 쉽게 바꿉니다. 그저 '예수 충만' '예수 충만'을 반복합니다. 교회에서 기도 훈련을 시키며 젊은이들을 일으켜 세우고 팔을 벌리고 호흡을 시키며 '예수 충만'을 반복해서 시키면 그들은 전율을 느끼거나 쓰러집니다. 주님의 임재를 경험하게 됩니다.

나중에는 더 간단해져서 오직 그저 예수, 예수, 예수, 예수를 부릅니다. 오직 예수로 채워지기를 원하는 고로 시간만 나면 예수를 부릅니다. 아침에도 예수, 예수 하루 중간 중간에 예수, 예수, 예수, 밤에 예수를 부르면서 잠이 들고 중간에 잠이 깨면 다시 예수, 예수, 예수를 부릅니다. 내 마음은 환희에 차고 주님을 사모함으로 가득 채워집니다. 별로 맛을 느끼지 못할 때도 있고 그런 때는 기도의 방법을 바꾸기도 합니다만, 어쨌든 항상 예수를 생각하기를 원하는 것입니다. 길을 걸을 때는 발걸음에 맞추어서 "예 ~ 수, 예 ~ 수" 한 발을 내딛을 때마다 "예수, 예수, 예수, 예수" 이렇게 걸을 때도 있지만 그렇게 하면 조금 숨이 찹니다. 예수 기도는 예수를 생각하고 마음 안에 계신 예수 님을 바라보며 오직 예수로 채워지기만을 원하는 것입니다. 예 수 기도는 어떤 형태로 사용하든지 주님을 사랑하는 사람들에 게 꼭 한번 권해보고 싶은 기도입니다.

충만한 교회에서는 매주 토요일 10:00-12:30까지 각각 2 시간 30분씩 개별 특별집중 기적치유 시간을 갖고 있습니다. 한번에 4-6명밖에 할 수 없으므로 1주일 전에 지정된 선교헌 금을 입금하시고 예약을 합니다.

*대상은 이렇습니다. 여기서도 저기서도 치유와 능력을 받지 못한 분/ 불치병, 귀신역사를 빨리 치유 받을 분/ 목과 허리디 스크, 허리어깨통증, 근육통, 온몸이 아프고 무거움에서 치유 해방 받고 싶은 분/ 자녀나 본인의 우울증, 공황장애, 조울증, 불면증을 빨리 치유 받을 분/ 가슴이 답답하고 기도하기가 힘이 드는 분/ 축복과 영의 통로를 뚫고 싶은 분/ 성령의 불세례를 체 험하고 싶은 분/ 최단기간에 현실문제 해결과 성령치유 능력을 받고 싶은 분입니다.

천국을 누리고 싶은 분은 믿음을 가지고 오시기만 하면 무슨 문제라도 치유되고 해결이 됩니다. 염려하시지 말고 성령께서 감동하시면 오셔서 빠른 시간에 치유 받고 권능을 받아 쓰임을 받으시기를 바랍니다. 반드시 일주일 전에 선교헌금을 전화로 확인하시고 입금 후 예약해야 합니다(전화 02-3474-0675)

18장 천국 누리도록 과거를 정리해주시는 성령님

(히12:14-16)"모든 사람과 더불어 화평함과 거룩함을 따르라 이것이 없이는 아무도 주를 보지 못하리라. 너희는 하나님의 은혜에 이르지 못하는 자가 없도록 하고 또 쓴 뿌리가 나서 괴롭게 하여 많은 사람이 이로 말미암아 더럽게 되지 않게 하며 음행하는 자와 혹 한 그릇 음식을 위하여 장자의 명분을 판 에서와 같이 망령된 자가 없도록 살피라"

하나님은 과거를 정리하기를 원하십니다. 과거가 정리되지 않으면 천국을 누릴 수가 없습니다. 과거는 절대 경험의 횟수로 쌓이는 것이 아닙니다. 얼마나 깊이 가슴에 두고 느끼고 있었느냐에 따라 그것이 한사람의 과거가 되기 때문입니다.

예수를 믿고 말씀과 성령으로 가슴 깊이 두고 느끼고 살아가는 상처를 치유해야 합니다. 많은 분들이 상처를 치유하지 못하여 예수를 열심히 믿으면서도 지옥 같은 생활을 하시는 분들이 많습니다. 필자는 말씀과 성령으로 치유하면서 안타까운 현상을 많이 체험합니다.

어느날 부산에서 장로님 부부가 올라오셨습니다. 말씀을 전하고 기도시간이 되었습니다. 멀리서 사모하고 오셨기 때문에 앞에 나오시라고 했습니다. 안수 기도를 했더니 악을 한동안 쓰시는 것입니다. 그러더니 거품을 흘리면서 개같이 기는 것입니다. 장로가 되어 믿음 생활을 했어도 성령으로 세례를 받지 못하고, 상처를 치유 받지 못했기 때문에 나타나는 현상입니다. 한마디로 살아있는 성령의 역사를 몰랐고, 체험하지 못한 연고로 믿음 생활을 수십년을 했어도 천국을 누리지 못하고 지옥 같은 생활을 하신 것입니다.

필자의 교회는 매주 화-수-목 집회를 매주 엽니다. 보통 찾아오시는 분들이 영적으로 깨어있거나 영육의 문제나 상처나 질병이 있는 분들이 오십니다. 거의 목회자나 직분자들입니다. 그중에는 권사님들도 계십니다. 말씀을 전하고 안수를 하고, 기도를 합니다. 그러면 마음을 열고 오셨기 때문에 성령께서 장악을 잘하십니다. 성령이 장악하여 무의식의 상처가 드러나면 울부짖습니다. 정말 안타까운 경우가 많습니다. 그렇게 교회에서 열심을 다하고 예배를 빠짐없이 드리고, 성경공부를 했는데 성령으로 세례 받고 내면을 치유해야 되는 것을 모른 것입니다. 그래서 예수를 믿으면서도 지옥 같은 삶을 산 것입니다. 몸이 불편하고 기도가 안 되고 마음이 답답하여 목회자를 찾아가 말하면 그저 열심히 기도하라는 처방만 받았다는 것입니다. 상처가 치유되지 않으면 절대로 천국을 누릴 수가 없습니다.

첫째, 왜 과거를 치유해야 하나. 우리는 과거로부터 현재에 이르기까지 사건 상처의 집합체입니다. 사람들은 과거보다는 현실을 더 중요시합니다. 그러나 과거-현재-미래는 다 연결

됩니다. 결코 분리되지 않습니다. 미래는 현재로부터, 현재는 과거로부터 쌓여져 가는 것입니다. 시간은 사건이 쌓여서 이루어진 것입니다. 과거의 사건은 사라진 것이 아니라, 현재의 밑에 쌓여 있습니다. 깊숙히 쌓여 있습니다. 과거는 우리의 깊숙한 곳에 무거운 짐으로 우리를 날아오르지 못하게 얽어매고 있습니다. "이러므로 우리에게 구름 같이 둘러싼 허다한 증인들이 있으니 모든 무거운 것과 얽매이기 쉬운 죄를 벗어 버리고 인내로써 우리 앞에 당한 경주를 하며"(히12:1).

눈에 보이는 부분만이 나무가 아니라, 밑의 뿌리로부터 나무입니다. 뿌리로부터 윗 부분이 지탱됩니다. 뿌리가 우리의 과거입니다. 그러므로 오늘의 나는 과거가 쌓이고 모여서 된 것입니다. 과거의 사건들은 나무의 뿌리처럼 어떤 형태로든 현재의 나와 연관을 맺고 있습니다. 비록 겉으로는 보이지 않고 안에(내적으로)는 감추어져 있지만, 이러한 사건들이 바로 오늘의 나를 만들고 있는 것입니다.

그리고 오늘은 내일과 연결되는 것입니다. 인간이 받은 모든 상처는 크건 작건 모든 것이 나무의 나이테처럼 사라지는 것이 아니라, 우리의 무의식에 가라앉는 것입니다. 그러므로 미래를 건축하기 위해서는 현재를 바꾸어야 하며, 현재를 바꾸기 위해서는 과거를 치유해야합니다. 내적 치유는 과거의 치유이며, 이것은 오늘의 나를 변화시키는 것이며, 새로운 미래를 건설하는 것입니다. 그런데 이렇게 시간을 거슬러 과거로 돌아가서 과거를 치유하는 것은 우리의 능력으로는 불가능하기 때문에 성령하나님의 전폭적인 도움을 받아야 합니다.

  둘째, 성령의 도움으로 과거를 치유하라. 내 속에 깊숙히 계신 성령 하나님의 도우심으로 우리 밑에 쌓여 있는 과거를 치유할 수 있습니다. 그러므로 우리는 엎지른 물을 다시 담을 수 없지만, 하나님은 하실 수 있습니다. 하나님의 도우심으로 우리는 할 수 있는 것입니다. 날마다 성령의 도움을 받아서 인간의 가장 깊은 부분인 영에 쌓여 있는 과거의 상처를 치유하는 것이 내적 치유입니다. 아무리 급해도, 가지에 영양주사를 놓아서는 좋은 열매를 맺지 못합니다. 뿌리로부터 올라오는 영양으로 맺은 열매가 좋은 열매입니다. 자연스럽게, 단계적으로 나오는 열매를 맺게 해야 하는 것처럼 인간의 치유도 내적 치유로부터 시작되어야 합니다. 깊은 영적생활을 하려는 성도는 반드시 내적치유를 받아야 합니다.

  우리에게 과거는 지나간 것처럼 보이지만, 하나님에게는 과거나 현재나 미래나 다 같이 바로 앞에 있는 것입니다. 우리는 과거를 건드릴 수 없지만, 우리의 가장 깊은 곳에 계신 성령님은 과거를 건드릴 수 있습니다. 깊은 곳에 계신 성령님은 과거를 이끌어내어 치유할 수 있습니다.

  주님이 보실 때, 과거는 사라진 것이 아니라, 계속 우리 속에 들어 있는 것입니다. 주님은 과거를 고치실 수 있습니다. 내적

치유는 오직 하나님이 하시는 것이고, 우리는 치유의 과정에 내가 내 자신을 드러냄으로 하나님을 도와드리는 것입니다.

셋째, 과거를 치유해야 건강한 미래가 건설된다. 과거를 치유해야 건강한 미래를 건설할 수 있습니다. 성령으로 거듭난 우리는 시간을 초월하는 존재가 된 것입니다. 과거를 바로 세울 수 있는 존재입니다. 좋은 열매를 맺기 위해서 뿌리를 바로 세울 수 있는 것입니다. 과거의 쓰라린 기억을 포함한 정서적, 심리적인 상처들은 우리 자신이 저지른 죄, 또는 다른 사람들이 저지른 죄로 인한 피해 때문에 마음에 생기게 되며, 시간이 흐르면서 기억에서는 사라지지만 무의식, 잠재의식에 남게 됩니다. 세상의 상담에서는 "과거는 흘러간 것이다. 긍정적인 생각으로 앞으로 가자!"고 합니다.

그러나 아무리 그렇게 해도 잠재의식 속에 있는 상처가 건강한 미래로 가는 길을 막는 장애물이 됩니다. 잠재의식은 엄청난 능력, 맹목적인 능력입니다. 인간이 가진 진정 놀라운 능력이 여기에 감추어져 있습니다. 육체도 상처나 아픔을 기억합니다. 감정도 기억이 있습니다. 감정의 기억은 나무의 나이테처럼 이성의 기억보다, 이성이 기억하고 있는 것보다 더 많이, 더 깊이 기억하고 있습니다. 예를 들어 과거의 사건은 정확히 기억하지 못하지만, 그 때의 감정은 기억하고 있는 것입니다. 그러나 영의 기억 용량은 이런 것보다 훨씬 더 큽니다.

넷째, 자신의 현재는 과거가 만들어낸 사건 집합체이다. 참으로 인간의 내적인 기억용량은 무한하다고 할 수 있을 만큼 큽니다. 이러한 것이 사건에 반응하여 나타나는 것이 인간의 기본적인 정서입니다. 그러므로 개개인의 성품은 다르지만, 우리나라 사람의 공통적인 정서가 생겨난 것입니다.

정서와 기억과 같은 우리의 내적인 부분이 영적인 부분과 아주 가깝게 연결되어있습니다. 그리고 우리의 영은 다시 하나님의 영과 긴밀하게 연결되어 있습니다. 부모, 사회, 환경과도 역시 긴밀하게 연결되어있습니다. 즉 인간은 깊게, 넓게, 높게 연결되어서 사는 존재입니다. 내적 치유는 이 모든 연결 관계를 치유하는 것입니다.

내적 치유는 과거와 나와의 관계, 미래와 나와의 관계, 하나님과 나와의 관계, 부모와 나와의 관계, 조상과의 관계 등에서 그 동안의 상처로 말미암아 비뚤어져 있는 부분을 바로잡아 주는 것이며, 조절하고 조정하고, 정리 정돈해 주는 것입니다. 이러한 것들이 비뚤어져서는 제대로 하나님의 형상으로서의 일을 감당하지 못하게 됩니다. 고로 모든 그리스도인들은 상처를 내적 치유해야 합니다. 상처는 이렇게 여러 가지로 영향을 미치게 됩니다. 그래서 반드시 근원을 찾아 치유해야 합니다. 그래야 진리로 자유 함을 누리면서 살아갈 수가 있습니다. 상처는 다음과 같은 영향을 미치게 됩니다.

○ 하나님과의 관계(영적): 인간은 대개의 경우 아버지로부

터 상처를 가장 많이 받게 됩니다. 근엄하고 권위를 내세우는 가부장적인 아버지로 말미암아 어릴 적부터 많은 상처를 입고 삶을 배웁니다. 그리고 스스로도 이러한 상처를 주며, 자신도 그러한 아버지가 되어갑니다.

이러한 아버지의 개념으로 말미암아 하나님 아버지에 대한 개념이 왜곡됩니다. 근엄하기만 하고 책망과 형벌을 주관하는 아버지의 개념이 하나님에 대한 개념에 강하게 반영되고, 또 후손에게도 대물림되어 전달됩니다. 이러한 잘못된 아버지의 개념이 유아기로부터의 계속되는 교육으로 말미암아 참 사랑의 하나님 아버지에 대한 개념을 갖지 못하게 합니다.

사랑이 빠진 신앙인, 막연한 종교인이 되어 버리고 맙니다. 말씀에 대한 불신, 죄에 대한 불감, 도덕 감과 윤리 감을 상실한 종교인이 되어버립니다. 신앙의 성장이 없게 됩니다.

내적치유를 통하여 참 사랑의 하나님 아버지를 인격적으로 만나야합니다. 하나님 아버지의 사랑을 받아야 합니다. 사랑을 체험해야 합니다. 인격체로 그분의 사랑을 느끼고 사랑을 받아야 합니다. 그래야 우리의 신앙이 성장하게 됩니다.

우리를 용서하시고 사랑하시고 축복해주시는 아버지의 사랑을 늘 받아야 합니다. 지금도 우리를 사랑하시는 하나님 아버지의 사랑으로 우리를 채워야 합니다. 그래야 하나님을 제대로 의식하게 됩니다. 하나님의 사랑으로 두려움과 염려를 내어 쫓게 됩니다. 말씀과 성령으로 내면을 치유하므로 하나님과 친밀하게 지낼 수 있습니다.

하나님의 사랑으로 우리의 마음을 채워놓지 못하게 되면 세상의 염려와 걱정과 근심이 우리의 마음을 채우게 됩니다. 내면이 너무 허약함으로, 쉽게 두려움을 느끼게 되고, 아무것도 하지 못하는 허약한 종교인이 됩니다. 우리가 진정 두려워해야 할 것은 바로 이러한 두려움입니다. 물질이나 건강이 없음으로 인한 두려움이 아니라, 우리의 마음에 하나님의 사랑이 없음을 두려워해야 합니다. 하나님의 사랑만 마음에 채워져 있으면 넉넉히 세상을 이길 수 있습니다. 이를 위해서 성령님이 오셔서 우리 마음에 하나님의 사랑을 부어주십니다(롬5:5). 이것이 바로 내적치유입니다. 내적치유와 함께 하나님의 사랑으로 내면이 채워지고, 풍성한 삶이 시작되는 것입니다.

○ **자신과의 관계(심리적, 육체적):** 저는 다른 사람과 비교하여 몸이 약한 이유는 상처 때문이라고 합니다. 상처가 있으면 다른 사람에 비하여 스트레스를 많이 받게 됩니다. 스트레스를 많이 받으면 체력소모가 많습니다. 체력소모가 많으면 인체의 각기관이 정상적인 기능을 발휘하지 못합니다. 그래서 영육의 병치례를 많이 하는 것입니다. 이를 치유하기 위하여 한약을 먹고, 병원약을 먹어도 치유되지 못합니다. 반드시 말씀과 성령의 역사로 상처를 치유하고 영저치유를 받아야 건강하게 지낼 수 있습니다.

상처가 많으면 자기 자신을 이겨내지 못합니다. 자기 자신을 심하게 비하시키거나, 무가치하게 여기게 됩니다. 또는 자신에 대하여 거부감, 증오감, 혐오감, 용서 못함, 열등감을 가지거나, 반대로 극도의 자기사랑, 이기주의, 배타주의를 가지게 되기도 합니다. 심한 우울증이나 의존감을 가지기도 합니다. 이러한 것은 성장기의 상처로 인하여 자기도 모르게 자신의 가치를 잘못 평가한 것입니다. 부모가 어릴 적에 자신을 그렇게 대했기 때문입니다.

예수를 믿은 크리스천은 새로운 아버지, 참 아버지를 가집니다. 그러므로 하나님 아버지에게서 자신의 가치에 대하여 새롭게 배워야 합니다. 마귀는 어릴 적 부모로부터 들은 "너는 왜 이렇게 못하느냐. 너는 못난 놈이다"라는 책망의 말을 자꾸 반복하여 내 마음에 들려줍니다. 참 사랑의 하나님 아버지는 우리가 실수하더라도 책망보다는 새롭게 나서도록 늘 위로와 용기와 격려를 주시는 분입니다. "너는 할 수 있다. 한번 다시 해보자"고 하시는 분입니다.

이러한 내면의 소리를 들어야합니다. 어릴 적 상처의 기억에서 되풀이 되는 사단의 비난의 말이 아니라, 내면에서 새롭게 울려나오는 위로하시는 하나님의 소리를 듣게 하는 것이 바로 내적치유입니다. 기억이나 감정에서 나오는 소리는 육신과 이성과 감정에서 나오는 것입니다. 하나님의 말씀은 이보다 더 깊은 안에서 조용히 울려나옵니다. 이 위로의 소리를 들어야 합니다. 책망하고 비난하고 좌절하게 하는 소리가 들려오더라도 이 소리를 붙잡지 말고 안에서 울리는 위로의 소리를 붙잡고, '하나님, 도와주세요' 라고 외치며 나서야 합니다.

상처에 기억되어 있는 두려움, 아픔을 기본으로 하여 삶을 살아가서는 안 됩니다. 새롭게 마음으로부터 솟아오르는 하나님의 힘, 하나님의 생명력을 기본으로 하여 삶을 살아가야 합니다. 상처에서 올라오는 것들을 빼내어 버리고, 깊은 곳에서 들려오는 하나님 아버지의 위로와 격려의 소리를 듣는 훈련을 하세요. 하나님이 깊은 속에서 밀어 올려 주시는 생명력을 부여잡는 훈련을 하세요. 그리고 자기를 건전하게 사랑하는 자가 되어야 합니다. 자기를 건전하게 사랑하는 자는 승리, 발전할 수 있고, 이러한 사람은 하나님의 도움을 누리게 됩니다.

○ 타인과의 관계(사회적): 자기를 무가치하게 여기는 사람은 남도 무가치하게 여깁니다. 하나님의 말씀의 총 강령(마 22:37-40)은 하나님을 사랑해야 자신을 진정으로 사랑할 수 있고, 자신을 건전하게 사랑해야 다른 사람도 제대로 사랑할 수 있다는 것입니다. 부부관계, 사회의 모든 인간관계에서 나타나는 모든 문제들 즉 반사회적이고 적대시함, 시기와 질투와 분쟁, 고압적인 지배와 피지배적 근성, 믿지 못함, 불쾌하게 함과 같은 것들은 모두 하나님과 나, 그리고 이웃에 대한 수직적인 관계의 개념에서 파생되는 것입니다. 위에서부터 내리 누르는 수직적 사회에서 생깁니다.

하나님은 우리를 그렇게 대하지 않으십니다. 내리 누르고 억압하시는 분이 아닙니다. 묶어놓고 뿌리시는 분이 아닙니다.

예수님은 제자들과 같이 걸어 다니시고, 인정하시고, 사랑하셨습니다. 수평적으로 대하셨습니다. 모든 사람을 끌어안고 용납하셨습니다. 그런데 세상은 그렇지 않습니다. 모든 것을 수직적으로 생각합니다. 경쟁합니다. 누르고 눌립니다. 억압하고 지배하고 지배당합니다. 교회에서조차 그렇습니다. 세상에서 일어나는 일들이 교회 안에서도 똑같이 일어납니다.

성도들은 그렇게 하면 안 됩니다. 우리는 우리 안에 거하시는 하나님과 함께 새로운 삶을 만들어야 합니다. 수평적인 삶을 만들고, 수평적인 사회, 사랑의 사회를 만들 수 있습니다. 그럴 수 있는 능력이 있습니다. 크리스천이 되고, 풍성한 삶을 누린다는 것은 이러한 관계를 새롭게 창조해나가는 삶을 살아간다는 것입니다. 나를 변화시키고, 이웃을 변화시키는 것입니다. 이것이 내적치유입니다. 사람들은 많은 칭찬은 쉽게 잊어버리는 반면에 단 한마디의 상처를 주는 비평은 잊지 않고 기억합니다. 자신이 행한 일보다는 자신의 인간성에 대한 긍정적, 또는 부정적인 말을 훨씬 더 깊게 받아드립니다. 인간성을 깎아 내리는 말은 자존감에 심각한 영향을 줍니다.

사람들은 상처를 당할 때에 자기의 감정을 억누르고 상처를 빨리 싸매어 버리기 때문에 아무도 눈치 채지 못합니다. 그러나 그 상처는 소독을 하지 않았기 때문에 곪게 되고, 시간이 흐르면 싸맨 곳을 통하여 고름이 새어나오기 시작합니다.

이것이 오래 전의 상처가 현재의 삶에 영향을 미치는 것입니다. 상처를 받지 않고 살 수는 없지만, 치유는 하면서 살 수 있습니다. 상처는 일단 받으면 다른 사람에게 상처를 주게 되어있습니다. 상처의 악순환, 빈곤한 삶의 악순환입니다.

상처를 받지 않을 수는 없지만, 상처를 치유할 수는 있습니다. 상처를 치유해야 이 악순환에서 벗어날 수 있게 됩니다. 상처권에서 벗어날 수 있게 됩니다. 드디어 풍성한 삶으로 나아갈 수 있게 됩니다. 상처가 별로 나에게 영향을 주지 않게 되고, 남에게도 상처를 주지 않는 부드러운 성품이 되며, 상처가 주는 감정에 휩쓸리지 않는 든든한 삶을 살게 됩니다.

말씀과 성령으로 자신의 무의식과 잠재의식에 있는 상처를 찾아서 의식수준으로 가지고 나와서 치유하여 배출해야 합니다. 자꾸 심령에서 성령의 역사를 일으키면 상처는 치유되게 되어 있습니다. 그러므로 상처치유에만 치중하지 말고 성령으로 충만한 임재 상태에 들어가도록 노력해야 합니다.

우리는 꼭 마음의 상처를 치유 받아야 합니다. 마음의 상처 치유 없이는 과거를 정리할 수가 없습니다. 새 사람으로 앞으로 나갈 수가 없습니다. 과거가 발목을 잡고 있기 때문입니다. 가나안을 정찰하고 와서 부정적인 보고를 한 열 명의 정탐꾼들도 과거 애굽에서의 상처를 정리하지 못해서 부정적인 사람이 된 것입니다. 생명의 말씀과 성령으로 무의식의 상처를 치유하면 발목을 잡던 과거가 물러갑니다. 과거가 물러가니 마음에 생명의 말씀과 성령의 역사가 장악을 합니다. 비로소 하늘의 사람인 예수님과 같은 영의 사람으로 바뀌기 시작을 합니다. 우리가 이 땅에서 천국을 누리기 위하여 말씀과 성령으로 치유 받아야 될 것은,

첫째, 영적 문제가 치유되어야 합니다. 우리는 영적 존재입니다. 세상의 영을 받은 사람과 같지 않습니다. 기도하면 응답 받는 존재입니다. 그런데 왜 기도가 안 됩니까? 영적으로 병이 들었기 때문입니다. 이 영적인 문제가 치유되어야 합니다. 이 문제는 예수님이 그리스도라는 사실을 진지하게 믿고 영접해야합니다. 성령의 충만함을 입어야합니다. 본인의 의지도 있어야 합니다. 성령의 역사로 자신의 문제를 인식하고 도움을 구하는 순간에 치료가 되기 시작합니다.

둘째, 마음의 문제가 치유되어야 합니다. 마음의 문제는 영적인 문제 해결에 이어서 말씀을 통해 믿음이 회복되어질 때에 해결되어집니다. 그런데, 성령의 역사가 일어날 때 반갑게 받아드리지 못하고 거부하면 안 됩니다. 마음을 열고 성령의 역사를 감사함으로 받아드려야 무의식의 마음의 문제가 치유가 됩니다. 성령의 인도로 마음을 붙잡고 나를 괴롭히는 문제를 치유해야 합니다.

셋째, 가계, 환경 문제가 치유되어야 합니다. 가계 혈통, 환경은 생각에 많은 영향을 미치므로 치유되어야 합니다. 내가 속한 세대의 사람들은 살아온 환경이 나와 비슷하기 때문에 비슷한 정서가 형성됩니다. 그러나 세대가 다르면 문제가 됩니다.

고로 나에게도 가계, 환경의 문제가 있을 수 있다고 인정하고

치유해야 합니다. 인정만하면 성령의 역사와 하나님의 말씀을 통해서 환경이 치유될 수 있습니다.

넷째, 생각이 치유되어야 합니다. 건전한 생각 믿음의 생각을 해야 합니다. 우리의 생각이 건전해야 합니다. 그런데 왜 생각이 문제가 되느냐하면 생각이 잘못되면 그것이 사단의 통로가 되기 때문이며, 한 번 열려지면 점점 악화되기 때문입니다. 이 사실을 아는 것만으로도 해결 될 수가 있습니다. 왜냐하면, 생각이 잘못되었을 때 기도하게 되고 성령께서 치유하시기 때문입니다. 건전한 생각을 가지도록 치유 받으시기를 바랍니다.

그래서 치유하는데 무엇이 가장 무서우냐 하면, 깨닫지 못하는 것입니다. 이 부분은 하나님의 축복의 은혜를 받아야 합니다. 예수 그리스도의 약속을 우리에게 주셨으니 기도하면 문제가 보이게 되어 있습니다. 그런데 기도를 하지 않습니다. 기도를 안 하니 문제가 보이지를 않습니다. 기도하면서 성령의 도움을 받으면 치유가 됩니다.

다섯째, 육신의 병이 치유되어야 합니다. 앞에서 말씀드린 것들이 치유되면 육신의 병은 완전히 치유될 줄로 믿습니다. 성령의 임재가운데 하나하나 더듬어 가면서 성령의 은혜로 치유 받으시기를 바랍니다. 제가 그동안 성령치유 사역을 하다가 체험한 바로는 마음의 상처가 치유되지 않으면 하나님께서 일꾼으로 사용하실 수가 없습니다. 그러므로 상처치유는 필수 불가결한 사역입니다.

19장 천국 누리도록 혈통을 해결하시는 성령님

(신 11:26-28)"내가 오늘 복과 저주를 너희 앞에 두나니, 너희가 만일 내가 오늘 너희에게 명하는 너희의 하나님 여호와의 명령을 들으면 복이 될 것이요. 너희가 만일 내가 오늘 너희에게 명령하는 도에서 돌이켜 떠나 너희의 하나님 여호와의 명령을 듣지 아니하고 본래 알지 못하던 다른 신들을 따르면 저주를 받으리라"

하나님은 불러낸 사람을 말씀과 성령으로 혈통의 문제를 해결하게 하십니다. 제가 15년 동안 성령치유 사역을 하면서 체험한 바로는 혈통의 문제가 반드시 해결이 되어야 하나님의 축복 속에 들어갈 수가 있고 천국을 누릴 수가 있었습니다. 영적인 성도는 자신을 하나님이 원하시는 방향으로 바꾸는 일이면 받아들이는 성도입니다. 이것을 수용성이라고 합니다. 제가 성령치유 사역을 하다가 보니까, 일부 목회자들이 자신이 알고 있는 논리를 고집하여 새로운 것을 받아들이지 않는 것입니다. 그 중에 하나가 가계치유입니다. 제가 십년이 넘도록 성령치유 사역을 하다가 보니까, 가계치유는 필요한 사역이더라는 것입니다. 왜냐하면 지금 예수를 믿고 교회에 다니는 수많은 성도들이 가계에 흐르는 마귀저주로 인하여 예수를 믿으면서도 환란과 풍파를 당하면서 믿음 생활을 하고 있습니다. 지옥과 같은 생활을 하고 있습니다. 그런데 말씀과 성령으로 치유를 하니 당하던 고통에서 해방이 되더라는 것입니다. 이는 제가 체험했기 때문에 자신 있게 말할 수 있습니다. 이는 일부 목회자들이 잘못 알고 주장하는 하나님이 저주했다고 하더라도 이를 통하여 하나님에게로 향하게 하려는 하나님의 깊은 뜻이 담겼다는 보증입니다. 그러나 하나님은 저주하시지 않습니다. 하나님과 사람사이가 멀어지니 마귀가 저주하는 것입니다. 혈통을 타고 역사하는 마귀가 저주하는 것이기 때문에 치유가 되는 것입니다. 그래서 예수님이 주신 권세를 사용하여 영육의 고통에서 해방 받자는 것에는 잘못이 없다고 생각합니다. 저는 예수님의 권세를 적용하지 않아서 성도들이 영육으로 고통을 당하는 것이 잘못된 것이라고 생각합니다. 미비점을 보강하여 성도들에게 알려서 치유 받도록 해야 합니다. 제가 성령치유 사역을 십년을 넘도록 집중하다가 보니 절대로 타성에 젖은 신앙생활로는 혈통의 문제를 해결할 수가 없습니다. 반드시 말씀과 성령으로 찾아서 끊고 몰아내야 합니다. 이것도 상당한 기간 동안 싸워야 합니다. 자신의 영육이 변해야 하기 때문입니다. 성도들의 성화를 위해서라도 가계에 흐르는 마귀저주를 찾아서 해결해야 합니다. 물론 다 필요한 것이 아닙니다. 일부가 필요한 것입니다. 저의 의견은 무조건 막지만 말고 필요한 성도들에게 알려서 가계에 흐르는 마귀 저주를 치유 받게 하자는 것입니다.

첫째, 세대적 악령의 처리를 확실히 하라. 우리가 마땅히 '세대적 악령'에게 관심을 가져야 하는 이유는 그 악령으로 인해서 사람들이 당하는 고통이 너무도 크기 때문입니다. 세대적 악령이 일으키는 많은 문제들은 겉으로 보아서 우리의 기질과 연관이 있거나 부모로부터 유전된 것처럼 보이기 때문에 영의 문제를 소홀히 하고 오로지 의학적으로 또는 심리학적으로 접근하고 다루는 실수를 할 위험이 많기 때문입니다. 실제로 영의 일에 관심이나 지식이 전혀 없는 세상 사람들은 물론이고, 대부분의 그리스도인조차도 세대적인 악령에 대해서 그 이름조차 들어보지도 못하고 신앙생활을 하는 것이 일반입니다. 그러니 어려움을 겪으면서도 적절한 대응을 하지 못할 뿐만 아니라 예방을 위해서 악령을 추방하는 일은 더욱 하지 않습니다.

우리에게 이미 잘 알려진 무병(巫病)에 대해서는 이해하고 있지만 그 밖의 현상들에 대해서는 별로 아는 바가 없을 것입니다. 질환은 크게 육체적인 것과 심리적인 것이 있으며, 이 두 가지가 복합적으로 나타나는 것이 있습니다. 병의 증상이야 어떠하든지 그 근원에 악령이 개입해 있다면 악령의 문제를 다루어야 할 것입니다. 우리가 흔히 말하는 '난치병'이나 '유전병'은 의학적으로는 유전자 이상에 의해서 발생하는 것으로 알려져 있습니다. 특정한 유전자가 이상을 보이는데 그 원인을 알 수 없는 것입니다. 다만 혈통적으로 그 부분이 취약하거나 부모로부터 유전되어 온 것으로만 알고 있을 정도입니다. 유전공학이 최

근에야 각광을 받으면서 연구가 활발해져서 난치병을 치유하기 위한 연구가 많이 이루어지고 있고, 줄기세포 또는 배아세포를 이용하여 난치병을 치유하려고 시도하고 있으며, 손상된 유전인자를 송두리째 제거하고 새로운 유전인자로 대치하려는 연구도 활발합니다.

악령이 병을 일으키는 능력은 우리의 신체구조 뿐만 아니라 유전인자에도 영향을 줄 수 있다고 보아야 할 것입니다. 악령이 우리의 죄를 틈타서 들어온 후에 우리를 괴롭게 할 권리를 확보한 후에 우리의 신체의 어떤 부분을 공격하면 질병이 생기며, 정신에 지속적으로 영향을 주면 생각이 바뀌게 되고 죄의 충동을 받아서 그 행동을 하게 되는 것입니다. 세대적인 악령은 한번 침투하면 영적치유를 할 때까지 대를 이어서 계속 그 사람을 괴롭게 하게 됩니다. 부모 가운데 한 사람이 무당이 되면 그 자녀는 끊임없는 악령의 괴롭힘을 받아서 결국에는 무당이 되고 말듯이 악령이 계속 충동함으로써 그 유혹이나 충동을 이기지 못하고 행동에 옮겨 마침내 불행한 결과를 만들어냅니다.

세대적인 악령이 저지르게 하는 비행은 '간음' '폭행' '이혼' '낙태' '사기' '절도' '불륜' '성추행' '집착' '게으름' '가난' 등과 같이 많은 종류의 비행과 연관이 있습니다. 이런 죄얼들은 세대를 이어서 계속 이어지기 때문에 유전적인 것으로 오해하기 쉽습니다. 죄얼이란 남에게 해를 끼치는 행위 가운데 법적인 책임을 물을 수 없는 정도의 경미한 것을 우리는 죄얼(iniquity) 이라고 부릅니다. 사회적으로는 경범죄에 해당하는 것을 말합니다. 이런 죄얼들은 세대를 이어서 계속 이어지기 때문에 유전적인 것으로 오해하기 쉽습니다. 기질적인 유전으로 이해하거나 자라면서 본 것을 행동한다고 주장하는 '학습이론'이 있습니다. 긍정적이든지 부정적이든지 우리는 자라면서 줄곧 보게 되면 뇌에 영향을 주어 무의식의 기억중추에 저장되며 성인이 되어 그 행동을 할 수 있는 환경이나 자극에 노출되면 어린 시절 학습한 것을 행동에 옮기게 된다는 심리학의 이론입니다.

부모 세대에 반복적으로 비행을 저지른 가계(family)에서 다음 세대의 자녀 가운데 어느 한 사람에게 그와 같은 증상이 나타나게 되는데 함께 보면서 자란 다른 형제들에게는 전혀 나타나지 않는 행동이 한 자녀에게만 똑 같은 행동으로 나타나는 것을 충분히 설명하지 못하는 단점을 지니고 있습니다. 기질적 유전의 대표적인 질병인 당뇨병이나 고혈압의 경우에 여러 형제들이 있지만 모두 그 병에 걸리는 것이 아니라 어떤 한 명에게서 나타나는 경우가 많습니다. 이와 같이 선별적으로 나타나는 유전병의 경우에 기질적인 유전으로만 설명하기에는 부족한 부분이 있습니다. 세대적인 악령은 자녀 가운데 어느 한 사람을 선택해서 집중적으로 공격하여 질병이나 비행을 일으키게 하는 것입니다. 이것을 저는 세대적인 악령이 숙주(무당의 영을 전이시키기 알맞은 대상자)를 선택하였기 때문에 질병과 비행이 발생한다고 보아 '선택이론'이라고 이름을 붙여봅니다.

귀신은 두루 다니면서 삼킬 자를 찾고 있기 때문에 그렇습니다. 세대적인 악령은 그 가족 가운데에서 어느 한 사람을 선택해서 집중적으로 공격하고 마침내는 파멸로 몰아가는 것입니다. 그 선택은 오로지 악령의 뜻에 달렸다고 볼 수 있을 것입니다. 이에 대한 연구는 더 많이 진전되어야 할 것입니다. 우리는 부모 세대에 어떤 죄얼을 저질렀고 그 죄를 철저하게 회개하지 않았다면 그 죄를 틈타서 들어온 세대적인 악령으로부터 자녀가 공격을 받을 수 있는 개연성이 있다고 보아야 할 것입니다. 그러므로 부모 세대가 그 죄를 회개하지 않고 세상을 떠난 경우, 자녀들은 부모를 대신해서 죄를 회개해야 하며, 그리고 악령을 추방하는 절차를 반드시 해야 합니다.

부모 세대가 예수를 믿지 않았기 때문에 죄에 대한 어떤 회개도 이루어지지 않은 채로 자녀들이 성장했고, 어른이 된 다음에 신앙생활을 시작했다면 그 죄로 인해서 이미 피해를 입고 있을 것입니다. 죄의 영향은 3대에까지 미치므로 가계의 저주를 푸는 일은 믿는 사람들에게는 필수입니다. 특히 죄얼에 관련된 세대적인 악령의 경우 우리는 그 죄얼을 대수롭게 여기지 않기 때문에 자신에게 나타나는 불행한 일에 대해서 제대로 이해하지 못합니다. 까닭 없이 거듭되는 불행한 일의 배경에는 마귀의 저주가 있을 것이며, 세대적인 악령의 괴롭힘이 있을 것입니다. 고통스런 일을 당하면 우리는 부모나 사회를 원망하게 되며, 마음이 강팍하게 되어 사랑이 사라집니다. 이기적으로 변하고 모든 것을 도전적으로 받아들이게 되는 것이지요. 이것이 악령이 원하는 바의 목적입니다.

불행이 계속되면 마음이 굳어지고 세상을 비관적으로 보게 되지요. 그러면 모든 것이 귀찮아지고 남이 잘 되는 것이 자신에게는 고통이 됩니다. 사촌이 땅을 사도 배가 아픈 격이 되어 감사하거나 기뻐할 일이 없어집니다. 비록 신앙생활을 한다고 해도 그 마음에는 평안이나 즐거움이 없고, 늘 문제에만 매달려 자신을 비관하게 되는 것입니다. 신앙생활이 많은 갈등을 만들어내기 때문에 모든 것이 비관적이고 이중적인 태도를 보입니다. 항상 죄의식에 쌓여 살아가게 되지요. 물리칠 수 없는 죄의 유혹에 시달리면서 살다보면 죄에 대해서 무감각해지게 됩니다. 예를 들어 바람을 피우는 사람의 경우 처음에는 자신도 모르게 유혹에 휘말려 죄얼을 짓고 말았습니다. 그 죄얼로 인해서 갈등하게 되고 자책하기도 합니다. 그러나 계속 이어지는 죄의 유혹에서 벗어나지 못하고 무기력하게 죄를 범하게 되면서 양심이 무디어지고 더욱 교활하게 위장하게 됩니다. 그래서 위선적인 사람이 되는 것입니다.

악령이 지속적으로 유혹하는 그 힘을 견뎌낼 수 없습니다. 세대적 악령의 대표주자인 점치는 영은 신체에 질병을 일으켜 사람을 괴롭힙니다. 그 괴롭힘이 너무도 심해서 결국에는 항복하고 무당이 되듯이 죄의 끈질긴 유혹을 이겨낼 사람이 결코 많지 않을 것입니다. 정말로 피를 흘리는 영적 싸움이 없이는 악령의 유혹을 끊을 수 없는 것입니다. 그러나 이 보다 더 애석한 일은 세대적인 비행을 범하면서도 아무런 조치를 취하지 않고 있다는 점입니다. 남편의 바람기를 개인의 문제로만 생각하면서 가슴앓이를 하는 부인들이 얼마나 많으며, 남편의 폭행을 개인의 성격문제로만 취급하고 법적으로 대응하여 이혼을 결심하는 경우가 얼마나 많습니까? 부모가 반건달로 지내면서 가정을 제대로 돌보지 않은 가정에서 자란 아들이 역시 부모처럼 일하기 싫어하면서 지냅니다. 이 역시 세대적인 악령의 영향입니다.

세상의 모든 질병은 치유시기가 있듯이 세대적인 악령으로부터 영향을 받아 비행에 빠진 사람의 경우에도 그 죄얼로부터 회복되기 위해서는 적절한 치료시기를 놓쳐서는 안 됩니다. 적어도 그런 증상이 나타나기 전에 가족 내 병력(病歷)이나 비행력을 살펴보고 부모 세대에 그런 비행이 있었다면 자녀에게 유전되지 않도록 철저히 차단하는 조치를 취해야 합니다. 이미 자녀에게 그와 같은 증상이 나타났다면 2~3회 반복해서 습관이 되기 전에 치유해야 합니다. 반복적으로 비행을 저지르면 양심이 무디어지고, 몸에 베여서 악습을 떨쳐내는 일이 쉽지 않습니다. 마약 상습범들이 재범하는 이유는 의지가 약하고 몸에 깊이 습관이 젖어 있기 때문입니다. 우리 몸은 같은 행위를 반복하면 뇌의 지시가 없어도 그 일을 스스로 행하는 구조를 지니고 있습니다. 이에 대한 유명한 일화가 김 유신 장군의 말 이야기가 있지 않습니까? 날마다 저녁이면 으레 술집으로 갔던 버릇이 있어서 말에게 지시하지 않아도 말이 스스로 알아서 술집으로 그를 데리고 갔습니다. 이 이야기처럼 우리의 몸은 길들여진 대로 행동하게 되어있고, 이를 고치려면 많은 세월이 필요합니다.

부모에게 어떤 악습이 있다면 그것은 기질적으로 취약해서 세대적인 악령의 공격을 잘 받을 수 있고, 그렇게 되면 그 행동을 언젠가는 아주 자연스럽게 하게 되어 불행이 시작되는 것입니다. 육신적인 질병만 예방할 것이 아니라 죄로 기인한 세대적인 악령의 유혹을 제거하고 추방하는 일도 해야 합니다. 이것은 너무도 중요한 일이기 때문에 철저한 죄의 회개와 악령의 유혹을 이기는 끈질긴 노력이 필요합니다. 성령 충만을 받아서 죄를 이기고 마귀의 유혹과 세대적인 악령의 역사를 끊어냅시다. 이를 위해서 성령 충만하고 능력이 많은 전문 사역자의 도움을 받을 필요가 있으며, 질병은 전문의와 상담해서 적절한 약물치료를 받아야 합니다. 영으로 육으로 전문가의 도움을 받아서 죄로 말미암아 들어온 악령의 세력을 무력화하고 그 때문에 육신이 손상된 부분은 약물의 도움을 받아서 건강을 회복해야 합니다.

오늘날 우리 사회는 이혼이 급증합니다. 그 배경에는 이와 같은 세대적인 악령의 작용으로 인해서 갈등이 빚어지게 되고 그것을 극복하거나 적절한 치유를 받지 못해서 결국에는 불행으로 끝나는 경우가 얼마나 많은지 모릅니다. 세대적인 악령이 일으키는 수많은 불행한 사건들을 우리는 단순히 육신적 또는 정신적 결함 정도로만 알고 당사자를 탓해온 것이 지금까지의 대응이었습니다. 비행을 저지르는 당사자도 엄격히 말하면 피해자이지요. 부모 세대에 일어난 죄얼로 인해서 그 자녀에게 영향이 미쳤고 이것을 적절히 다루지 못했기 때문에 불행은 대를 이어서 나타나는 것입니다. 이 죄를 극복하고 세대적인 악령을 추방합시다. "하나님의 아들이 나타남은 마귀의 일을 멸하려 함이라"(요일 3:8)고 성경은 지적하고 있습니다. 죄를 짓는 자는 마귀에게 속하였다고 성경은 말합니다. 죄를 짓는 순간 그는 영적으로 마귀의 소유물이 되는 것입니다. 자기에게 속한 모든 권리를 마귀에게 넘겨주는 일을 한 것입니다. 그러므로 마귀에게 당하는 것은 당연한 결과입니다. 예수 그리스도는 이 일을 회복시키려고 오신 것이지요. 우리는 예수의 이름으로 죄를 회개하고 악령과 단절해야 합니다. 그렇지 않고서는 대를 이어 오는 불행을 막을 길이 없습니다.

필자는 이런 체험이 있습니다. 성령 체험을 함과 동시에 성령 치유 사역을 한창 하던 때에 낮에 사모와 함께 기도하고 있는데 갑자기 성령께서 "혈통으로 대물림 되어서 너의 목회를 방해하고 가난하게 하는 귀신을 몰아내라!" 라고 하시는 것입니다. 그래서 저는 "예수 이름으로 명하노니 나의 목회를 방해하고 가난하게 하는 더러운 귀신은 예수 이름으로 명하노니 물러갈지어다" 하고 세 번을 명령 하였습니다.

그랬더니 막 하품이 나오기를 한 20여 차례 나오면서 더러운 귀신들이 떠나가는 것이었습니다. 그러기를 한참 하더니 곧이어 아랫배가 뒤틀리고 아프면서 귀신들이 떠나갔습니다. 그 전까지만 해도 교회에서 강력한 성령의 불의 역사가 일어나는 가운데 성도들을 붙잡고 기도하며 귀신들을 축사하고 사역을 해도 저를 괴롭히고 목회를 방해하며 가난하게 하던 귀신들은 떠나가지 않았던 것입니다. 혈통에 역사하는 귀신을 축사하니 서서히 재정이 풀리기를 시작했습니다. 물질이 풀려서 34평 아파트를 임대하여 교회 뒤에서 살던 삶을 끝냈습니다.

둘째, 대물림되던 저주로 인하여 일어난 해괴한 할 일들. 가계에 대물림되는 마귀의 저주가 있으면 이해할 수가 없는 이상한 일들이 일어납니다. 문제가 자꾸 꼬이고 금방 될 것 같은데 마지막에 사람의 방해로 일이 틀어지고 맙니다. 제가 이제 영적인 것을 깨닫고 지난날을 되돌아보면 이상하게 일이 결정적인 순간에 꼬였다는 것입니다. 그것도 한번이 아니고 여러 번 그런 경험을 했습니다. 제가 대물림되던 마귀저주로 인하여 당한 고통은 이렇습니다.

첫째, 방해하는 사람만 만난다. 제가 지난날을 회상하여 보면 조상이 우상숭배 할 때 들어온 귀신의 영향으로 저에게 손해를 끼치는 사람만 만났다는 것입니다. 이상하게 앞길을 방해하는 사람을 만나게 합니다. 결정적인 순간에 훼방을 합니다. 정말 이상할 정도로 일이 꼬입니다. 그런데 신기한 것은 제가 말씀과 성령으로 대물림을 끊고 치유를 받으니까, 그동안 방해하던 사람들이 모두 잘못되거나 세상을 떠나더라는 것입니다. 봄에 눈이 녹아서 없어지듯이 하나하나 사라지더라는 것입니다. 이것을 보면 저의 앞길을 방해한 것들이 귀신역사라는 것이 판명이 난 것입니다.

3년 동안 성령을 체험하며 저 자신을 치유하고 조상의 우상숭배를 회개하며 대물림의 줄을 끊고 귀신을 쫓아냈습니다. 그리고 예수만 바라보며 성령으로 충만한 믿음 생활을 하자, 주변에 저를 도와주려는 사람들이 찾아오는 것입니다. 물질적으로 목회를 도와주는 성도들이 찾아오는 것입니다. 이 성도들이 헌금을 하여 사택이 밖으로 나가게 했습니다. 서울로 교회를 이전하게 했습니다. 참으로 기적 같은 역사입니다.

둘째, 결정적인 순간에 일이 틀어진다. 저는 정말로 설명하기 힘이 드는 일을 많이 당했습니다. 잘 되어 가다가 결정적인 해가 되면 사람의 방해로 일을 그르쳤다는 것입니다. 그것도 한 번이 아니고 네 번이나 당했습니다. 다되었다고 마음을 놓고 결과를 보면 틀어져버린 것입니다. 제가 지난 세월 결정적인 순간에 일이 틀어져 버렸다는 것입니다. 저에게는 많은 분들이 문제를 해결 받고자 찾아옵니다. 이분들 중에 불신자는 열 명 중에 한명에 불과합니다. 모두 신실하게 신앙생활을 잘하는 분들입니다. 이렇게 신앙생활을 열심히 하는 데도 문제가 없어지지 않는 다는 것입니다. 저는 이분들에게 제가 겪은 이야기를 하고 저와 같이 말씀과 성령으로 치유 받을 것을 권면합니다. 그런데 하나같이 모든 분들이 말씀중심으로 거룩하고 열심히 신앙생활을 했다는 것입니다.

성령세례도 알지 못하고 체험하지 못한 분들이 있습니다. 저도 이분들과 마찬가지 였습니다. 그런데 말씀과 성령의 역사로 삼년이란 세월동안 대물림되던 귀신의 저주를 끊고, 성령으로 충만한 믿음 생활을 하니 이런 일이 봄에 눈이 없어지는 것과 같이 사라지더라는 것입니다. 저는 누구에게도 분명하게 말할 수가 있습니다. 성도가 자신의 문제를 해결하려면 반드시 영적인 전쟁을 해야 한다는 것입니다. 영적인 전쟁을 다른 사람의 힘을 빌려서 하는 것이 아니고 자신이 직접 해야 합니다. 자신이 직접 영적인 전쟁을 하려면 성령의 권능이 있어야 합니다. 성령의 권능을 힘입고 싸우면 반드시 승리합니다. 자신에게 문제를 일으키는 마귀역사는 그림자에 불과 합니다. 그림자는 자신이 바뀌어야 바뀔 수가 있는 것입니다. 성령의 역사로만 자신이 바뀔 수가 있습니다.

셋째, 충격적인 일들을 당한다. 저는 첫아이를 교통사고로 천국에 보냈습니다. 그것도 교회 앞에서 말입니다. 정말 생각하면 도저히 일어날 수 없는 일이 일어났습니다. 차가 다니는 대로도 아닌데 그것도 버스에 아이가 사고를 당한단 말입니까? 조상의 우상숭배로 인하여 혈통에 귀신이 역사하면 충격적인 일들을 많이 당합니다. 이해할 수 없는 일들을 당합니다. 어느 여 목사님은 화재가 발생하여 부모님이 모두 돌아가셨다는 것입니다. 그때 충격을 받아서 우울증에다가 심장병으로 고생을 하다가 오셔서 성령을 체험하고 대물림의 문제들을 찾아서 끊어내고 귀신을 축사했습니다.

그러니 우울증과 심장병이 치유가 되었습니다. 일 년 동안 우리 교회에 상주하다가 시피 하면서 은혜를 체험하고 25년 동안 고통당하던 질병과 대물림을 치유 받았습니다. 예수를 믿으면서 충격적인 일들을 당한다고 하나님에게 하소연하지 말고 말씀과 성령으로 충만하여 원인을 찾아 해결하시기를 바랍니다.

그러면 봄에 눈이 녹는 것과 같이 서서히 사라지게 됩니다. 절대로 두려워만 하지 말고 하나님의 권세를 사용하여 마귀의 저주를 끊어내고 아브라함의 복을 받으시기를 바랍니다.

넷째, 항상 물질이 곤고하다. 이상하게 물질이 새어나갑니다. 멀쩡한 곳에서 교통사고가 납니다. 그래서 물질이 나가게 합니다. 돈이 모여지지를 않는 것입니다. 항상 가난한 것입니다. 제가 지금까지 성령으로 치유사역을 하면서 체험한 바로는 우상숭배의 문제를 해결하지 않으면 장로가 되고, 권사가 되어도 물질 문제가 해결이 되지를 않았습니다. 이분들과 상담하며 대화를 하다가 보면 예수를 믿고 교회에 들어와 성령을 체험하고 말씀과 성령으로 상처와 자아와 혈통으로 내려오는 영적인 문제를 해결하지 않고 말씀 중심으로 열심히 거룩하게 신앙생활을 했습니다.

그것뿐만 아니라 장로가 되고 권사가 되었어도 제사에 동참을 한다는 것입니다. 형제간의 눈치를 보아야 하니 동참하지 않을 수가 없다는 것입니다. 이것은 하나님의 시험에 불합격한 것입니다. 그러니 물질이 풀리지를 않고, 빚이 날마다 들어만 가는 것입니다. 이런 문제를 해결하려면 반드시 성령으로 세례를 받고 성령의 인도를 받으면서 말씀으로 시험을 이겨야 종료됩니다. 성령의 인도를 받으면서 말씀으로 시험을 물리치라는 말입니다. 그래야 지금 이 땅에서 천국을 누리면서 살아갈 수가 있습니다. 혈통의 문제 치유에 대하여 깊게 아실 분은 "가계의 고통을 끊고 축복받는 비결"과 "가계가 축복받는 선포기도문"을 읽어보시기를 바랍니다.

5부 살아서 천국을 누리도록 하시는 성령님

20장 천국 누리게 마음성전을 가꾸시는 성령님

(잠4:23)"모든 지킬 만한 것 중에 더욱 네 마음을 지키라 생명의 근원이 이에서 남이니라"

하나님은 예수를 영접한 사람의 마음 안에 임재 하여 계십니다. 많은 성도들이 성경에 나오는 교회가 유형 교회인 것으로 알고 있는 경우가 많습니다. 성경에 기록된 교회는 물론 유형교회를 말하는 줄 알고 있지만, 성경에 기록된 교회는 대부분 마음의 교회를 말합니다. 사람들은 하나님께서 유형 교회 건물 안에나 성당 안에 혹은 기도원에 혹은 가톨릭 교인들이 말하는 피정의 집에 계신다고 말합니다. 실상은 인간이 지은 어떤 형태의 건물이든 그 건물 안에 하나님은 계시지 않습니다. 하나님은 바로 인간의 마음속에 거하시는 것입니다. 마음에 하나님을 주인으로 모시지 않은 사람들이 아무리 화려하게 지은 예배당에 모여도 그곳에는 하나님은 계시지 않습니다. 그러나 예수를 영접하고 성령으로 충만하여 마음에 하나님을 주인으로 모신 사람들이 모인 곳에는 어떠한 초라한 예배 처소든지 그곳에 하나님이 임재 하여 계신 것입니다. 하나님은 영과 진리로 예배드리는 사람을 찾고 그런 마음속에 주인으로 계시는 것입니다.

하나님은 사람을 지었을 때 하나님의 형상을 따라 지으셨습니다. 하나님의 모습은 영이시기 때문에 사람을 영적존재로 지으셨습니다. 사람의 마음이 하나님의 형상과 모양인 것입니다. 서양 사람의 마음, 동양 사람의 마음, 흑인의 마음, 남자의 마음, 여자의 마음, 마음은 다 같은 마음인 것입니다. 그 마음이 하나님의 형상과 모양으로 지음을 받았고, 그 마음이 바로 하나님이 임재 하여 계시는 성전이 되는 것입니다. 하나님은 아담과 하와를 지었을 때 그들의 마음속에 오셔서 성전삼고 거하시기를 원하셨습니다. 그런데 아담과 하와가 하나님을 배반 했을 때 하나님이 그들의 마음을 떠난 것입니다.

첫째, 빼앗긴 우리의 마음. 창세기 1장 27절로 28절에 하나님이 자기 형상 곧 하나님의 형상대로 사람을 창조하시되 남자와 여자를 창조하시고 하나님이 그들에게 복을 주셨다고 말한 것입니다. 또 창세기 2장 7절에 "여호와 하나님이 땅의 흙으로 사람을 지으시고 생기를 그 코에 불어넣으시니 사람이 생령이 되니라"고 했습니다. 그런데 성경에 보니 하나님은 영이라고 말했지, 하나님이 육체라고 말하지 않았습니다. 그러므로 육체적인 아담과 하와가 하나님의 형상과 모양이 아니라, 아담과 하와의 마음이 하나님의 형상과 모양이요, 그 마음속에 하나님이 와서 거하시는 것인데, 아담과 하와의 마음이 불신앙과 불순종으로 하나님을 떠나 버리고 만 것입니다. 마귀의 말을 듣고 하나님을 반역하고 아담과 하와의 마음이 하나님을 떠나 버렸습니다. 그러자 하나님도 아담과 하와의 마음속에 거하지 아니하시고 떠나시게 된 것입니다.

　창세기 2장 17절에 "선악을 알게 하는 나무의 열매는 먹지 말라 네가 먹는 날에는 반드시 죽으리라"하셨습니다. 그들이 선악과를 따먹고 그 마음이 죽어서 마귀가 그 마음에 들어오자 하나님은 아담과 하와의 마음을 떠나 버린 것입니다. 타락한 아담과 하와 이후의 인류들은 마음속에 하나님을 모시지 못하고 공중에 권세 잡은 악령을 마음속에 갖고 산 것입니다. 사람의 마음은 영을 담는 그릇이기 때문에 성령이든, 악령이든 거하는 것입니다. 중간지대인 마음은 없습니다.

　그래서 악령이 시키는 대로 불신앙과 불순종과 세속을 따라서 살았고 하나님과 멀리멀리 떠나 버리고 만 것입니다. 그러므로 사람에게 가장 중요한 것은 마음인 것입니다. 마음이 하나님을 떠났고, 마귀가 점령하자 공허하고 혼돈하며 흑암이 깊이 점령한 마음이 되고 만 것 입니다. 사람의 마음이 죄와 허무와 죽음의 황야가 되고 만 것입니다. 죄가 마음을 부패시키고 마음에 하나님 없으니 허무하기 짝이 없게 된 것입니다. 하나님이 계셔야 마음에 소망이 있고 기쁨이 있고 가치가 있는 것인데 이것을 다 잃어버리고 마음이 허무하게 되고 죽음의 광야가 꽉 들어찬 것입니다. 어디에서 와서 왜 살며 어디로 가는지를 마음은 알지 못하고 오직 죄와 허무와 죽음의 광야가 되고 만 것 입니다. 마음이 길을 잃고 방황하게 된 것입니다. 하나님은 방황하는 인간을 예수님을 보내셔서 구원하십니다.

둘째, 예수님의 구원과 성전 회복. 하나님이 우리 마음을 변화시키기 위해서 보내신 분이 하나님의 아들 예수님인 것입니다. 우리 마음을 변화시킬 수 있는 유일한 분은 예수님 밖에 계시지 않습니다. 예수를 영접하면 성령께서 마음 안에 임재하시기 때문입니다. 예수님이 오셔서 십자가를 걸머지고 우리 옛사람을 십자가에 못 박아 버려 마음에 죄악을 청산하고 마음을 점령한 귀신을 성령으로 쫓아내고 청소하고 변화시켜 주셨습니다. 그렇기 때문에 십자가의 보혈을 통해서 우리는 새로 거듭날 수가 있는 것입니다. 성경은 "누구든지 그리스도 안에 있으면 새로운 피조물이라 이전 것은 지나갔으니 보라 새것이 되었다"고 말한 것입니다. 주님이 우리를 새것으로 만들기 위해서 이사야 53장 5절로 6절에 보면 "그가 찔림은 우리의 허물 때문이요 그가 상함은 우리의 죄악 때문이라 그가 징계를 받으므로 우리는 평화를 누리고 그가 채찍에 맞으므로 우리는 나음을 입었도다. 우리는 다 양 같아서 그릇 행하여 각기 제 길로 갔거늘 여호와께서는 우리 모두의 죄악을 그에게 담당 시키셨도다."라고 말한 것입니다.

예수님이 우리의 부패하고 부정하고 죽은 마음을 십자가에 걸머지시고 청산한 것입니다. 우리의 육체를 청산한 것이 아니라, 우리의 죄악으로 물든 영혼을 청산한 것입니다. 그리고 변화시켜서 하나님의 형상과 모양대로 다시 새롭게 지음을 주신 것입니다. 십자가를 통해서만이 우리는 하나님의 형상과 모양으로 복구되고 새로운 피조물이 되는 것입니다. 십자가 없이 인간의 수양과 도덕으로 마음이 변화되지 않습니다. 아무리 자기 피부를 비눗물로 닦아도 황인종이 백인종이 되지 못하고, 흑인종이 황인종이 되지 못하는 것입니다. 마음이 그리스도의 보혈로 말미암아 변화되어야 참 새롭게 변화될 수가 있는 것입니다. 예수님은 보혈과 성령을 통하여 우리 마음을 점령하였던 마귀를 쫓아내고, 하나님과 화목케 하시고 보혈과 성령의 능력으로 우리를 새롭게 한 것입니다. 주의 십자가의 보혈의 능력과 성령의 역사가 없이는 마귀는 쫓겨 나가지도 않습니다. 보혈과 성령의 역사가 일어나면 마귀는 마음에서 철수하는 것입니다. 보혈과 성령의 역사 없이 하나님과 우리 사이를 화목 시킬 수도 없습니다. 예수님의 보혈과 성령이 마귀를 청산해 버리고 쫓아내고 죄악을 씻어내고 우리 마음을 하나님과 화목 시키고 하나님이 또다시 우리 마음속에 와서 거하게 만들어 주시는 것입니다. 심령성전을 가꾸는 분은 성령입니다. 성령으로 기도할 때 성령께서 마음 성전을 정화하시는 것입니다.

셋째, 말씀과 성령으로 마음을 다스리는 자가 삶을 다스린다. 어떻게 하면 마음을 다스릴 수가 있을까요? 하나님의 마음은 우리 마음속에 성령을 통해서 오시는 것입니다. 성령으로 세례를 받고 성령으로 충만 받아 마음을 성전으로 만들어야 합니다. 성전 된 마음에 하나님의 말씀을 성령으로 받아 드려서 마음을 다스려야 되는 것입니다. 그러므로 말씀을 우리가 듣고 말씀을 읽고 말씀을 묵상하는 것은 굉장히 좋습니다. 성령으로 마음을 다스리지 아니하면 말씀으로 다스리지 아니하면 마음은 절대로 다스려지지 않습니다. 말씀과 성령을 마음속에 항상 채워 놓아야 세상과 마귀가 마음에 들어오지 못합니다. 말씀과 성령의 충만을 등한히 하면 곧장 세상과 마귀가 들어와서 세상과 마귀의 생각을 집어넣어서 마음을 흔들어 놓는 것입니다. 그러므로 하나님의 말씀이 마음을 변화시키는 것입니다. 그러므로 마음으로 늘 하나님을 찾아야 합니다.

히브리서 4장 12절에 "하나님의 말씀은 살아 있고 활력이 있어서 좌우에 날선 어떤 검보다도 예리하여 혼과 영과 및 관절과 골수를 찔러 쪼개기까지 하며 또 마음의 생각과 뜻을 판단 한다"고 말한 것입니다. 말씀과 성령이 마음을 점령해야 되는 것입니다. 로마서 12장 2절에 "너희는 이 세대를 본받지 말고 오직 마음을 새롭게 함으로 변화를 받아 하나님의 선하시고 기뻐하시고 온전하신 뜻이 무엇인지 분별하도록 하라" 하나님의 말씀을 통해서 마음이 어떻게 변화될까요? 하나님의 말씀과 성령을 통해서 "내 마음이 영혼이 잘되고 범사에 잘되며 강건하고 생명을 얻되 풍성하게 얻는 생각으로 꽉 들어차야" 되는 것입니다. 용서와 의로움을 받은 생각으로 꽉 들어차야 되고, 거룩함과 성령 충만의 생각으로 꽉 들어차야 되고, 치료와 건강의 생각으로 꽉 들어차야 되고, 아브라함의 축복과 형통의 마음으로 꽉 들어차야 되고, 부활, 영생, 천국의 마음으로 꽉 들어차야 되는 것입니다. 마음에 하나님의 말씀과 성령이 들어와서 꽉 들어 채우고 새롭게 변화시키지 아니하면 세상과 마귀가 곧장 와서 마음을 부정적이고 파괴적이고 절망적으로 만드는 것입니다. 그렇기 때문에 "지킬만한 것보다 마음을 지켜라. 생명의 근원이 이에서 나온다"고 합니다. 마음을 지키는 것은 성령으로 기도하는 것입니다. 항상 하나님을 찾는 것입니다. 때문에 말씀과 성령으로 마음을 지켜야지 말씀과 성령이 떠나가면 하나님과 교통이 단절되고 마는 것입니다. 그러므로 가장 귀한 것이 하나님의 말씀과 성령인 것입니다.

생명의 말씀이 준비되어 있고, 성령의 역사로 심령 성전을 깨우는 곳이 교회인 것입니다. 신앙생활이란 말씀과 성령으로 마음을 변화시키는 것이 신앙생활이 되는 것입니다. 생명의 말씀과 성령의 역사가 없는 교회는 교회가 아닙니다. 교회는 성도들의 심령 성전을 깨끗하게 가꾸기 위하여 필요하다고 해도 과언은 아닙니다. 성도들은 교회를 잘 만나야 합니다. 그런데 말씀과 성령의 역사가 없다면 교회로서 사명을 감당할 수가 없는 것입니다. 말씀과 성령의 역사가 없는 유형교회는 종교적인 형식과 의식은 가질 수 있어도, 마음이 변화되지 아니하므로, 운명과 환경이 변화되지 않고, 하나님이 같이 계시지 아니하는 것입니다. 그러므로 우리는 항상 말씀을 사랑하고 성령의 임재가운데 말씀을 듣고, 성령으로 기도하여 말씀이 마음을 점령해서 말씀이 우리 속에서 역사하도록 해야 되는 것입니다.

성령의 역사가 일어나지 않으면 심령 성전을 가꿀 수가 없습니다. 심령에 마귀와 귀신이 거할 수가 있기 때문입니다. 마귀는 사람의 힘으로 어찌할 수 없는 강하자입니다. 반드시 성령의 역사가 일어나야 마귀와 귀신이 떠나가는 것입니다. 심령에서 성령이 사로잡아야 심령성전이 정화되고 거룩하게 되어 하나님께서 마음대로 역사하실 수가 있습니다. 마음은 성령으로 충만한 믿음으로 다스려야 되는 것입니다. 믿음은 들음에서 나며 들음은 그리스도의 말씀으로 말미암는 것입니다. 하나님의 말씀을 믿는 것입니다. 눈에는 아무 증거 안보이고 귀에는 아무 소리 안 들리고 손에는 잡히는 것 없더라도 하나님의 말씀을 믿고 흔들리지 말아야 마음을 다스릴 수 있는 것입니다. 하나님의 은혜로 주신 약속을 우리는 믿어야 되는 것입니다. 믿으면 그 믿음을 통해서 마음을 다스리고 그 마음에 하나님의 역사를 나타낼 수가 있는 것입니다.

열두 해를 혈루병으로 앓은 여인을 보십시오. 그가 하나님을 알지 못했을 때는 마음을 다스릴 수가 없었습니다. 마음이 불안하고 초조하고 절망이었습니다. "나는 못산다. 나는 할 수 없다. 나는 죽는다"고 생각한 것입니다. 열 두해 동안 피를 흘리고 고통을 당했으니 빈혈증에 걸리고 가족들이 다 떠난 후로 산아래 초막을 치고 살고 있으니 외롭기 그지없었습니다. 마음을 잡을 수가 없었습니다. 그는 이미 절망하고 죽음이 그 마음을 점령했습니다. 그런데 어느 날 예수 그리스도의 소식을 들었습니다. 하나님의 아들 예수 그리스도께서 갈릴리와 유다를 다니면서 죽은 자를 살리시고, 문둥이를 깨끗이 하고, 앉은뱅이를 일으키고, 천국복음을 전한다는 말씀을 듣고, 이 예수 그리스도를 마음속에 믿자 그 마음이 변화되기 시작한 것입니다.

마음이 변화되어 흑암이 떠나가고 좌절과 절망이 떠나가고 마음에 희망과 꿈과 소망이 넘쳐나자 예수님이 그를 찾아오게 된 것입니다. 마음이 변화된 사람을 예수님이 찾아오시는 것입니다. 마음이 세속으로 꽉 들어찬 사람에게 예수님이 찾아오지 않습니다. 예수님은 마음이 예수 그리스도를 사랑하고 사모하는 자를 찾아오는 것입니다. 혈루병을 앓는 여인이 마음속에 예수님을 믿고 예수님을 사모하고 마음이 안정되고 주의 은혜를 받기를 사모하자 예수님이 그 집 앞을 지나가게 되고 예수님을 만나고 그 옷자락에 손을 대니 혈루병이 낫게 된 것입니다. 이 혈루병을 앓는 여인이 소망을 갖고 치유를 받은 것은 먼저 마음속에 예수님을 모시고 믿음이 굳세게 섰기 때문에 그렇게 된 것입니다.

그러므로 환경이 변화되기를 기다리지 마십시오. 마음이 변화되면 환경이 따라서 변화되는 것입니다. 자신의 마음 안에서 성령의 역사가 일어나야 환경을 변화시키는 것입니다. 마음에 절망이 있는데 환경이 소망으로 바뀔 수 없습니다. 마음에 슬픔이 있는데 환경이 갑자기 기쁨으로 변화될 수 없습니다. 마음에 공포가 있는데 환경에 평화가 다가올 수 없는 것입니다. 마음에 성령으로 충만한 믿음이 있으면 성령의 역사로 공포가 사라지고 평안한 환경이 되는 것입니다. 마음에 평화가 있으면 환경이 평화롭게 되는 것입니다. 마음에 축복이 있으면 환경이 축복으로 변화되는 것입니다. 마음에 치료가 있고 건강이 있으면 환경에 치료와 건강이 다가오게 되는 것입니다. 무엇이든지 마음이 먼저 변화되어야 환경이 변화되는 것입니다. 마음은 생명의 말씀과 성령의 역사로 변화되는 것입니다. 마음이 믿음으로 굳세게 서야 운명과 환경이 변화될 수가 있는 것입니다. 그렇기 때문에 마음을 지키는 것은 성령으로 충만한 믿음인 것입니다. 하나님은 마음을 하나님의 나라를 만드시기 위하여 마음 안에 성령으로 임재하신 것입니다. 마음을 변화시켜야 모든 것을 변화시킬 수가 있기 때문입니다.

또한 마음은 마음속에 꿈으로 다스려야 되는 것입니다. 85세 된 아브라함이 마음이 흔들리고 마음이 캄캄했습니다. 왜냐하면 얼마 안 있으면 죽을 것인데 나이가 85세요, 아내가 75세인데 아들이 없습니다. 재산이 많습니다. 금과 은도 많고 짐승 떼들도 많은데 이 많은 재산을 상속할 자가 없어서 자기의 종에게 상속하고 갈 수밖에 없습니다. 그러므로 마음이 답답했습니다. 기도하고 부르짖었습니다. 그런데 하루는 아브라함을 천막에서 불러내어 하늘을 쳐다보고 하늘에 있는 별들을 헤아려보라고 말했습니다. 그리고 말하기를 "네 자손이 저 별들처럼 많을 것이다."라고 말한 것입니다. 거기에서 아브라함은 마음속에 꿈을 얻었습니다. 아브라함은 85세입니다. 아내는 75세입니다. 몸이 젊어진 것도 아닙니다. 아내가 젊어진 것도 아닌 것입니다. 그러나 마음이 절망과 흑암과 두려움에서 믿음으로 변화된 것입니다. 왜냐하면 꿈을 가질 수 있게 된 것입니다. 꿈이 마음을 다스린 것입니다. 눈에는 아무 증거가 없습니다. 귀에는 들리는 소리도 없습니다. 손에는 잡히는 것이 없습니다. 몸은 여전히 85살의 늙은 몸입니다. 그러나 마음이 달라진 것입니다. 마음에 꿈을 얻게 된 것입니다. 그들은 하늘의 별과 같이 많은 자녀들을 거느린 사람이 된다는 꿈을 얻게 된 것입니다. 꿈이 마음을 변화시킨 것입니다.

십자가를 바라보면 변화될 수 있는 것입니다. 몸이 변화된 것이 아닙니다. 가정이 변화된 것도 아니고 환경이 변화된 것도 아니지만, 십자가를 바라보고 마음이 변화되면 몸도 변화되고 가정도 변화되고 환경도 변화될 수 있는 것입니다. 먼저 마음이 변화되어야 되는 것입니다. 마음이 무엇으로 변화되는 것입니까? 꿈(하나님)을 바라볼 때 마음이 변화되는 것입니다. 어디에서 꿈을 얻을 수 있습니까? 십자가를 바라보면 꿈을 얻을 수가 있는 것입니다. 예수님은 십자가를 통하여 죄를 짓고 불의하고 추악하고 버림받아야 마땅한 나를 의롭다하고 용서해 주신 것입니다. 십자가를 통하여 용서받은 의인이 된 꿈을 얻을 수가 있는 것입니다. 소망을 얻을 수가 있는 것입니다. 예수님이 나를 대신해서 마귀와 세상과 싸워서 이기고 우리에게 거룩함과 성령 충만을 주셨으니 십자가를 통하여 거룩함과 성령 충만의 꿈을 얻을 수가 있었던 것입니다. 예수님이 나를 위해서 병들고 고통을 당하여 치료의 은혜를 베풀어 주셨으니 십자가를 통하여 치료의 꿈을 얻을 수가 있는 것입니다. 내가 가난하고 헐벗고 굶주리고 실패했을지라도 예수님이 십자가에서 나를 위하여 저주를 담당하시고 청산하셨기 때문에 십자가를 통하여 아브라함의 복과 형통이 임하는 것을 꿈꿀 수가 있는 것입니다. 내 마음속에 꿈을 받아 들일수가 있는 것입니다. 내가 비록 죽을지라도 십자가를 바라보고 영생을 꿈 꿀 수가 있는 것입니다.

십자가를 가슴에 끌어안고 십자가를 통하여 예수께서 나를 위해서 역사해 주신 그 은혜를 품으면 그 꿈이 이루어져 나오는 것입니다. 영혼이 잘됨같이 범사에 잘되며 강건하고 생명을 얻되 풍성하게 얻는 놀라운 병아리가 깨어 나오는 것입니다. 꿈을 품어야 마음을 지킬 수가 있는 것입니다. 마음은 꿈을 통해서 좌지우지 될 수가 있는 것입니다. 아브라함은 결국 85세에 꿈을 품었더니 100세에 그 꿈이 이루어져서 사랑하는 아들이삭을 선물로 받게 된 것입니다.

그 다음 마음은 입술의 고백을 통해서 지켜질 수가 있는 것입니다. 입술로 시인하므로 기적이 일어나는 것입니다. 로마서 10장 10절에 "사람이 마음으로 믿어 의에 이르고 입으로 시인하여 구원에 이르느니라" 예수 믿는 것도 마음에 그냥 믿어서 구원받는 것이 아닙니다. 입으로 고백해야 구원을 받게 되는 것입니다. 우리가 입술로 말한다는 것은 하나님의 역사를 풀어놓게 되는 것입니다.

잠언 16장 32절에 "자기의 마음을 다스리는 자는 성을 빼앗는 자보다 낫다"고 했는데 마음은 입술의 고백을 통해서 다스릴 수 있는 것입니다. 잠언서 4장 23절에 "모든 지킬 만한 것 중에 더욱 네 마음을 지키라 생명의 근원이 이에서 남이니라" 마음은 입술의 고백을 통해서 지킬 수가 있는 것입니다. 마음에 아무리 긍정적인 마음을 가지려고 해도 입술로 "나는 못한다. 나는 안 된다. 나는 할 수 없다. 나는 죽는다. 나는 병들었다"고 고백을 하면 그 마음은 사망의 세력으로 묶이게 되는 것입니다. 마음이 아무리 답답하고 고통스러울지라도 입술로 고백을 긍정적으로 합니다. 예수 그리스도의 십자가의 보혈로 말미암아 "나는 용서받은 사람이다. 나는 의로운 사람이다. 나는 성령이 같이 계신다. 나는 건강한 사람이다. 나는 복 받은 사람이다. 나는 영생 복락을 얻은 사람이다. 나는 승리한다. 나는 영혼이 잘되고 범사에 잘되며 강건하며 생명을 얻되 넘치게 얻는 사람이다." 고백을 하면 그 마음이 기적을 가져오는 것입니다. 성경에 하나님을 믿으라. 누구든지 이 산들에 명하여 저 바다에 던지라 하고 그 말하는 것이 이룰 줄 마음에 믿고 의심하지 아니하면 그대로 되리라. 말씀으로 믿음을 꽉 잡아 놓으면 그대로 이루어진다고 말한 것입니다. 우리 입술의 말이 씨가 되는 것입니다. 그러므로 결코 마음에서 아무리 의로운 긍정적인 마음을 가졌다고 할지라도 입으로 부인하면 다 파괴되어 버리고 마는 것입니다. 입술의 열매를 가지고 마음을 지킬 수가 있는 것입니다.

마음 성전을 거룩하게 가꾸려면 성령으로 기도하면서 영을 강하게 해야 합니다. 영을 강하게 하는 영적인 방법은 ① 말씀을 배우고, 묵상하고 ② 마음으로 기도하며, 말씀을 삶에 적용하고 ③ 전인격으로 체험하여 믿음을 갖게 하는 것이 영을 강하게 하는 단계이며 절차입니다. 이 세 가지가 어느 한쪽으로 일방적으로 치우치지 않고 균형을 유지해야 하며, 어느 한 가지라도 결여 되었다면 그 것은 온전하지 못한 것입니다. 우리는 하나님이 완전한 것처럼 완전해야 합니다. 완전하다는 말의 헬라어는 '텔레이오스'인데 '전체로 가득 하다'라는 뜻을 지닙니다. 이 세 가지 구성 요소 중 어느 것도 빠짐없이 다 들어있는 상태를 말하는 것입니다. 우리의 영이 강해지는 것은 이 세 요소를 다 갖추고 있다는 것을 말합니다. 하나님은 우리가 이런 상태로 살아가기를 원하시는 것입니다.

영을 강화시키는 훈련은 첫째, 말씀을 묵상하는 훈련입니다. 성령의 임재가운데 마음으로 말씀의 묵상을 지속적으로 하면 영이 강화됩니다. 예를 든다면 하나님은 영이십니다. 하나님은 반석이십니다. 그렇지 않으면 시편1편을 묵상하는 것입니다. 둘째, 마음으로 기도하는 것입니다. 호흡을 들이쉬고 내쉬면서 하나님을 찾는 것입니다. 마음으로 하나님! 사랑합니다. 하나님! 도와주세요. 하나님! 어떻게 해야 합니까? 하면서 하나님을 찾으며 집중하는 것입니다. 길을 걸어가면서도 쉬지 않고 하나님께 집중하는 것입니다. 셋째, 마음으로 찬양을 부르는 것입니다. 호흡을 들이쉬고 내쉬면서 마음으로 찬양을 하는 것입니다. 찬양은 자신이 제일 잘 부를 수 있는 찬양을 1절만 지속적으로 하는 것입니다. 이렇게 영을 강화시키는 훈련을 지속적으로 하면 자신의 혼과 육이 영의 지배를 받아 육체가 강건하여집니다.

마음을 다스리는 자가 환경과 건강과 운명을 다스리는 것입니다. '아이고 내 팔자야. 나는 왜 이 모양이야. 나는 항상 모든 것이 좌절이 되고 절망이고 실패하고 패배한다.'고 말하면 안 됩니다. 마음을 올바르게 먹으면 마음이 운명을 다스리고 환경을 변화시킬 수가 있는 것입니다. 마음은 무엇으로 다스릴 수 있습니까? 사람의 마음은 하나님의 말씀으로 다스릴 수가 있는 것입니다. 말씀을 묵상하여 말씀이 들어와서 생각을 잡아줘야 되는 것입니다. 생각이 흔들리면 안 되는 것입니다. 생각이 바다 물결같이 흔들리면 안 되는 것입니다.

하나님 말씀이 마음을 점령합니다. 그러면 말씀은 변하지 않기 때문에 확실한 생각을 가질 수가 있는 것입니다. 마음은 꿈으로 다스릴 수가 있는 것입니다. 마음은 마음속에 꿈이 있을 때 그 마음을 점령하고 마음을 다스릴 수가 있는 것입니다. 마음은 믿음으로 다스리는 것입니다. 마음은 입술의 고백을 통해서 다스릴 수가 있는 것입니다. 마음으로 기도해야 합니다. 기도할 때 성령으로 충만해지기 때문에 마음을 지킬 수가 있습니다. 하나님의 성령은 우리 몸에 거하는 것이 아니라 마음에 거하고 계신 것입니다. 마음을 통해서 하나님은 역사하는 것입니다. 천국을 누리는 권능이 마음에 있는 것입니다. 그러므로 지킬만한 것보다 마음을 지켜야 되는 것입니다.

21장 문제 해결하며 천국을 체험케 하는 성령님

(창12:1-3)"여호와께서 아브람에게 이르시되 너는 너의 고향과 친척과 아버지의 집을 떠나 내가 네게 보여 줄 땅으로 가라. 내가 너로 큰 민족을 이루고 네게 복을 주어 네 이름을 창대하게 하리니 너는 복이 될지라. 너를 축복하는 자에게는 내가 복을 내리고 너를 저주하는 자에게는 내가 저주하리니 땅의 모든 족속이 너로 말미암아 복을 얻을 것이라 하신지라"

하나님은 크리스천들이 현실 문제를 하나님께 기도하여 하나님의 방법으로 해결하기를 원하십니다. 현실 문제를 해결하면서 성령으로 충만해지기 때문입니다. 성령으로 충만해지니 삶에서 천국을 누릴 수가 있기 때문입니다. 성령으로 충만함과 동시에 말씀 화하도록 인도하십니다. 말씀화란 다른 것이 아니고 하나님의 말씀(레마)에 온전하게 순종하는 것을 말합니다. 하나님은 현실문제 해결을 통하여 하나님의 말씀에 순종하도록 역사하십니다. 말씀(레마)을 현실문제에 온전하게 적용하여 해결함으로 믿음이 커지도록 하십니다. 현실문제가 하나님의 말씀을 순종하니 해결되는 것을 보고 하나님께서 살아서 함께 하시면서 돕고 계신다는 것을 체험토록하시는 것입니다.

하나님은 현실문제의 해결을 통하여 하나님의 말씀에 온전하게 순종하는 크리스천이 되게 하십니다. 하나님의 말씀에 온전하게 순종하는 크리스천을 표현할 때 온몸이 말씀화가 되었다고 하는 것입니다. 하나님은 이 땅에서 천국을 누리는 성도가 되게 하기 위하여 하나님의 말씀에 온전하게 순종하는 말씀화가 되기를 원하십니다. 무슨 일이 있더라도 하나님의 영광을 위하여 하나님의 말씀대로 순종하는 크리스천으로 바꾸기를 바라시는 것입니다. 이렇게 순종하며 천국을 누리며 세상을 살아가다가 영원한 천국에 들어가도록 하기 위함입니다. 하나님은 온전하게 순종하는 성도를 이 땅에서 천국을 누리게 하십니다.

어느 젊은 여 집사가 저에게 전화를 했습니다. 목사님! 저는 지금 정상이 아닙니다. 직장을 다니고 있는데 몸이 비정상입니다. 가슴이 답답하고, 잠을 자도 늘 피곤하여 닭이 병든 것과 같이 꾸벅꾸벅 졸기 일 수입니다. 기도가 막혀서 기도를 할 수가 없습니다. 그리고 조그마한 소리도 받아들이지 못하고 짜증이 심합니다. 불안하고, 두렵고, 우울할 때도 있습니다. 몸이 천근만근 무겁습니다. 그래서 서울대 병원에 입원하여 450만원을 들여서 건강검진을 받았습니다. 그런데 결과는 모든 기능이 정상으로 나왔습니다. 그런데 몸은 비정상입니다. 목사님! 이유와 원인이 무엇입니까? 하나님의 은혜로 해결 받고 싶습니다.

집사님이 바르게 아셔야 할 것이 있습니다. 집사님은 예수를 믿어서 하나님의 자녀가 되었습니다. 하나님의 자녀는 하늘에 시민권이 있습니다. 이제 하나님께서 주시는 것으로 살아야 합니다. 영육의 문제도 하나님이 알려주시는 방법으로 치유를 해야 합니다. 하나님께서는 자녀들의 문제를 하나님의 사람을 통하여 치유하십니다. 세상에서 치유하지 못하는 문제도 하나님께 기도하면 하나님께서 하나님의 사람을 만나게 하여 치유하십니다. 하나님은 치유하지 못하는 문제가 없습니다. 현실 문제를 치유하시면서 살아계신 하나님을 체험토록 하면서 천국을 누리게 하십니다. 그러니 걱정하지 마세요.

여 집사가 토요일 날 개별 집중치유를 예약하여 집중치유를 받았습니다. 첫날 기도를 하는데 성령세례를 받지 않은 상태였습니다. 일단 성령의 임재가 여 집사를 장악하게 하여 성령세례가 임하도록 했습니다. 얼마 지나자 성령세례가 임했습니다. 소리를 내면서 한동안 울었습니다. 울음이 그치니 기침을 사정없이 했습니다. 그러면서 분노가 올라왔습니다. 들어보니 남편을 향한 분노였습니다. 제가 남편이 힘들게 합니까? 그랬더니 울먹이는 소리로 그렇다는 것입니다. 사사건건 충돌이 일어난다는 것입니다. 계속 기도를 하게 했습니다. 그리고 돌아가서 남편을 설득해서 남편하고 같이 와서 치유를 받았습니다. 의외로 남편이 쉽게 성령으로 장악이 되었습니다. 안수를 하니까, 깊은 곳까지 치유가 일어났습니다. 여 집사의 깊은 곳에서 치유가 일어났습니다. 남편도 생전처음 성령으로 세례를 받고 체험했다고 좋아했습니다.

돌아가서 이렇게 메일로 소식이 왔습니다. "한 달 전에 대전에서 남편과 같이 올라와 치유 받은 ○○○ 집사입니다. 답답

했던 가슴이 뚫리고 기도가 너무나 잘된다는 것입니다. 건강도 아주 좋아졌습니다. 더군다나 1년 6개월 동안 팔리지 않았던, 대전 아파트가 며칠 전 계약이 되었습니다. 먼저 하나님께, 그리고 목사님께 감사드립니다. 목사님께서 알려 주신 데로 남편과 같이 열심히 대적 기도를 했습니다. 대적기도의 결과 응답되었고, 앞으로 마귀를 불러들이는 일은 하지 않아야겠다고 깨닫게 되었습니다."

우리 주님이 못 고칠 병이 없습니다. 그러므로 '강하고 담대하라. 내가 세상을 이기었노라.' 강한 믿음을 가지시길 바랍니다. 해결할 수 없는 문제들이 우리 앞에 놓였을 때 천부여 의지 없어서 손들고 옵니다. 주님만이 나의 모든 것이 되십니다. 주여! 나를 도와주옵소서. 나를 불쌍히 여겨 주옵소서. 나를 절망에서 건져 주시옵소서. 주님만 믿고 의지하고 나아가는 크리스천이 되시기를 주님의 이름으로 축원합니다. 하나님의 은혜로 현실 문제를 해결하면서 온전하게 순종하여 온몸이 말씀 화되는 크리스천이 되게 하십니다. 아브람이 아브라함이 되는 과정을 보면서 교훈을 생각하겠습니다.

첫째, 하나님은 계획을 가지고 계신다. 우리는 툭하면 하나님께 "의뢰합니다. 맡깁니다."합니다. 맡기고 의뢰한다는 의미를 잘 알아야 합니다. 맡기고 의뢰한다는 것은 하나님께 기도하여 하나님의 지혜를 구하는 것입니다. 하나님께서 주시는 지혜대로 순종하면 문제가 해결이 되는 것입니다. 자기가 마음대로 일을 저질러 놓고 맡깁니다. 의뢰합니다가 아니고 일을 시작하기 전에 하나님의 의중대로 순종하고 맡기는 것입니다. 우리가 알아야 할 것은 크리스천은 예수를 믿는 순간에 자신은 죽고 예수로 태어난 사람입니다. 죽은 사람이 문제를 해결할 도리가 없습니다. 다시 사신 예수님이 문제를 해결해야 합니다. 그래서 예수님께 기도하여 알려주시는 지혜대로 순종하는 것입니다. 그러면 믿음을 보시고 성령께서 해결하시는 것입니다.

하나님께서는 75세가 된 아브라함에게 영광중에 나타나셔서 하나님이 아브라함에게 남은여생에 해야 될 일을 주셨습니다. 창세기 12장 1절로 3절에 보면 "여호와께서 아브람에게 이르시되 너는 너의 고향과 친척과 아버지의 집을 떠나 내가 네게 보여 줄 땅으로 가라. 내가 너로 큰 민족을 이루고 네게 복을 주어 네 이름을 창대하게 하리니 너는 복이 될지라. 너를 축복하는 자에게는 내가 복을 내리고 너를 저주하는 자에게는 내가 저주하리니 땅의 모든 족속이 너로 말미암아 복을 얻을 것이라 하신지라" 여기에 보면 하나님께서 갈대아우르에서 살던 아브라함을 택하셔서 주님이 부르셨습니다. 그리고 하나님께서 아브라함이 살아야할 삶을 알려 주셨습니다. "나는 너를 위해서 이런 계획을 가지고 있다. 너는 네게 주어진 이 삶을 살아라." 하나님께서 이렇게 말씀하셨습니다.

그럼에도 불구하고 아브라함은 하나님께서 주신 삶에 자기생각을 섞었습니다. 창세기 12장 4절로 5절에 보면 "이에 아브람이 여호와의 말씀을 따라갔고 롯도 그와 함께 갔으며 아브람이 하란을 떠날 때에 칠십오 세였더라. 아브람이 그의 아내 사래와 조카 롯과 하란에서 모은 모든 소유와 얻은 사람들을 이끌고 가나안 땅으로 가려고 떠나서 마침내 가나안 땅에 들어갔더라" 하나님께서는 아브라함에게 명령을 주실 때 "너는 너의 고향과 친척과 아버지의 집을 떠나라"고 하셨습니다. 떠날 것은 떠나고 오직 데리고 갈 것은 자기 아내 사래만 데리고 지시할 땅으로 가라고 했습니다. 이것이 하나님에게서 주어진 삶인 것입니다. 그런데 여기에 아브라함은 자기생각을 섞었습니다. 사래만 데리고 간 것이 아니라, 아버지 집을 떠나라고 했는데 아버지 집에 속한 조카 롯을 데리고 갔고 너의 고향을 떠나라고 했는데 하란에서 모은 모든 소유와 얻은 사람들을 이끌고 갔습니다. 하나님께 물어보지 않고 자기의 의중을 섞었습니다. 그래서 혼합된 삶을 살려고 했습니다. 그러니까 자연히 거기에서는 마찰과 슬픔이 다가온 것입니다. 하나님이 주어진 삶만 살 때는 하나님의 축복이 같이 하시지만, 하나님의 주어진 삶에 자기생각을 섞으면 반드시 그곳에는 하나님과의 마찰이 다가오게 되고 슬픔이 다가오게 되는 것입니다.

창세기 12장 10절에 보면 "그 땅에 기근이 들었으므로 아브람이 애굽에 거류하려고 그리로 내려갔으니 이는 그 땅에 기근이 심하였음이라" 왜 하나님께서 축복으로 주신 땅에 갔는데 그 축복으로 주신 땅에 기근이 있습니까? 아브라함은 큰 꿈과 희망을 가지고 가나안 땅에 들어왔습니다. 그곳에 하나님의 축복이 있어 오곡백과가 무르익고 아주 살기 좋은 곳이라고 생각했는데 도착하자마자 기근이 심했다고 말한 것입니다. 산천초목이 다 불타고 물이 다 말라버렸습니다. 마실 물이 없으므로 가지고 온 짐승 떼가 다 죽었습니다. 그리고 따라온 종들과 데리고 온 일가친척들이 뿔뿔이 흩어져서 고향땅으로 돌아가 버리고 결국에는 아브라함은 결국 그 아내 사래와 아비집의 소유인 조카 롯과 세 사람만 남게 된 것입니다. 그는 마음에 큰 실망을 했습니다. 절대로 그런 일이 다가오지 않으리라고 생각했는데 그의 생애 속에 큰 삶의 어려움이 다가오고 있는 것입니다. 왜 이렇습니까? 하나님은 현실 문제와 고통을 통하여 자기 생각을 버리고 하나님의 말씀에 온전하게 순종하는 사람으로 바꾸시는 것입니다.

둘째, 아브라함은 자기생각의 삶을 삽니다. 주어진 삶은 가나안땅에 들어가라고 한 것이 그것이 하나님께서 아브람에게 주어진 삶인 것입니다. 가나안 땅 이외에 다른데로 가라고 말씀하지 않았습니다. 창세기 12장 7절에 "여호와께서 아브람에게 나타나 이르시되 내가 이 땅을 네 자손에게 주리라 하신지라 자기에게 나타나신 여호와께 그가 그 곳에서 제단을 쌓고" 그곳에 단을 쌓고 장막을 쳤으면 좋을 때나 어려울 때나 풍년이 오나 기근이 오나 하나님께 물어보며 그곳에 있는 것이 하나님의 주어진 삶인 것입니다. 우리 크리스천은 하나님의 주어진 삶 밖으로 나가지 말아야 됩니다. 그런데 아브라함은 또 자기생각을 하나님의 주어진 삶에 섞었습니다. 자기생각은 뭡니까? 창세기 12장 11절로 13절에 "그가 애굽에 가까이 이르렀을 때에 그의 아내 사래에게 말하되 내가 알기에 그대는 아리따운 여인이라. 애굽 사람이 그대를 볼 때에 이르기를 이는 그의 아내라 하여 나는 죽이고 그대는 살리리니, 원하건대 그대는 나의 누이라 하라 그러면 내가 그대로 말미암아 안전하고 내 목숨이 그대로 말미암아 보존되리라 하니라"

주어진 삶은 가나안에 있으라는 것입니다. 그런데 그는 하나님께 묻지도 않고 자기생각을 따랐습니다. "가나안에 기근이 심하니까 애굽으로 내려가자." 하나님은 애굽으로 내려가라는 말씀을 한 적이 없습니다. 이것은 아브라함의 생각입니다. 하나님의 주어지신 삶에 자기생각을 넣었습니다. 하나님께 물어보지도 않고 애굽으로 내려가면서 자기의 수단과 방법을 다 동원합니다. 아브라함이 자기 아내 사래를 보고 내 보기에도 당신은 아리따운 여인이라고 했습니다. 그러니 사래가 굉장히 미인인가 봅니다. 아브라함은 75세가 될 때까지 그 아내가 아리따웠으니 사래가 보통 미인은 아닌가 봅니다. 그러니까 겁이 덜컥 났습니다. "애굽에 내려가면 사람들이 당신이 내 아내인줄 알면 나를 잡아 죽이고 당신을 빼앗을 것이다. 그러므로 이제부터 나를 여보라고 하지 말고 오빠라고 말해라." 그래서 그 아내에게 자기 생명을 구걸하는 처지에 놓이게 된 것입니다. 하나님의 말씀에 순종하는 삶을 살고 가나안에 있었으면 이런 곤란이 없었을 것입니다. 하나님의 뜻을 따르지 않고 자기생각을 따랐기 때문에 그때부터 또다시 하나님의 마찰과 많은 슬픔이 다가오게 된 것입니다. 여기 애굽 여인들이 보니까 그 여인이 보통 아름다운 것이 아닙니다. 심히 아리 아리따웠습니다. 그 애굽 사람이 보니까 너무 아리따운지라 소문이 쫙 퍼지니까 그 당시에 군주적인 권력을 가진 임금이 가만히 있을 리가 있어요? 임금이 아브라함과 사래를 궁으로 청했습니다. 바로 왕 앞에서 사래가 아브라함보고 "오빠…." 참 좋지요. 왕이 달려가 "아니 아직 결혼 안했는가?" 아브라함이 "예…. 제 여동생이올시다." "아 그래 그것 참 잘됐네! 그러면 오늘 이 시간에 동생을 나에게 주면 내가 아내로 삼겠다." 백주에 눈뜨고 아내를 뺏겨 버리고 만 것입니다. 이 얼마나 큰 비극입니까? 하나님의 말씀대로 가나안에서 순종하는 삶을 살고 있었으면 좋았을 것인데 자기생각을 따라 애굽으로 내려 왔으니 반드시 마찰이 생겨나고 슬픔이 생겨난 것입니다. 하나님은 현실 문제를 통하여 자기생각을 버리게 하십니다. 철저하게 자신의 부족을 깨닫게 하십니다.

셋째, 아브라함은 자기생각을 버리지 못합니다. 아브라함은 이제 완전히 회개하고 하나님이 가라고 한 가나안 땅으로 돌아왔습니다. 하나님의 말씀 따라 사는 삶으로 돌아왔습니다. 인생의 본분으로 돌아온 것입니다. 성경에 보면 창세기 13장 1절로 2절에 "아브람이 애굽에서 그와 그 아내와 모든 소유며 롯도 함께하여 남방으로 올라가니 아브람에게 육축과 은금이 풍부하였더라" 그런데 이제 순종해서 아브라함이 살아야 될 하나님이 주신 땅 가나안으로 돌아왔지만, 아직 옆구리에 혹이 하나 붙어 있습니다. 그것은 아버지 집을 떠나라고 했는데 하란에서부터 따라온 그 조카가 가나안에도 왔다가 애굽까지 데려왔다가 또 다시 붙어서 올라온 것입니다. 하나님은 조카를 떠나보내라고 했는데 조카 때문에 아브라함은 일생에 늘 고생을 하게 된 것입니다. 가나안 땅에 올라와서 우물물을 서로 점령하기 위해서 그 목자들이 싸우기 시작했습니다. 점점 그 싸움이 심해져서 온 이방인들에게도 소문이 났습니다. 아브라함의 목자들과 그 조카 롯의 목자들이 서로 싸우고 난투극을 벌인다고 소문이 났습니다. 그래서 결국에는 주어진 하나님의 삶을 살지 않고 자기생각을 따라 자기 조카를 데리고 온 것이 끝까지 화근이 되고 끝까지 고통이 되었습니다. 아브라함은 마음에 결심을 하고 조카와 헤어지기로 작정하고 하나님께 온전히 순종하여 하나님의 말씀에 순종하는 삶을 살려고 했습니다.

창세기 13장 8절로 9절에 보면 조카에게 갈라지자고 했습니다. 비로소 하나님이 명령하신 것을 '우리 순종하자.' 그런데 여기 아브라함이 참으로 온유한 사람인 것은 아브라함이 어른 아닙니까? "내가 우하면 너는 좌하고 내가 좌하면 너는 우하라." 이렇게 할 수 있는데도 불구하고 "네가 좌하면 내가 우로가고, 네가 우하면 내가 좌로 가고, 네가 주도권을 가지고 헤어지자." 그래서 롯은 그곳에서 요단 뜰을 바라보니 좋다고 생각하고 물이 넉넉하고 풀이 많은 요단 뜰로 내려갔다가 소돔고모라로 내려가 버리고 말았고 아브라함은 산지에 혼자 남았습니다. 그런데 롯이 떠나자 하나님이 나타나셨습니다. 그리고 아브라함에게 보이는 땅을 주셨습니다. 이제 온전히 하나님의 주어진 삶을 아브라함이 받아 들였을 때 하나님이 축복해 주셨습니다. 자기의 생각을 다 꺾어 버리고 온전히 이제는 가나안 땅에 자기와 아내 사래와 함께 남았을 때 하나님께서는 큰 축복을 주셨습니다(창세기 13"14-18).

놀라운 하나님의 축복입니다. 하나님은 원래 축복의 하나님이신 것입니다. 하나님은 우리가 하나님의 말씀을 따르고 "하나님을 진심으로 마음을 다하고 뜻을 다하고 정성을 다하고 목숨을 다하여 순종하면 하나님께서 우리에게 복의 근원이 되겠다"고 약속해 주신 것입니다. 아브라함은 사사건건 하나님께서 지시하신 것 외에 조금씩, 조금씩 자기생각을 섞었기 때문에 큰 시련과 환란과 고통을 겪었습니다. 그러나 그가 애굽에서 가나안 땅에 올라 왔을 때는 이제는 주어진 땅으로 왔고 조카 롯도 떠나보내고 온전하게 순종하매 하나님께서 큰 축복을 허락하여 주신 것입니다.

넷째, 온전하게 순종하는 아브라함이 됩니다. 자식이 없이 큰 민족을 이룰 수 없지요. 하나님이 분명히 주어진 삶은 너로 큰 민족을 이루게 하겠다는 것입니다. 그런데 아브라함이 가나안 땅에 올라와서 10년이 되어서 나이 85세가 되었는데도 자식이 없어요. 자기는 85세고 자기 아내 사래는 75세입니다. 이제 인간으로 생각하면 자식을 얻을 수 없어요. 하나님이 주신 삶은 큰 민족을 이루어주겠다고 했는데 자기 인간으로 생각할 때는 이제 자식을 낳을 나이가 되지 못하고 있습니다. 그러니까 거기에 그만 또 자기생각을 섞었습니다. 사람이란 하나님을 믿습니다. 순종합니다. 해도 곤란한 처지에 의하면 그만 자기생각을 섞게 됩니다. 그래서 큰 시험과 환난이 다가오는 것입니다.

창세기 16장 1절로 2절에 보면 "아브람의 아내 사래는 생산치 못하였고 그에게 한 여종이 있으니 애굽 사람이요 이름은 하갈이라 사래가 아브람에게 이르되 여호와께서 나의 생산을 허락지 아니하셨으니 원컨대 나의 여종과 동침하라 내가 혹 그로 말미암아 자녀를 얻을까 하노라 하매 아브람이 사래의 말을 들으니라" 남자들의 가장 큰 약점은 마누라 말을 너무 잘 듣는다는 것에 있습니다. 그 제의를 받아 들여서 하갈과 동침하여 자식을 낳으니 이스마엘입니다. 그 이후로부터 시작해서 삶에 큰 마찰과 슬픔이 다가왔고 지금도 그 슬픔이 중동에 가득합니다. 하나님이 큰 민족을 이루겠다고 하면 하나님이 먼지와 티끌 속에라도 큰 민족을 이룰 것인데 인간의 수단으로 하갈을 취해서 자식을 낳을 이유가 없습니다. 하갈이 이스마엘을 낳고 난후 아들이 달덩이 같이 잘 자라니 뭐 하갈은 점점 기세등등해지고 사래는 안주인이 아니라, 찬밥신세가 되었습니다. 하갈이 주인 행세를 합니다. 그래서 아브라함의 가정에 불행과 눈물이 그치지 않았습니다. 창세기 17장 1절 하반 절에 보면" 너는 내 앞에서 행하여 완전하라" 말씀하십니다. '완전'하라는 섞인 것이 없이 하나님의 말씀에 순종하라는 뜻입니다. 아브라함이 100살이 되니까 하나님이 약속한대로 90살 되는 사래를 통해서 아들이삭을 주었습니다. 그러나 이제는 본처에서 낳은 이삭과 첩에서 낳은 이스마엘 사이에 싸움이 일어나서 할 수 없이 아브라함은 하갈과 함께 그 아들 이스마엘을 집에서 내어 보냈습니다. 이들이 광야에서 방황하면서 이룬 민족이 오늘날 아랍민족인 것입니다.

아브라함은 100세에 아들이삭을 얻었고 이삭이 청년이 되자, 하나님은 최후로 명령을 내렸습니다. "모리아산에 네 아들을 데리고 와서 각을 떠서 불로 태워 제물로 드려라" 하나님이 주신 명령입니다. 여기에 또 아브라함이 자기생각을 할까요? 이제는 일생을 살면서 충분히 경험했습니다. 하나님이 주신 삶에 자기생각을 보태면 반드시 시험과 환난과 고통이 다가오는 것을 알았기 때문에 이제는 무조건 순종합니다. 아브라함은 뻔히 살인하지 말라고 했는데도 불구하고 자기 자식을 잡아 죽여 제물로 드리는 하나님의 명령에 그는 두말하지 않고 순종합니다. 그 아들을 데리고 사흘 길을 걸어가서 모리아산에 올라갑니다. 산에 올라가서 장작을 펼쳐놓고 아들을 묶어서 그 장작위에 얹고 발로써 그 머리를 밟고 칼로 경동맥을 끊으려고 달려드는 것입니다. 그는 하나님이 주신 말씀에 자기 생각을 포함하지 않고 온전하게 순종했습니다. 아브라함은 전혀 자기생각을 하지 않았습니다. 그럴 때 하나님께서 그에게 감격하셨습니다. 하나님이 주신 삶을 그대로 받아들이고 인간주장을 전혀 보태지 않을 때 하나님은 탄복허십니다. 이런 아브라함을 표현할 때 온몸이 말씀 화된 상태라고 할 수가 있습니다. 하나님의 말씀에 온전하게 순종려니 너무나 힘든 것 아닙니까? 외아들을 잡아서 불로 태워 제물로 드린다는 것은 자기가 죽는 것보다 더 힘이 드는 것입니다. 그러나 그는 인간적 이성으로 생각할 때 가당치 않는 일이지만, 하나님의 말씀이면 전적으로 순종하는 자세를 온 몸이 말씀 화된 상태라고 할 수가 있습니다.

하나님의 말씀에 온전하게 순종하여 말씀대로 시행하려고 할 때 하나님께서 이렇게 말씀합니다. 창세기 22장 15절로 19절에 "여호와의 사자가 하늘에서부터 두 번째 아브라함을 불러 가라사대 여호와께서 이르시기를 내가 나를 가리켜 맹세하노니 네가 이같이 행하여 네 아들 네 독자를 아끼지 아니하였은즉 내가 네게 큰 복을 주고 네 씨로 크게 번성하여 하늘의 별과 같고 바닷가의 모래와 같게 하리니 네 씨가 그 대적의 문을 얻으리라 또 네 씨로 말미암아 천하 만민이 복을 얻으리니 이는 네가 나의 말을 준행하였음이니라 하셨다 하니라 이에 아브라함이 그 종들에게로 돌아가서 함께 떠나 브엘세바에 이르러 거기 거하였더라" 하나님의 말씀대로 그 아들을 잡아 재물로 드리려고 할 때 하나님이 그를 중지시키시고 "하나님은 산양을 넝쿨풀에 엉키게 해서 예비해 놓았다." 이삭 대신에 산양을 제물로 드리게 한 다음에 하나님은 큰 복을 주셨습니다. 결국 아브라함에게 주신 복은 영적인 복과 자손의 복으로 이삭과 이스라엘을 창대케 하겠다는 것, 건강장수의 복을 주셔서 아브라함은 무려 향년이 175세까지 살았으며 범사에 복을 주고 가나안 땅을 기업으로 주신 것입니다. 온몸이 말씀 화되어 하나님의 말씀에 온전하게 순종하니 하나님께서 전무 후무한 축복을 주신 것입니다.

하나님은 크리스천들에게 온전한 순종을 요구하십니다. 현실 문제를 하나님의 방법으로 해결하게 하면서 온전하게 순종하게 하십니다. 온전하게 순종하게 하려고 현실 문제를 가지고 훈련하시는 것입니다. 온전하게 순종하는 크리스천이 이 땅에서 천국을 누리는 성도가 되는 것입니다. 하나님의 말씀(레마)를 듣고 온전하게 순종하니 하나님이 함께하시기 때문입니다. 하나님께서 주인으로 함께 하시게 하려면 말씀에 온전하게 순종하는 말씀화가 되어야 되는 것입니다. 말씀화가 되었다는 것은 하나님의 말씀(레마)에 온전하게 순종하는 것을 말하는 것입니다.

충만한 교회는 지방에 계시는 분들을 위하여 집회 실황녹음 CD를 준비하였습니다. 모두 33개 세트로서, 매 세트 별로 12시간 집회 실황을 녹음한 것입니다. 필요한 분은 충만한 교회 홈페이지에 들어가시면 자세하게 설명되어 있습니다. 교재와 같이 있으므로 교재를 보면서 CD를 들으시면 집회에 참석한 것과 같은 효과가 있습니다. 전화나 메일로 주문하시면 택배로 보내드립니다.

22장 가정이 천국 되도록 하시는 성령님

(딤전5:8)"누구든지 자기 친족 특히 자기 가족을 돌보지 아니하면 믿음을 배반한 자요 불신자보다 더 악한 자니라."

하나님은 예수를 믿는 크리스천의 가정들이 천국을 누리기를 소원하십니다. 가정이 천국이 되려면 먼저 가정의 구성원들이 천국을 누려야 합니다. 각 개인이 천국을 누리지 않고는 절대로 가정의 천국은 기대할 수가 없는 것입니다. 예수님은 마태복음 4장 17절에서 "천국이 가까이 왔다"고 말씀하셨습니다. 성령강림 후 천국은 먼저 우리 마음에 임했습니다. 그래서 먼저 각자 개인이 천국을 누려야 합니다. 성령님은 개인을 천국 만들어 누리게 하신 후에 이제 가정천국을 만드십니다. 천국이 마음에 이루어진 식구에 의하여 가정은 천국으로 변하게 되는 것입니다. 우리가 이룰 가정천국은 어떠한가?

첫째, 부부가 하나 된 가정. 부부의 몸과 마음과 영이 하나가 되어야 합니다. 부부의 몸과 마음과 영은 성령으로 되는 것입니다. 성령이 아니고는 부부가 하나가 될 수가 없습니다. 부부가 성령으로 세례 받고 구습을 말씀으로 치유 받아야 합니다. 반드시 인생을 살아오면서 받은 상처와 혈통의 문제를 치유해야 합니다. 그래야 부부에게 역사하던 세상신이 떠나가는 것입니다.

세상신이 떠나가야 부부가 하나가 되는 것입니다. 세상신이 떠나가지 않고는 하나가 되기 어렵습니다. 성령으로 하나가 되기 때문입니다. 부부의 하나 됨의 가장 완벽한 원형은 하나님입니다. 하나님은 성부하나님 성자하나님 성령하나님이시데, 이 세 위가 완벽한 하나를 이루고 계십니다. 부부도 몸-혼-영이 하나가 되어야 온전한 부부가 됩니다. 그렇기 때문에 부부가 하나 되는 것은 성령의 역사밖에 없는 것입니다. 아무리 대화를 하여 하나가 되자고 대화를 하며 노력을 해도 세상신이 방해하면 허사가 되는 것입니다.

하나님께서 사람을 창조하셨습니다. 창세기 1장 26절에 "하나님이 이르시되 우리의 형상을 따라 우리의 모양대로 우리가 사람을 만들고…. 남자와 여자를 창조하시고…." 예수님은 요한복음 17장 22절에서 "우리가 하나가 된 것같이 그들도 하나가 되게 하려 함이니이다." 부부가 하나가 되기를 원하십니다. 성령으로 부부의 영이 하나가 되지 않고는 절대로 하나가 되기 쉽지가 않습니다. 성령으로 하나가 되는 것입니다. 당신의 부부는 지금 어떠합니까? 이 책을 통하여 부부가 하나 되기를 바랍니다. 그래서 가정 천국을 누리시기를 바랍니다.

한 실향민이 있었습니다. 1951년 1.4후퇴 때 이북의 고향을 떠나오면서 병든 노모를 두고 떠날 수 없다는 아내를 두고 떠나올 때, 한 달만 지나면 다시 오겠지만, 그간에 보고 싶으면 대신 보겠노라고 정표를 요구하여, 경황 중에 겨우 받은 '옷고름' 하나를 평생 가슴에 품고 지내다가 나이는 들고 언제 돌아갈지 모르는 고향을 그리워하며, 고향을 꼭 닮은 시골을 찾아 고향집 같은 집을 짓고 살면서, 고향의 아내를 그리워하며 세상을 떠나는 남편도 있습니다. 그는 데리고 내려온 자녀들이 경상도 전라도로 뿔뿔이 흩어져 살면서 평안도 말씨를 잃어버리면 이제 통일되어 만날 아내 앞에 볼 낯이 없다고 극구 자녀들의 타관(他官) 결혼을 반대하던 남편…. 그토록 두고 온 아내를 사랑하는 마음으로 일관하며 남한에서 평생을 살다가 갔습니다. 이렇게 부부는 몸만 아니라, 마음도 하나가 되어야 합니다. 중매로 결혼했건, 연애로 했건, 어떻든지 부부가 되었으면, 마음도 하나 되는 것이 성경적입니다. 이제부터라도 정처 없는 마음들을 거머잡아 성령으로 마음이 하나로 모아지는 역사가 있기를 주님의 이름으로 소원합니다.

성령으로 영이 하나 되어야 합니다. 남편이나 아내가 안 믿는 경우가 아직 꽤 많습니다. 부부가 다 예수를 믿어야 깨끗한 자녀를 얻을 수 있습니다. 필자가 자녀들의 문제를 치유 받겠다고 필자에게 자녀를 데리고 온 사람들의 유형을 보면 부부가 함께 예수를 믿지 않는 가정이 대다수였습니다. 이런 영으로 하나 되지 않은 가정에서 자녀들이 자라다가 영적이고 정신적인 문제로 고통을 당하는 것입니다. 치유가 그렇게 쉬운 것도 아닙니다. 영적인 문제가 있기 때문입니다. 어떻게 하면 좋겠습니까? 한쪽의 믿음이 분명해야 합니다. 진리의 말씀으로 무장하고 성령으로 충만해야 합니다.

아스팔트는 강하고 풀은 약합니다. 그런데 놀랍게 아스팔트를 뚫고 풀이 돋아나는 것을 봅니다. 아스팔트는 죽어있고 풀은 살아있기 때문입니다. 마찬가지로 믿는 쪽의 믿음이 정말 살아있고 성령으로 충만하면 믿지 않는 쪽의 영은 죽어있기 때문이 믿는 쪽의 영향을 받아서 영이 살아나 믿게 되어있습니다. 이런 성도들은 바른 성령의 역사가 강하게 일어나는 교회에서 권세있는 믿음 생활을 해야 합니다. 그래서 성령의 권능으로 강하게 무장해야 합니다. 그 다음 안 믿는 쪽이 볼 때 '아 이 사람이 정말 믿는구나!'인정할 수 있어야 합니다. '믿는다는 사람이 뭐 저래!' '엉터리다!'하면 복음을 받아들이기가 그리 쉽지 않을 것입니다. 믿지 않는 배우자에게 '믿는 것이 좋기는 좋구나!'감동을 주어야 합니다. '믿는 사람이 역시 달라도 다르다!'이렇게 되어야 합니다. 환경이 변하는 것이 눈에 보여야 합니다. 그 다음은 자신이 바라는 것을 확실하게 전달해야 합니다. '나는 당신이 예수 믿는 것이 소원이다!' '나는 뭐니 뭐니 해도 당신이 예수 믿으면 제일 좋겠다' '당신은 내가 이렇게 소원하는 것을 왜 안 들어주느냐?' 분명히 하므로 '아! 내가 저 사람 소원을 들어주어야겠다!' 마음을 열고 돌아서도록 해야 합니다. 이렇게 하려면 본인이 생명의 말씀과 성령으로 충만하여 천국을 누리는 믿음의 상태가 되어야 합니다. 자신이 변화되어야 상대방도 변화가 된다는 확고한 신념이 있어야 합니다. 그리고 자신이 생명의 말씀과 성령으로 변화되려고 노력을 해야 합니다. 성령으로 세례 받고 내면의 상처와 혈통의 문제를 말씀과 성령으로 치유하면 평안이 자신을 주장하게 됩니다. 성령의 역사가 자신을 장악하면 할수록 마음이 평안하여 천국을 누릴 수가 있습니다. 절대로 말씀만으로는 변화될 수가 없다는 것을 명심해야 합니다. 살아계신 성령의 역사가 자신을 장악하고 지배할 때 천국의 마음으로 변화되는 것입니다. 바른 복음과 성령의 역사로 모두 성공하기를 축원합니다. 이 책을 통하여 부부들이 다 몸-혼-영이 하나가 되는 가정천국 되기를 바랍니다. 에베소서 5장 22절/ 25절 말씀을 기억하기를 바랍니다. "아내들이여 자기 남편에게 복종하기를 주께 하듯 하라" 25절 "남편들아 아내 사랑하기를 그리스도께서 교회를 사랑하시고 그 교회를 위하여 자신을 주심같이 하라."

둘째, 복음적인 가정이 되라. 가정이 천국이 되려면 부모는 자녀에게 있어서 하나님 같아야 합니다. 하나님과 같이 자녀들을 사랑하라는 말입니다. 자녀는 부모에게 주께 하듯 해야 합니다. 부모는 자녀에게 하나님의 대리자가 되어야 할 책임이 있습니다. 자녀들은 하나님의 소유입니다. 하나님께서 부모들에게 양육을 의뢰한 것입니다. 하나님은 부모에게 자식에게 하나님 대리자가 되는 권리를 주셨습니다. 부모는 자녀를 사랑해야 합니다. 한이 없이 조건이 없이 사랑해야 합니다. 이것은 본능적이고 인간적이고 하나님의 뜻입니다. 하나님이 사람을 한량없이 사랑하는 것처럼, 사람도 자녀를 제한없이 조건 없이 사랑하는 것이 부모의 자식사랑 아니겠습니까?

그런데 육신만 사랑하면 안 됩니다. 자녀의 혼(정신 마음)도 영(신앙 하나님관계)도 사랑해야 합니다. 사람에게 있어서 몸만 있으면 짐승보다 못해집니다. 사람에게는 머리가 있기 때문입니다. 사람에게는 사람다운 마음과 정신이 있어야 합니다. 그런데 정신과 마음은 영의 지배를 받습니다. 악한 영을 가진 사람은 마음도 악하고 정신도 악해지는 것이 보통입니다. 사람은 영은 곧 거룩한 영이 있어야 합니다. 성령으로 기도하여 성령으로 충만해야 합니다. 하나님이 사람을 만드실 때 '하나님의 형상대로'만드셨는데 '하나님의 형상'은 몸이 아닙니다. 하나님은 몸이 없으십니다. 하나님은 영이십니다. 그러므로 '하나님의 형상'은 하나님의 영'을 말하는 것입니다. 성령이 임하시면 우리에게 '하나님의 영'이 있게 됩니다. 육체가 성령의 지배를 받게 되는 것입니다. 육체로 난 사람이 다시 영으로 '거듭나는' 것입니다. 쉽게 설명하면 육체를 가지고 있지만 성령께서 육체를 지배하고 있으므로 육체가 자기주장을 하지 못하는 것입니다. 하나님은 우리의 영이 잘되는 것에 대하여 관심이 많으십니다. 부모도 자녀의 영이 잘되는 것에 대하여 관심이 많아야 합니다. 영이 혼과 몸을 지배하는 것이 영이 잘되는 것입니다.

자녀를 잉태할 때부터 기도해야 합니다. 영으로 찬송해야 합니다. 자녀의 영이 잘 되기 위해서 입니다. 출산하고서는 함께 기도하고 함께 찬송하고 함께 성경말씀을 나누어야 합니다. 신명기 6장 4절에 얼마나 강조했습니까? "하나님말씀을 나가도 가르치고, 들어가도 가르치고, 이마에 새기고 손에 새기고 발에 새기고…." 신앙교육은 가정에서부터 시작되어야 합니다. 그리고 교회에 보내어 성령의 임재가운데 영과 진리로 예배하게 하고 주의 교양기관에서 양육 받도록 해야 합니다. 어려서 성령으로 세례를 받게 해야 합니다. 학교는 못 가도 교회는 가야 합니다. 어려서부터 교회는 자신의 심령교회를 잘되게 하는 곳이라는 것을 알고 믿게 해야 합니다. 즉 자신이 잘되게 하기 위해서 교회는 꼭 나가야된다는 것을 마음에 심어줘야 합니다. 그러기 위해서는 체험하게 하는 것이 중요합니다. 성령을 체험해야 살아 역사하시는 하나님이라는 것을 믿기 때문입니다. 자녀들의 신앙생활이 실패하는 것은 말로 이론으로 믿게 하기 때문입니다. 반드시 체험하도록 해야 합니다. 말로는 안 됩니다.

세상일에는 능하지 못해도 하나님 일에는 능해야 합니다. 세상의 요령은 잘 몰라도 하나님의 마음은 잘 알아야 합니다. 이것이 부모의 진정하고 참된 자식 사랑입니다. 그리 되어야 합니다. 에베소서 6장 4절에 "아비들아 너희 자녀를 노엽게 하지 말고(자기의 방식 자기의 목적대로 키우지 말고) 오직 주의 교훈과 훈계로 양육하라." 가슴에 새겨야 합니다.

자녀는 부모를 하나님 대하듯 해야 합니다. 즉 부모를 어렸을 때는 순종하고 커서는 공경해야 합니다. 자녀들이 세상 사람을 주께 대하듯 하고, 세상일을 할 때도 주의 일을 하듯 해야 합니다. 하물며 부모를 대할 때 주께 하듯 해야 하지 않겠습니까? 자녀는 부모에게 주께 하듯 해야 합니다. 이렇게 부모는 자녀에게 하나님이 하듯 하고, 자녀는 부모에게 주께 하듯 하면 부모 자식관계가 좋아집니다. 자동으로 가정천국이 됩니다. 모두 다 이런 가정천국이 되기를 소원합니다.

셋째, 성령으로 충만해야 가정 천국이 된다. 신앙생활이 중요합니다. 예배가 중요합니다. 출애굽기 16장 5절에 "여섯째 날에는 그들이 그 거둔 것을 준비할지니 날마다 거두던 것의 갑절이 되리라." 안식일 곧 지금의 주일을 준비하기 위하여 여섯째 날에는 갑절을 거두도록 하셨습니다. 다른 날에는 일용할 양식만 거두고 남기지 말라, 남기면 썩고 냄새 나고 벌레가 생기게 하심으로 하나님말씀에 순종치 않음에 대하여 진노하셨습니다. 주일을 위해서는 평일의 배나 거두게 하시고, 남겨도 상치 않게 하실 뿐 아니라, 주일을 준비하라 하십니다. 주일예배가 예배답게 되려면 적어도 그 전날, 가능하면 일주일 내내 준비하라 하십니다. 기도로 마음을 준비해야 합니다. 헌금을 준비해야 합니다. 교회의 봉사를 맡았으면 봉사를 위하여 준비해야 합니다. 예배의 순서에 들어가 있다면 마음을 다해서 준비해야 합니다. 마음으로 기도하며 주일을 준비해야 합니다. 사모하고 기다려야 합니다. 그래야 예배 시에 강력한 성령의 역사로 마음이 천국으로 변화되는 것입니다. 온 가족이 주일을 이렇게 준비하면 이것이 가정천국을 이루는데 놀라운 능력을 발휘한다는 것입니다.

미국을 세운 힘이 바로 이것입니다. 미국 건국의 아버지들 (Pilgrim fathers)은 고된 일주간을 살고 나서 주일을 얼마나

온 가족이 준비했는지 모릅니다. 그 결과 하나님께서 그 새로운 땅에서 그들에게 복을 내리셨습니다. 놀라운 나라를 만들어주신 것입니다. 요즘 이것이 흐려지면서 미국도 흐려지고 있습니다. 노르웨이는 척박한 땅입니다. 그러나 이것이 있음으로 점점 더 잘살게 되는 것 같습니다. 평북 선천은 주일에는 일본사람들도 가게를 열지 못했다고 합니다. 한인들이 다 가게를 닫고 흰옷을 입고 줄줄이 주일아침에 교회로 향하곤 했기 때문입니다. 그런데 요즘은 한인들이 미국에까지 가서 주일에 가게 문을 열므로 미국사람들도 주일에 가게 문을 열게 만들고 있습니다. 잘못된 일입니다. 한국에 이랜드라는 기업이 있습니다. 철저히 주일성수, 세금철저납부입니다. 중요한 교훈입니다.

출애굽기 16장 6-7절에 "저녁이 되면 너희가 여호와께서 너희를 애굽 땅에서 인도하여 내셨음을 알 것이요, 아침에는 너희가 여호와의 영광을 보리니" 가정예배는 본래 아침과 저녁에 드렸습니다. 하루에 한 번으로 줄더니, 일주일에 두 번으로 줄더니, 한 달에 한 번, 아예 안 드리게 되었습니다. 한국교인 가정이 점점 경제적으로 여유가 있게 되고, 세상적으로 강한 욕구가 일게 되면서입니다. 결과는 무엇일까요? 한국교회가 100년 전에는 그 작은 숫자와 어려움 가운데서도 한국민족을 이끌어 왔는데, 지금은 6만의 교회와 천만의 신자를 가지고도 사회에 끌려가지 않습니까? 가정예배를 드리는 가정은 결코 망하지 않습니다. 어떤 고난이 있어도 오뚜기 처럼 일어납니다. 가정예배를 드린 자녀는 결코 잘못되지 않습니다. 멀리 갔다가도 돌아오게 되고, 넘어졌다가도 일어서게 됩니다. 우리 가정으로 하여금 '아침에는 여호와의 영광을 보게'합시다. 저녁이 되면 '주께서 인도하셨음'을 알도록 합시다. 이런 가정에는 하나님의 영광이 덮이게 될 것입니다. 이런 가정에는 하나님의 인도하심이 끊이지 않을 것입니다. 가정이 천국이 될 것입니다.

가족끼리 서로 원망하지 말아야 합니다. 서로 남의 탓을 하며 원망하지 말아야 합니다. 그것은 하나님을 원망하는 것이 되기 때문입니다. 출애굽기 16장 8절에 "여호와께서 자기를 향하여 너희가 원망하는 그 말을 들으셨음이라. 우리가 누구냐 너희의 원망은 우리를 향하여 함이 아니요 여호와를 향하여 함이로다." 우리는 피차 원망하여 하나님을 원망하는 사람이 아니라, 아침에 하나님의 영광을 보고, 저녁에 주의 인도하심을 감사하는 가정이 되기를 바랍니다. 날마다 성령의 함께 하심과 역사하심을 체험하시기를 바랍니다.

하나님은 우리 가정이 그리스도로 구속을 받고 성령의 도움을 받아 가정천국을 이루어 살기를 원하십니다. 가정을 사랑하십니까? 그러면 가정천국을 이루려고 노력하시기를 바랍니다.

넷째, 일과 소득은 가정천국을 이루는 중요한 요소이다. 에덴동산에서 하나님은 아담과 하와 가정에 일을 주셨습니다. 아담은 하나님의 대리자로서 피조물을 다스리는 일을 했습니다. 하와는 아담의 일을 보필하면서 자녀를 양육하는 일을 하였습니다. 일을 하되 아주 즐거움으로 했습니다. 그 결과도 아주 만족스러운 것이었습니다. 소득은 어떠했습니까? 땅의 모든 것이 하나님의 것이자 동시에 자기의 것이었으니 따로 무슨 욕심을 부릴 일도 없었고 만족하였습니다. 뜻은 항상 하나님의 뜻과 같았으니 염려할 것도 근심할 것도 없었습니다. 아담이 명하면 땅의 모든 것이 아담에게 순종하였습니다. 창세기 1장 28절에 "하나님이 그들에게 땅을 정복하라 바다의 물고기와 하늘의 새와 땅에 움직이는 모든 생물을 다스리라 하시니라."

그랬던 가정에 죄가 들어왔습니다. 그 다음은 어떻게 되었을까요? 창세기 3장 17절에 "땅은 너로 말미암아 저주를 받고 너는 네 평생에 수고하여야 그 소산을 먹으리라" 23절에 "여호와 하나님이 에덴동산에서 그를 내보내어 그의 근본이 된 땅을 갈게 하시니라." 땅을 정복하고 땅의 모든 생물을 다스리는 일과는 딴판인 일입니다. 일에 즐거움은 사라지고 고통이 따르게 되었습니다. 소득은 어떻게 되었을까요? 창세기 3장 18절에 "땅이 네게 가시덤불과 엉겅퀴를 낼 것이라. 네가 먹을 것은 밭의 채소인즉 네가 흙으로 돌아갈 때까지 얼굴에 땀을 흘려야 먹을 것을 먹으리니 네가 그것에서 취함을 입었음이라 너는 흙이니 흙으로 돌아갈 것이니라." 참 비참한 존재가 되었습니다.

일을 해도 소득이 잘 나지 않습니다. 땅이 저주를 받아서 일해도 가시덤불과 엉겅퀴를 내게 되었습니다. 얼굴에 땀을 흘려야 겨우 먹고 살게 되었습니다. 인간이 생존을 위하여 일하여야만 하는 존재로 타락하였습니다. 더욱이 그마저 계속되지 못하고 흙으로 돌아가게 되었습니다. 죄가 없었으면 흙으로 돌아가지 않고, 몸을 가진 영으로서 영생하고 영화로웠을 터인데….
참으로 안타깝습니다.

죄로 말미암아 엉망이 된 가정을 하나님은 그리스도 안에서
회복하시되 일과 소득도 회복하십니다. 그 최초의 것은 출애굽
에서 만나와 메추라기를 주신 것입니다. 출애굽기 16장 4절에
"그 때에 여호와께서 모세에게 이르시되 보라 내가 너희를 위하
여 하늘에서 양식을 비같이 내리리니 백성이 나가서 일용할 것
을 날마다 거둘 것이라." 중요한 것은, 양식은 하나님께서 주신
다는 것입니다. 그러므로 무엇을 먹을까 염려하지 말라는 것입
니다. 마태복음 6장 25절에 "내가 너희에게 이르노니 목숨을
위하여 무엇을 먹을까 무엇을 마실까 몸을 위하여 무엇을 입을
까 염려하지 말라" 32절에 "이는 다 이방인들이 구하는 것이라
너희 하늘 아버지께서 이 모든 것이 너희에게 있어야 할 줄을
아시느니라." 그러면 우리가 무슨 일을 할 것입니까? 마태복음
6장 33절에 "그런즉 너희는 먼저 그의 나라와 그의 의를 구하라
그리하면 이 모든 것을 너희에게 더하시리라." 요한복음 6장 27
절에 "썩을 양식을 위하여 일하지 말고 영생하도록 있는 양식을
위하여 하라." 하나님의 영광을 위해서 살라는 말씀입니다.

소득은 무엇입니까? 일용할 양식이면 족하게 여기라는 것입
니다. 욕심을 부리지 말라는 것입니다. 출애굽기 16장 4절에
"백성이 나가서 일용할 것을 날마다 거둘 것이라." 정당하게 벌
어서 사용해야 합니다. 하나님은 예레미야 17장 11절에서 "불
의로 치부하는 자는 자고새가 낳지 아니한 알을 품음 같아서 그

의 중년에 그것이 떠나겠고 마침내 어리석은 자가 되리라” 라고 경고하십니다. 이제 일용할 양식 사상으로 돌아가야 합니다. 하나님은 디모데전서 6장 8-10에서 “우리가 먹을 것과 입을 것이 있은즉 족한 줄로 알 것이니라. 부하려 하는 자들은 시험과 올무와 여러 가지 어리석고 해로운 욕심에 떨어지나니 곧 사람으로 파멸과 멸망에 빠지게 하는 것이라. 돈을 사랑함이 일만 악의 뿌리가 되나니 이것을 탐내는 자들은 미혹을 받아 믿음에서 떠나 많은 근심으로써 자기를 찔렀도다.” 불의를 사용하여 돈을 버는 자들에게 경고하는 말씀입니다.

성도들도 일용할 양식 사상에 투철해야 합니다. 하나님은 이것을 실행하나 안 하나 시험해 보시겠다고 말씀하셨습니다. 출애굽기 16장 4절에 “이같이 하여 그들이 내 율법을 준행하나 아니하나 내가 시험하리라.” 아굴의 잠언30장 8-9절에 “나를 가난하게도 마옵시고 부하게도 마옵시고 오직 필요한 양식으로 나를 먹이시옵소서, 혹 내가 배불러서 하나님을 모른다 여호와가 누구냐 할까 하오며 혹 내가 가난하여 도둑질하고 내 하나님의 이름을 욕되게 할까 두려워함이니이다.” 가정천국은 일과 소득과 불가분의 관계입니다. 소득이 없으면 가정이 천국이 되지를 못할 것입니다. 만약에 소득이 부족하다면 하나님께 기도하여 원인을 찾아서 해결해야 합니다. 반드시 하나님께서 알려주시는 원인을 해결해야 합니다. 원인이 있을 것입니다. 일용할 양식사상으로 다 가정천국을 이루기를 축원합니다.

자신을 사랑하지 못하는 자는 가족을 사랑하지 못합니다. 가족을 사랑하지 못하는 자는 남을 사랑할 수는 없습니다. 가족을 사랑합시다. 더 나아가 이웃을 사랑합시다. 먼저 자신을 사랑해야 합니다. 믿는 자를 사랑해야 합니다. 더 나아가 믿지 않는 자도 사랑합시다. 마태복음 5장 46절에 "너희가 너희를 사랑하는 자를 사랑하면 무슨 상이 있으리요, 세리도 이같이 아니하느냐." 나를 사랑하는 자를 사랑합시다. 더 나아가 나를 사랑하지 않는 사람도 사랑합시다. 나를 힘들게 하고 괴롭히는 사람도 사랑합시다. 나를 원수로 아는 사람에게 떡을 하나 더 줍시다. 가정을 말씀과 성령으로 충만하게 합시다. 그래서 우리 가정이 온전한 가정이 되어 봅시다. 가정의 천국을 이룹시다.

결론적으로 가정이 천국이 되어야 하는 이유는 생존경쟁에 시달리고 지치고 혹은 상처 입은 인간은 따뜻한 사랑과 이해와 동정과 치료가 있는 훈훈한 가정의 품을 항상 마음속에 동경하면서 살게 됩니다. 가정은 우리를 치료시키고 휴식을 주며 내일에 대한 희망과 용기를 주는 가장 아름답고, 그리고 가장 친밀한 삶의 보금자리요, 운명 공동체인 것입니다. 그러나 현실은 그렇지만은 않습니다. 갈기갈기 찢기어지고 피투성이가 된 가정들이 허다히 많이 있습니다.

어찌하면 가정들이 천국이 되겠습니까? 그것은 예수 안에서 성령으로 되는 것입니다. 가정에 성령의 역사가 일어나, 가정의 행복을 저해하는 세력들이 떠나가야 가정이 천국 될 수가 있는 것입니다. 어찌 하든지 성령의 역사가 가정에서 일어나게 해야 합니다. 우리가 예수를 믿는 것은 자신의 마음이 천국이 되고, 가정이 천국을 누리기 위해서 예수를 믿는 것입니다.

가정이 천국이 되려면 가정에 항상 예수님이 주인이 되게 해야 합니다. 예수님이 가정의 주인이 되게 하려면 성령께서 가정을 지배하게 해야 합니다. 성령이 가정을 지배하게 하려면 가족 구성원들에게서 성령의 역사가 일어나야 합니다. 성령의 역사가 일어나 마음에 천국이 이루어져야 합니다. 그러니까, 각자 가정 구성원들이 먼저 성령으로 장악이 되어야 한다는 말입니다. 가족 구성원들이 성령으로 지배를 받으면 그 가정은 성령의 역사가 장악할 수가 있습니다. 그렇지 못한 가정은 가정에서 예배를 자주 드리시기를 바랍니다.

찬양하며 예배를 자주 드리면 성령의 역사가 일어나게 되어 있습니다. 성령으로 세례를 받지 못했다면 만사를 뒤로하고 받아야 합니다. 성령의 역사가 일어나 가정을 장악해야 가정에 역사하는 지옥의 영들이 떠나가는 것입니다. 부부나 가족이 아무리 대화를 하여 문제를 해결하려고 해도 되지 않는 것이 보통입니다. 왜냐하면 가정과 부부의 문제 뒤에는 귀신이 역사하기 때문입니다.

이 근원인 귀신이 떠나가야 가정과 부부가 하나가 되고 성령으로 천국이 이루어지는 것입니다. 가정과 부부가 하나 되지 못하면 아무리 열심히 해도 경제가 풍성해지지 않습니다. 귀신이 방해하기 때문입니다. 성령의 역사로 부부와 가정이 하나가 되면 방해하던 귀신이 서서히 떠나갑니다. 귀신이 떠나가니 가정 경제가 풀어지고 가정이 천국이 될 수가 있습니다.

23장 전인격이 천국 되게 하시는 성령님

(롬8:14)"무릇 하나님의 영으로 인도함을 받는 사람은 곧 하나님의 아들이라"

인간은 영이 혼 즉 마음으로 더불어 육체 속에 살도록 하나님께서 지었습니다. 인간의 영은 하나님과 함께 거하며 하나님과 동행하고 하나님의 모든 계시를 받습니다. 인간은 그 영을 통하여 혼을 지배하고, 그 혼을 통해서 지성과 감정과 뜻을 펴며, 인격적인 활동을 하고, 또 육체의 감각을 통하여 물질적인 세계와 접촉하고 삽니다. 그러므로 사람의 자체는 영입니다. 하나님은 영이시라고 말했습니다. 우리는 하나님의 형상과 모양대로 지음 받았기 때문에 우리는 영입니다. 영이 마음 즉 혼을 통해서 인격적인 활동을 하고 육체를 통해서 세계와 사물과 접촉하며, 또 세계와 사물을 다스리면서 살아가는 것입니다.

그러나 인간이 하나님을 반역한 이후로 그 영이 하나님께로부터 단절되고 하나님의 계시를 받지 못하게 되자, 인간은 앞날을 알 수 없고 갈팡질팡하게 되고 이제 하나님의 도움을 받지 못함으로 인간은 오직 혼과 육체를 의지하고 살게 되었습니다. 그러므로 자연적으로 인간은 하나님을 잃어버리고 인간 중심이 되는 인본주의자가 되고 오직 혼과 육으로만 살게 되었고 타락하게 되었습니다. 타락한 인간은 오직 혼으로 살고 육체의 노예가 되어 죄의 종으로 살아왔었습니다. 그런데 이제 예수께서 오셔서 십자가에 못박혀 몸찢고 피를 흘려 죽으심으로 우리 죄를 사하고 하나님과 우리 사이를 화목케 함으로 우리 영이 살아났었습니다. 하나님과 함께 교제하게 되고 하나님과 함께 거하게 되고 하나님의 성령이 우리 영속에 들어와 하나님의 계시를 받고 은혜 속에 살게 된 것입니다.

그러므로 주를 믿는 사람은 이제 반드시 영으로 살아야 됩니다. 마음과 육체를 영의 지배하에 두어야만 하는 것입니다. 그러면 이와 같이 우리가 영적인 사람이 되었은즉, 이제 혼으로 살지 아니하고 육체로 살지 아니하고, 영의 새로운 것으로 우리는 살아야 되는 것입니다.

첫째로, 영으로 육체를 지배하는 삶을 사는 것입니다. 우리가 혼으로 살 때, 육체를 통해서 살 때의 생각을 벗어나서 이제 영의 새로운 생각을 갖고 살아야 되는 것입니다. 영의 새로운 의식이란 뭐냐? 영이 육체를 지배하는 삶을 말합니다. 육체는 영의 지배를 받아야 삶에서 천국을 누릴 수가 있습니다. 예수 그리스도의 십자가의 희생과, 우리 마음속에 하늘나라가 임하여 계셔서 하늘나라의 법칙으로 우리는 살아간다는 것을 깨달아 알아야 되는 것입니다. 우리가 예수 그리스도를 믿어서 천국이 우리 마음속에 들어오면 우리는 영의 새로운 의식을 가져야 되는데 그 영의 새로운 의식이란 바로 예수 그리스도의 십자가 보혈을 통해서 하나님이 이루게 해주신 하늘나라 의식인 것입니다. 예수님은 십자가를 통하여 우리의 일생의 죄악을 청산하시고 믿음으로 말미암아 용서받은 의인들이 되게 만들어 주신 것입니다. 하나님의 사랑을 받는 자가 되었다는 것을 알고 용서받는 의인이라는 영적인 새로운 의식을 가져야 되는 것입니다.

그리고 예수 그리스도의 십자가 보혈을 통하여 하나님과 화해했음으로 하나님의 성령이 충만히 나와 같이 거하시고, 나는 24시간 성령님과 함께 산다는 의식을 가져야 되는 것입니다. 고아와 같이 버림받지 아니하고 인간의 수단과 방법으로 사는 것이 아니라, 나와 같이 계신 성령께서 나를 돕는 자가 되어서 항상 나를 붙들어 주시고 이끌어 주심으로 성령이 함께 계신 것을 늘 의식하고 성령님을 인정하고 환영하고 모셔 들이고 의지하는 성령 충만 의식을 가지고 우리는 살아야만 하는 것입니다.

또한 우리들은 치료와 건강의식을 가지고 살아야 됩니다. 옛날에는 육체가 영을 지배하여 늘 병들고 고통당하고 그것에 대한 두려움으로 살았는데, 우리는 예수 그리스도의 십자가 보혈을 통하여 육체가 영의 지배를 받아 치료받고 건강을 얻었다는 영적 의식을 가져야 되는 것입니다. 저가 우리 연약한 것을 친히 담당하시고 병을 짊어지고 가셨다고 말씀했으며 저가 채찍에 맞음으로 너희가 나음을 입었다고 말했었습니다. 이러므로 영의 새로운 의식은 십자가를 통하여 우리들은 병에서 벗어나고 우리는 모든 고통에서 해방을 얻었다. 그리스도가 나의 치료가 되었다는 영의 새로운 의식 속에 살아야 되는 것입니다.

그리고 우리는 저주에서 해방과 아브라함의 축복의식을 가지고 늘 살아야 됩니다. "우리의 저주는 예수님이 십자가에 걸머지고 청산했음으로 우리의 삶의 저주와 가시와 엉겅퀴는 다 청산되어 버리고 예수로 말미암아 아브라함의 복을 받고 사는 사람이다. 나는 그러므로 복 받은 사람이라"는 영의 새로운 의식을 가지고 살아야 됩니다. 언제나 좌절하고 부정적이고 낭패와 실망의식으로 꽉 들어차고 무능력의식으로 들어차고 나는 못한다, 안 된다, 할 수 없다는 이와 같은 부정적인 의식에서 해방되어야 되는 것입니다.

둘째로, 성령으로 충만한 믿음으로 인생을 사는 것입니다. 영의 새로운 생활방식이란 우리가 이제 믿음으로 말미암아 인생을 살아갑니다. 우리는 보는 것으로 살지 아니하고, 듣는 것으로 살지 아니하고, 감각하는 것으로 살지 않고, 우리는 믿음으로 말미암아 사는 것입니다. 영의 새로운 생활방식이란 하나님이 우리에게 주신 은혜를 우리가 믿음으로 받아들이고 믿음으로 삽니다. 그리고 하나님의 약속의 말씀을 깊이 믿습니다. 베드로후서 1장 4절에 "이로써 그 보배롭고 지극히 큰 약속을 우리에게 주사 이 약속으로 말미암아 너희로 정욕을 인하여 세상에서 썩어질 것을 피하여 신의 성품에 참예하는 자가 되게 하려 하셨으니"라고 말씀한 것입니다.

이러므로 하나님의 약속의 말씀을 우리는 절대로 믿습니다. 우리의 감각에 위배될지라도 우리의 생각에 위배된다고 생각할

지라도 하나님의 말씀은 살았고 운동력이 있어 좌우에 날선 어떤 검보다 예리하여 혼과, 영과 및 관절과 골수를 쪼갭니다. 하나님의 말씀은 저 하늘이 무너지고 이 땅이 꺼져도 일점일획도 변치 않는다고 말씀하셨습니다. 하나님은 말씀으로 천지를 지으시고 천지를 붙잡고 운영하고 계십니다. 이러므로 영의 새로운 생활방식이란 우리가 창세기부터 계시록까지 말씀을 읽고 묵상하고 그 말씀을 마음속에 깊이 믿고 말씀에 서서 우리는 살아나가는 것입니다.

그리고 우리가 믿음으로 산다는 것은 하나님은 죽은 자를 살리시며 없는 것을 있는 것같이 부르시는 하나님이기 때문에 기적을 믿습니다. 죽은 자를 살리는 것은 기적인 것입니다. 우리의 삶 속에 하나님이 함께 계셔서 기적을 베풀어주실 것을 우리는 믿습니다. 그리고 없는 것을 있는 것 같이 부르신 하나님이기 때문에 우리는 현재의 환경에 좌우되지 않습니다. 눈에는 아무 증거 안보이고 귀에는 아무 소리 안 들리고 손에는 잡히는 것 없어도 하나님의 말씀과 하나님의 언약이 우리 마음속에 주어지면 우리는 그 약속을 굳세게 믿고 조금도 흔들리지 않고 나가는 삶을 사는 것입니다.

그뿐 아니라 우리는 이 땅에서 천국을 누리다가 들어갈 영원한 천국이 있습니다. 이 세상을 하직하면 저 건너편에 하늘나라가 있는 것을 당연히 믿습니다. 그렇기 때문에 육신이 죽는 것을 두려워하지 않습니다. 때가 이르러 우리가 육신의 장막 집을 벗어버리면 손으로 짓지 아니한 영원한 집이 우리에게 있는 줄 확실히 믿습니다. 그러므로 우리의 모든 생활방식은 믿음으로 시작해서 믿음으로 끝냅니다. 우리는 믿음으로 살고 우리의 눈으로 보는 것으로 살지 않습니다. 이것이 영의 새로운 생활방식인 것입니다.

또 영의 새로운 생활 방식은 소망의 생활방식인 것입니다. 우리는 절대로 소망을 저버리면 안 됩니다. 예수 믿는 사람이 절망하고 좌절하거나, 그렇지 않으면 자살하거나 하는 것은 중대한 범죄입니다. 왜냐하면 우리는 궁극적인 소망을 가지고 있습니다. 이것은 우리가 세상을 떠나더라도 영원한 천국이 기다리고 있는 것입니다. 이 땅의 천국보다 훨씬 더 좋은 영원한 천국이 우리에게 약속되어 있기 때문에 우리는 끝없는 소망을 마음속에 가지고 있습니다. 베드로전서 1장 3절로 4절에 "찬송하리로다. 우리 주 예수 그리스도의 아버지 하나님이 그 많으신 긍휼대로 예수 그리스도의 죽은 자 가운데서 부활하심으로 말미암아 우리를 거듭나게 하사 산 소망이 있게 하시며 썩지 않고 더럽지 않고 쇠하지 아니하는 기업을 잇게 하시나니 곧 너희를 위하여 하늘에 간직하신 것이라"말한 것입니다.

이러므로 우리는 소망의 사람들이기 때문에 언제나 소망의 생활방식을 가져야 되는 것입니다. 우리의 현실적인 생활에도 하나님께서 우리의 현실의 삶을 다스린다는 것을 우리가 마음속에 깊이 알아야 되는 것입니다. 시편 145편 13절에 보면 "주의 나라는 영원한 나라이니 주의 통치는 대대에 이르리이다" 주께서 우리를 통치하시며 하나님이 우리를 다스려 주시기 때문에 우리는 영원한 소망을 가집니다. 현재는 어떠한 어려움이 다가와도 결국 하늘에 계신 하나님이 모든 것을 다스리고 계신다는 것을 알고 희망을 저 버리지 말아야만 되는 것입니다. 로마서 8장 28절에 "우리가 알거니와 하나님을 사랑하는 자 곧 그 뜻대로 부르심을 입은 자들에게는 모든 것이 합력하여 선을 이루느니라"고 말한 것입니다.

좋은 일과 나쁜 일, 슬픈 일과 기쁜 일, 잘 되는 일과 잘 안 되는 일, 이런 것이 다 합쳐서 종국에는 하나님께서 선하게 만든다고 말씀하셨음으로 우리는 그렇기 때문에 종국적인 소망을 저버려서는 안 되는 것입니다. 성경에는 하나님은 좋으신 하나님이라고 말씀했습니다. 도적이 오는 것은 도적질하고 죽이고 멸망시키는 것뿐이요, 인자가 온 것은 양으로 생명을 얻되 더 풍성히 얻게 하러 왔다고 예수님은 말씀했습니다. 다윗은 "하나님은 나의 목자시니 내게 부족함이 없다"고 말한 것입니다. "사랑하는 자여 네 영혼이 잘됨같이 네가 범사에 잘되며 강건하기를 간구한다"고 하나님은 말씀하고 있는 것입니다.

하나님은 좋은 하나님인 것입니다. 좋은 하나님을 모시고 있음으로 우리의 마음속에 좋은 소망이 넘쳐나지 아니할 수가 없습니다. 그러므로 영의 새로운 것으로 섬기는 우리들은 이제 소망의 생활방식을 가지고 언제나 마음을 긍정적으로 생각해야 됩니다. 프러스로 생각해야 됩니다. 좋은 일이 일어날 것을 기대하고 소망을 가져야 되는 것입니다.

그다음 사랑의 방식으로 살아야 되는 것입니다. 여기에 사랑이란 아가페 사랑인 것입니다. 요한복음 13장 34절에 "새 계명을 너희에게 주노니 서로 사랑하라 내가 너희를 사랑한 것같이 너희도 서로 사랑하라"고 말한 것입니다. 우리가 예수 그리스도 안에서 새로운 것으로 살기 위해서는 영의 새로운 것의 최첨단인 사랑의 방식을 가지고 살아야 되는 것입니다. 사랑은 내가 십자가를 짊어지는 사랑인 것입니다. 가정에서도 내가 그리스도의 사랑의 방식으로 사는 것은 남편이 먼저 가족의 모든 십자가를 앞서 걸머집니다. 아내가 십자가를 걸머집니다. 자녀가 십자가를 걸머집니다. 어려움을 내가 먼저 담당하고 다른 사람에게 도움을 베푸는 이것이 바로 사랑인 것입니다. 우리가 사랑의 생활을 한다는 것은 내가 다른 사람에게 무슨 도움을 받을까를 기대하는 것이 아니라, 내가 다른 사람에게 무슨 도움을 베풀 수 있을까? 수고하고 무거운 짐을 내가 걸머지고 다른 사람에게 쉼을 주고 자유를 주고 기쁨을 줄 수 있을까? 이것을 생각하는 것이 바로 사랑의 생활양식인 것입니다. 사랑이라는 것은 베푸는 것이지 사랑은 언제나 내게 주시옵소서 내게 주시옵소서 하는 이기주의적인 탕자적인 요구가 아닌 것입니다.

셋째로, 영이 이성을 장악한 새로운 정서를 가지고 살아야 하는 것입니다. 영의 새로운 정서란 영의 새로운 감정의 생활인 것입니다. 영으로 이성이 지배를 당한 삶입니다. 성경에는 "항상 기뻐하라 쉬지 말고 기도하라 범사에 감사하라"고 말했습니다. 예수를 믿고 거듭난 사람은 영의 새로운 것으로 섬기기 위해서는 항상 기뻐하면서 살아야 하는 것입니다. 오늘날 의학계에서는 이제 사람의 생각은 곧 물질로 하여 몸에 나타난다고 말한 것입니다. 사람들은 생각하기를 아! 우리 생각은 추상적인 것인데 그저 생각했을 뿐이지 뭐! 무슨 관계가 있느냐? 그렇게 말합니다. 그러나 그렇지가 않습니다. 우리의 생각은 곧장 우리의 육체에 관련해서 물질적으로 나타나게 되는 것입니다. 그러므로 우리의 마음속에 긍정적인 생각, 기쁨의 생각은 우리의 뇌 속에 엔도르핀이라는 호르몬을 생산해 냅니다. 이 엔도르핀은 저항력을 가지고 몸의 병을 저항해서 건강을 가져오고 면역성을 강하게 해서 병이 들지 않게 합니다. 젊음을 새롭게 하고 마음의 기쁨과 의욕을 일으키는 그런 호르몬인 것입니다. 이러므로 나는 단지 생각했을 뿐인데…. 아니요! 생각이 우리 뇌에 끼치는 영향력이 막대합니다. 그 생각에 따라서 뇌에서 발생하는 호르몬이 달라지는 것입니다. 그렇기 때문에 우리가 긍정적인 생각을 하고 기쁜 생각을 하고 진취적인 생각을 하면 우리의 뇌 속에 엔도르핀이 끊임없이 생산됩니다. 이 엔도르핀이 생산되기 때문에 언제나 기분이 좋습니다. 몸이 튼튼합니다. 병에 들지 않습니다. 젊음이 유지됩니다. 마음에 의욕이 충천하고 넘쳐나는 것입니다. 항상 마음에서 기쁨이 올라옵니다.

예수 믿는 사람들이 곱게 깨끗하게 젊게 늙는다는 이유는 예수 믿고 기뻐하기 때문에 언제나 엔도르핀이 생산되어서 끝까지 건강하고 피부도 아름답고 윤택하고 곱게 늙어가는 것을 말하는 것입니다. 그래서 육체가 영의 지배를 받으면 몸이 건강하게 지내는 것입니다. 성경에는 주님 앞에는 기쁨이 충만하고 그 우편에는 즐거움이 넘친다고 말한 것입니다. 우리 예수 믿는 사람은 항상 주님을 의지해서 기뻐하고 감사하면서 살아야 하는 것입니다. 어떠한 부정적인 환경에 갖다 놓더라도 항상 기쁨을 잃지 말라는 것입니다. 그렇게 해야 자신의 몸 속에 엔도르핀이 끊임없이 생산되어 그 어려운 역경을 이기고 나갈 수 있는 마음의 용기와 꿈과 건강과 능력이 생겨나는 것입니다.

사람의 육체가 영을 지배하여 부정적인 생각을 하면 아드레나인이 머리속에 많이 생산되는데 이 아드레나인은 강한 독성을 지녔다고 말합니다. 의학 잡지에 보니까 뱀의 독 다음에 가장 무서운 독이 우리 사람의 마음이 분노하고 염려하고 근심하고 흥분할 때 나오는 아드레나인 독이라는 것입니다. 뱀의 독 다음으로 무서운 독이라는 것입니다. 그러므로 이 아드레나인이 자꾸 계속 생산되면 혈관이 수축되고, 그래서 혈액이 잘 순환되지 않음으로 고혈압이 되고 심장병 혹은 뇌졸증이 일어나고 세포가 노화되고 또 활성산소를 많이 발생해서 면역력을 없애고 늙어져버리고 아주 패배하게 만드는 것입니다.

사람의 질병이 70%나 80%가 스트레스에서 일어난다고 합니다. 사람이 스트레스를 당하면 아드레나인이라는 독성이 막 몸에서 피 속으로 콸콸 쏟아져 들어옵니다. 그러므로 면역성이 없어지고 저항력이 떨어지므로 그냥 병에 걸려서 팍팍 쓰러집니다. 성인병의 100%는 스트레스로 온다고 합니다. 이 스트레스를 제거하는 길은 영이 육을 지배하는 길밖에 없는 것입니다.

성령으로 기도하여 영이 육을 지배하도록 해야 합니다. 성령으로 기도하고 주님께 맡겨 버리면 마음이 스트레스에서 해방되는 것입니다.

저도 마음속에 스트레스가 쌓여서 그냥 잠을 이룰 수 없이 가슴이 답답할 때가 한두 번이 아닙니다. 그럴 때마다 주님께 엎드려서 한 30분 동안 간절히 기도하고 나면 싹 씻은 듯이 스트레스가 사라지고 마음에 평화가 가득 차게 되는 것을 경험하게 되는 것입니다. 그렇기 때문에 쉬지 않고 기도하는 것은 끊임없는 마음속의 스트레스를 제거하고 하나님의 평화가 넘치는 삶을 살라고 주님께서 말씀하는 것입니다. 그리고 범사에 감사하는 정서를 가지고 사는 것은 불평은 어두움을 가져오고 감사는 밝음을 가져오게 되는 것입니다.

범사에 우리가 자꾸 감사하면 기뻐지는 것입니다. 사람들은 생각하기를 단지 내 생각에 불과하다고 말하는데 생각은 반드시 뇌를 자극하고 그 생각이 물질화 되는 것입니다. 생각은 바로 물질이다! 그걸 잊지 말아야 되는 것입니다. 그것이 바로 몸에 영향을 미칠 뿐 아니라, 그 사람의 인격에 영향을 미쳐서 그 사람이 성공하기도 하고 실패하기도 하는 원인이 되는 것입니다. 영이 육을 지배해야 육체와 정신이 건강합니다. 성령으로 기도함으로 영을 강하게 하시기를 바랍니다.

넷째로, 영의 새로운 도덕을 가지고 살아야 되는 것입니다. 성경은 에베소서 4장 24절에 "하나님을 따라 의와 진리의 거룩함으로 지으심을 받은 새사람을 입으라" 우리가 예수를 믿었으면 영의 새로운 도덕을 가지고 섬겨야 되는 것입니다. 즉 영의 새로운 도덕이란 의를 가지고 살아야 합니다. 의란 것은 어린양 에다가 밑에 내 아(我)자를 적은 것으로 '양을 내가 머리에 이고 산다. 즉, 다시 말하면 언제나 예수님을 모시고 산다.' 어떠한 일이 있어도 예수님이 이 자리에 계시면 어떻게 했었을까? 예수 님이 나와 함께 하시면 어떻게 판단했었을까? 예수님은 이 일을 했으면 어떻게 했을까? 언제나 예수님을 생각 위에 이고 사는 삶이 바로 의의 삶인 것입니다.

오늘날, 우리가 개인적 사업을 하든지, 공무원으로 일하든 지, 또 공공사업에 책임을 지고 있든지, 나 혼자 산다고 생각하 지 말고, 영의 새로운 도덕을 가진 사람은 예수님을 언제나 머 리 위에 이고 살아야 되는 것입니다. 그래서 예수님이면 어떻게 하겠는가?를 생각하고 예수님의 생각을 따라 성령의 인도로 살 면 그 사람은 자동적으로 의롭게 살게 되는 것입니다. 의를 저 버리면 개인도 망하고 사회도 국가도 망합니다. 정의가 없어지 면 모든 것은 파괴되어 버리고 마는 것입니다. 그 다음 영의 새 로운 도덕은 진리를 따라 사는 것입니다. 거짓을 버리고 참을 나타내야 됩니다. 골로새서 3장 9~10절에 "너희가 서로 거짓 말을 말라 옛사람과 그 행위를 벗어버리고 새사람을 입었으니 이는 자기를 창조하신 자의 형상을 좇아 지식에까지 새롭게 하 심을 받는 자"라고 말한 것입니다.

마귀는 거짓의 아비라고 말했습니다. 우리가 거짓말을 말할 때 마다 마귀를 초청합니다. 마귀의 영이 그 사람을 점령합니다. 성령은 진리의 영입니다. 우리가 진리를 말할 때마다 하나님의 성령을 인정하는 것이고, 거짓을 말할 때마다 마귀를 인정하게 되는 것입니다. 그 결과가 어떻게 되겠습니까? 마귀가 들어오면 종국적으로 도적질하고 죽이고 멸망시키는 일이 생길 것이요, 성령이 들어오면 생명을 얻되 넘치게 얻는 역사를 베풀게 될 것입니다. 말이 씨가 된다는 것을 잊지 말아야 됩니다. 거짓말은 파괴의 씨앗이 되고 참말은 건설적인 성공의 씨앗이 되는 것입니다. 이러기 때문에 우리는 진리를 따라 살아야 됩니다.

그리고 영의 새로운 도덕은 거룩함을 가지고 살아야 됩니다. 세속의 부패에서 벗어나서 살아야 되는 것입니다. 고린도후서 7장 1절에 "그런즉 사랑하는 자들아 이 약속을 가진 우리가 하나님을 두려워하는 가운데서 거룩함을 온전히 이루어 육과 영의 온갖 더러운 것에서 자신을 깨끗케 하자" 우리는 더러운 것에서 우리를 깨끗하게 하자는 것입니다.

그렇기 때문에 언제나 예수 믿는 사람은 영의 새로운 도덕을 가지고 의와 진리와 거룩함을 지키도록 노력하면서 애써야 되는 것입니다. 우리가 예수 믿고 새로운 피조물, 즉 영의 사람이 되었으니 이제 영의 사람, 성령으로 살아야만 합니다. 영의 사람만이 하나님과 함께 사는 사람이요, 하나님의 영광을 맡은 사람이 되는 것입니다. 영의 사람을 통하여서 하늘나라가 이 땅에 나타나고 하늘나라의 역사가 넘쳐나게 되는 것입니다.

우리들은 옛사람이 아닙니다. 그리스도 안에서 이전 것은 다 벗어 버렸습니다. 새로운 피조물이 되었습니다. 영으로 사는 사람이 된 것입니다. 이 세상 사람처럼 혼 즉, 인간중심으로 살고 육체로 살지 않습니다. 영이 마음과 몸을 다스리면서 영의 새로운 것으로 살아야만 되는 것입니다. 영의 새로운 의식을 가져야만 하는 것입니다. 영의 새로운 방식을 가져야만 되는 것입니다. 영의 새로운 정서를 가져야 되는 것입니다. 영의 새로운 도덕을 가져야 합니다. 우리의 전인격이 성령의 지배를 받고 살아갈 때 우리가 참 크리스천이 되고 우리의 사회와 국가와 세계를 변화시킬 수 있는 위대한 능력이 우리에게 나타나게 되는 것입니다. 그럴 때 자신과 가정의 영혼이 잘 되고 범사가 잘 되며 강건하고 생명을 얻되 넘치게 얻으면서 살아갈 수 있게 되는 것입니다.

성령이 전인격을 장악하여 하나님의 나라(천국)가 되었으니 육체(몸)이 건강한 것은 당연한 것입니다. 문제는 자신의 전인격이 성령의 지배를 받느냐, 받지 못하느냐가 문제입니다. 성령의 지배를 받으려면 먼저 성령으로 세례를 받아야 하기 때문입니다. 성령께서 전인격을 지배하면 몸이 건강한 것은 당연한 것입니다. 마음이 성령의 지배를 받아 천국이 되면 육체도 건강합니다. 그래서 예수를 믿으면 수명이 5-7년이 길어지는 것입니다. 왜냐하면 성령으로 심령이 지배를 받으면 마음이 평안해지기 때문입니다. 마음이 평안하니 몸이 제 기능을 다하여 건강할 수밖에 없는 것입니다. 모든 육체의 질병은 영에서 시작됩니다. 영이 제 기능을 하지 못하면 마음이 평안하지 못합니다. 영이 육체를 장악하도록 영의 의식으로 살아가시기를 바랍니다. 그래서 삶에서 육체가 건강한 천국을 누리시기를 바랍니다.

24장 동행하며 천국을 체험케 하시는 성령님

(요 14:16-17)"내가 아버지께 구하겠으니 그가 또 다른 보
혜사를 너희에게 주사 영원토록 너희와 함께 있게 하리니"

예수님은 세상 끝 날까지 너희와 항상 함께 하시겠다고 말씀
하셨습니다(마 28:20). 예수님을 믿고 성령으로 거듭난 성도는
성령으로 마음 안에 오신 예수님과 동행해야 합니다. 그래야 이
땅에서 천국을 누릴 수가 있습니다. 성령으로 세례 받고 성령으
로 기도하여 성령이 충만한 상태가 되어야 영이신 예수님과 동
행할 수 있다는 것을 먼저 이해해야 합니다. 성도가 예수님과 동
행을 해야 하나님의 은혜로 천국을 누릴 수가 있는 것입니다. 천
국을 누려야 영이신 하나님과 교통하는 성도이기 때문입니다.

예수님의 은혜로 이 땅에서 천국을 누리려면 예수님을 향한
사고와 생각이 바뀌어야 합니다. 예수님을 섬기기 위해서 믿음
생활하는 것이 아니고, 예수님과 동행하기 위해서 믿음 생활을
하는 사고로 바뀌어야 합니다. 예수님의 뜻에 합해야 동행할 수
있습니다. 하나님께서는 아모스 3장 3절에서 "두 사람이 뜻이
같지 않은데 어찌 동행하겠으며"라고 말씀하셨습니다. 예수님
과 생각이 같아야 동행할 수 있습니다.

예수님과 영성이 같아야 동행할 수 있습니다. 예수님과 동행
할 수 있어야 영육이 말씀과 성령의 지배를 받아 이 땅에서 천

국을 누릴 수가 있는 것입니다. 예수님과 동행하려면 성령으로 거듭나 예수님을 닮아가야 합니다. 예수님을 닮아가려면 예수님만 바라보아야 합니다. 예수님을 생각하며 예수님을 바라보면 예수님을 닮아가기 때문입니다.

첫째, 하나님을 섬기기 위해서 믿음 생활하는 성도가 있습니다. 하나님을 섬기는 것에는 반대할 이유가 없습니다. 그러나 바르게 알고 섬겨야 합니다. 예수님은 마태복음 20장 28절에서 이렇게 말씀하십니다. "인자가 온 것은 섬김을 받으려 함이 아니라 도리어 섬기려 하고 자기 목숨을 많은 사람의 대속 물로 주려 함이니라."예수님도 섬김을 받으러 오시지 않았다고 말씀하시는 것입니다. 반대로 많은 사람들의 대속 물로 자기 목숨을 주시려고 오셨다는 것입니다. 한마디로 죄인들을 살리려고 오셨다는 것입니다. 기독교는 생명의 복음입니다. 신을 섬겨서 복을 받으려는 죽은 종교가 아니라는 것입니다.

죄인이 예수를 믿어 죄를 사함 받아 새사람(하나님의 자녀)으로 태어나는 생명의 복음입니다. 일부 성도들이 하나님을 섬기는 신앙 생활을 하는 이유가 있습니다. 우리는 모두 세상에서 죄인으로 살다가 계기가 되어 예수를 믿고 교회에 들어온 성도들입니다. 세상에서 살아갈 때에 샤머니즘의 신앙생활을 했습니다. 샤머니즘의 신앙의 기본 틀이 신을 섬기는 것입니다. 신을 잘 섬겨서 신에게 복을 받으려는 신앙입니다. 신에게 잘 못 보이면 저주를 받는다고 알고 믿고 있습니다. 그래서 신을 신에게 잘 보여야 되기 때문에 신을 두려워하며 섬기는 것입니다. 신의 노여움을 사지 않도록 신에게 도움을 받아야 잘 될 수 있기 때문에 신에게 비는 것입니다. 신에게 빌기 위하여 신이 계시는 장소를 찾습니다. 절이나 사당이나 신을 모신 장소에 가서 손이 발이 되도록 빕니다. 심지어 가정에도 신을 모시는 장소를 만들어 놓습니다. 매일 새벽에 정안수를 떠놓고 잘되게 해달라고 빌었습니다.

이렇게 신앙생활 하던 것이 습관이 되어 예수를 믿고 교회에 들어와도 고쳐지지 않습니다. 예수를 믿고 성령으로 거듭나는 것에 목적을 두지 않고 하나님께 잘 보이려고 빕니다. 하나님과 동행이 무엇인지 교통이 무엇인지 알지 못합니다. 하나님께 잘되게 해달라고 빌어야 하기 때문에 하나님이 계신 곳을 찾습니다. 보이는 교회에만 하나님께서 계신다고 믿고 교회를 찾아 하나님께 비는 것입니다. 공공연하게 하나님을 잘 섬겨야 복을 받는 다고 말합니다. 어떻게 섬기는 것인지 바르게 알지도 못하면서 무조건 하나님을 섬긴다고 합니다. 또한 성경에 기록된 교회를 눈에 보이는 유형교회로만 인식을 합니다. 실상은 자신의 마음 안에 교회가 있는데 말씀과 성령으로 거듭나지 못하니 자신 안의 교회가 보이지를 않습니다.

그러니 자신 안에 있는 교회에 관심을 갖지 못합니다. 하나님께서 분명하게 마태복음 16장 18절에서 "또 내가 네게 이르노니 너는 베드로라 내가 이 반석 위에 내 교회를 세우리니 음부의 권세가 이기지 못하리라" 성경에 기록된 교회는 유형교회도 있지만, 성도의 심령에 있는 무형교회를 말하기도 합니다. 저는 개인적으로 이렇게 생각을 합니다. 율법주의자는 성경에 기록된 교회를 모두 유형교회로 본다는 것입니다. 율법주의자는 성령으로 영이 깨어나지 않은 신자이니 모두 보이는 것으로만 판단하기 때문입니다. 보이는 교회에 하나님께서 계신다는 것입니다. 율법으로 믿음 생활하는 사람들은 율법을 지켜야 하기 때문에 행위 위주의 믿음 생활을 하므로 구습이 변하지 않는 것입니다. 반드시 성도는 성령이 역사하는 진리를 듣고 말해야 변합니다.

반대로 예수를 믿고 성령으로 거듭나 영이 깨어나 진리를 알아듣고 말하는 성도는 성경에 기록된 교회를 무형교회로 본다는 것입니다. 이렇게 보는 것이 정확합니다. 하나님은 자신 안에 계십니다. 하나님은 고린도전서 3장 16절에서 "너희는 너희가 하나님의 성전인 것과 하나님의 성령이 너희 안에 계시는 것을 알지 못하느냐" 하나님은 영이시기 때문에 보이는 성전(유형교회)에 거하시는 것이 아니고, 성도의 마음 성전에 임재 하여 계십니다. 영이신 하나님은 특정한 장소(유형교회)에 거하지 않으시고, 예수를 주인으로 영접한 사람의 심령에 좌정하고 계신다는 말입니다. 그래서 자신 안에 임재 하여 계신 하나님과 교통해야 합니다. 그래야 하나님과 항상 동행할 수 있습니다.

그렇다고 보이는 성전(교회)이 필요가 없다는 것이 아닙니다. 자신 안에 있는 성전을 깨끗하게 하려면 생명의 말씀을 들어야 합니다. 성령의 역사가 심령에서 일어나게 해야 합니다.

이렇게 자신의 심령이 생명의 말씀을 듣고 깨어나게 하려면 교회에 가서 예배를 드리면서 목사님으로부터 진리의 말씀을 들어야 합니다. 성령으로 기도하여 성령 충만을 받아야 합니다. 이렇게 자신의 영을 깨우고 성령으로 충만 받으려면 자신의 능력으로는 한계가 있습니다. 한계를 극복하기 위하여 유형 교회가 있는 것입니다. 성도 간에 친교를 하고 모여서 말씀을 배우고 영성훈련을 하기 위하여 유형 교회가 필요한 것입니다. 깊은 영성을 유지하고 영적으로 자라야 하나님과 동행하며 친밀하게 지낼 수가 있습니다. 자신이 영적으로 자라는 만큼씩 하나님의 복이 따르는 것입니다.

자신의 믿음이 자라게 하기 위하여 보이는 유형교회가 필요한 것입니다. 유형교회에서 깊이 있는 생명의 말씀을 듣고, 성령으로 기도하며 성령 충만 받아 세상에서 살아가면서 자신 안에 계신 하나님과 끊임없이 교통하며 친밀하게 지내야 합니다. 그렇기 때문에 유형교회와 무형교회 모두가 잘되어야 하는 것입니다. 유형교회에 가서 목회자로부터 체험적인 진리의 말씀을 듣고 성령으로 기도하여 자신의 믿음이 자라기 위하여 보이는 교회가 잘 되어야 합니다. 그런데 하나님을 섬기기 위하여 신앙생활을 하는 신자들은 하나님을 섬기기 위하여 보이는 교회만을 생각하고, 보이는 교회 중심으로 믿음 생활을 하게 됩니다. 보이는 유형교회중심으로 믿음 생활을 하다가 보면 자신에게 중요한 심령교회에 관심을 갖지를 못합니다. 자연스럽게 중요한 자신의 심령 관리를 등한히하게 됩니다. 이런 이유로 인하여 예수를 십년을 믿어도 믿음이 자라지 않고, 전인격이 변하지 않는 것입니다. 성도는 심령에 거하신 성령님이 자신을 완전하게 장악할 때에 예수님의 인격으로 변화되는 것입니다. 그런데 보이는 성전에만 관심을 가지고 자신의 심령 성전에 관심을 등한히 합니다. 자연스럽게 자신 안에 성령하나님과 관계가 막혀서 예수를 믿어도 오만가지 문제로 고통을 당하면서 세상을 살아가는 것입니다.

그것뿐만이 아닙니다. 유형교회에 하나님이 계신다고 믿고, 자신의 문제나 가정의 문제나 자녀의 문제가 생기면 교회에서 살다시피 합니다. 실상은 자신의 심령에 계신 하나님께서 역사하셔야 문제가 풀리는데 말입니다. 그래서 교회나 기도원에 가서 기도하느라고 자녀들이나 가정관리를 등한히 하는 성도들이 많다는 것입니다. 제가 개인 특별집중치유를 하다가 보면 참으로 안타까운 경우를 봅니다. 마음의 상처로 인하여 영적으로 정신적으로 고통당하는 성도들을 치유하다가 보면 이런 일이 있습니다. 성령의 임재가 환자를 완전하게 장악을 하면 엄마~ 엄마~ 무서워요. 하는 분들이 있습니다. 성령님께 문의하면 유아 시절에 혼자 집에 있을 때 두려움의 상처가 생겼다는 것입니다.

그래서 보호자에게 문의 하면 백이면 백 모두 이렇게 대답을 합니다. 아기를 집에 두고 교회에 가서 기도를 했다는 것입니다. 하루 이틀 했으면 환자가 그렇게 외마디 소리를 하겠습니까? 참으로 무지한 것입니다. 이렇게 교회에서 철야를 해도 문제는 해결이 되지 않습니다. 교회에만 하나님이 계시는 줄 착각했기 때문입니다. 정작 자신 안에 하나님이 계시는데 보이는 교회에서 하나님께 목이 터지라고 기도했으니 문제가 해결이 될 리가 만무한 것입니다. 인간의 모든 문제는 자신 안에 계신 성령하나님이 역사해야 해결이 됩니다. 자신 안에 계신 하나님께 관심을 갖지 않으니 하나님께서 주무시는 것입니다. 그래서 문제가 해결이 되기는커녕 더 나빠지는 것입니다. 성령으로 기도하여 자신 안에 계신 하나님을 깨워야 합니다. 자신 안에 계신 성령하나님과 영의 통로를 열어야 합니다.

보이는 성전 중심으로 믿음 생활을 하면 중요한 자신 안의 심령 성전이 더러워질 수 있습니다. 하나님은 고린도전서 3장 17절에서"누구든지 하나님의 성전을 더럽히면 하나님이 그 사람을 멸하시리라. 하나님의 성전은 거룩하니 너희도 그러하니라." 여기서 말하는 하나님의 성전은 자신 안에 있는 심령 성전을 말하는 것입니다. 자신 안에 심령성전이 더러워서 성령하나님의 역사가 일어나지 않으니 자신에게 부과되고 있는 문제가 점점 더 강해지는 것입니다. 하나님은 사도행전 17장 24절에서"우주와 그 가운데 있는 만물을 지으신 하나님께서는 천지의 주재시니 손으로 지은 전에 계시지 아니하시고" 분명하게 사람의 손으로 지은 전에 계시지 않는 다고 말씀하십니다. 우리 하나님은 우리의 심령 성전에 계십니다. 그래서 하나님을 섬기면서 믿음 생활을 하는 성도는 하나님의 종입니다. 반대로 하나님과 동행하기 위하여 믿음 생활하는 성도는 하나님의 자녀입니다.

우리는 바르고 정확하게 알고 믿음 생활을 해야 합니다. 막연하게 알고 믿음 생활을 하면 낭패를 당합니다. 그래서 저는 우리 성도들에게 이렇게 말합니다. 하나님을 섬기기 위하여 믿음 생활하지 말고, 하나님과 동행하기 위하여 믿음생활을 하라고 합니다. 하나님은 사도행전 17장 24-25절에서 "우주와 그 가운데 있는 만물을 지으신 하나님께서는 천지의 주재시니 손으로 지은 전에 계시지 아니하시고, 또 무엇이 부족한 것처럼, 사람의 손으로 섬김을 받으시는 것이 아니니, 이는 만민에게 생명과 호흡과 만물을 친히 주시는 이심이라" 하나님은 사람의 손으로 섬김을 받지 않는 분입니다. 하나님은 예수님을 믿는 자들에게 생명과 호흡과 만물을 친히 주시는 하님이십니다. 생명을 주시는 하나님에 대해 잘못알고 하나님을 섬기려니 보이는 교회를 찾는 것입니다. 하나님께서 보이는 성전에 계신다고 믿기 때문입니다.

그러나 실상은 보이지 않는 자신 안에 거하십니다. 자신 안에 임재 하여 계시는 하나님과 친해지려면 자신 안에 계신 하나님을 주인으로 모시면서 관심을 가져야 합니다. 그래야 하나님과 동행할 수가 있는 것입니다. 하나님과 동행하면서 믿음생활을 하면 하나님의 역사로 세상에서 삶이 평안해지는 것입니다. 하나님의 역사로 마귀가 덤비지 못하기 때문입니다.

둘째, 하나님과 동행하기 위해서 믿음 생활을 하는 성도가

있습니다. 세상에는 하나님과 동행하면서 믿음 생활을 하는 성도들이 많습니다. 하나님과 동행을 한다는 것은 하나님과 뜻이 동일하다는 것입니다. 하나님과 생각이 동일하다는 것입니다. 하나님과 의지가 동일하다는 것입니다. 영이신 하나님과 24시간 교통한다는 것입니다. 하나님과 24시간 교통한다는 것은 무시로 기도한다는 것입니다. 하나님이 말씀하시는 "항상 기뻐하라. 쉬지 말고 기도하라. 범사에 감사하라"가 지속적으로 이루어지고 있다는 것입니다. 순간순간 하나님의 음성을 듣고 순종한다는 것입니다. 요셉이 보디발 장군의 집에서 머슴을 살 때도 함께 동행하셨습니다. 성경은 창세기 39장 2절에서 "여호와께서 요셉과 함께 하시므로 그가 형통한 자가 되어 그의 주인 애굽 사람의 집에 있으니"라고 말씀하십니다. 하나님이 요셉과 동행하니 보디발의 집이 잘됩니다. 하나님이 책을 읽는 당신과 함께하니 매사가 형통하여 천국을 누리는 것과 마찬가지입니다. 그리고 창세기 39장 23절은 "간수장은 그의 손에 맡긴 것을 무엇이든지 살펴보지 아니하였으니 이는 여호와께서 요셉과 함께 하심이라 여호와께서 그를 범사에 형통하게 하셨더라" 심지어 요셉이 감옥에 들어갔어도 하나님께서 요셉과 함께 하시니 감옥이 잘됩니다. 하나님께서 요셉과 동행한 것은 요셉이 하나님의 마음에 합했기 때문입니다.

모세는 출애굽기 34장 9절에서 이렇게 기도합니다. "이르되 주여 내가 주께 은총을 입었거든 원하건대 주는 우리와 동행하옵소서, 이는 목이 뻣뻣한 백성이니이다. 우리의 악과 죄를 사하시고 우리를 주의 기업으로 삼으소서" 하나님께서 모세의 기도를 들어주시어 모세와 동행합니다. 모세가 기도하는 것마다 응답하여 주십니다. 홍해에 길을 내주시고, 마라의 쓴물을 달게 하시고, 반석에서 물을 내시고, 철벽인 여리고성을 무너뜨려 주시고, 불 뱀에 물려 백성들이 죽어갈 때, 놋 뱀을 만들어 장대에 달게 하여 쳐다보는 자마다 살게 하십니다.

민수기 12장 3절에 "이 사람 모세는 온유함이 지면의 모든 사람보다 더하더라" 하나님께서 인정한 사람이 모세입니다. 모세는 하나님과 동행하며 대면한 사람입니다. "그 후에는 이스라엘에 모세와 같은 선지자가 일어나지 못하였나니 모세는 여호와께서 대면하여 아시던 자요"(신 34:10). 우리도 하나님과 대면하면서 살아가려면 하나님과 동행해야 합니다. 모세는 달랐습니다. 하나님께서 온유함이 지면에 뛰어났다고 하셨습니다.

민수기 12장 8절로 10절에 보면 "그와는 내가 대면하여 명백히 말하고 은밀한 말로 하지 아니하며 그는 또 여호와의 형상을 보거늘 너희가 어찌하여 내 종 모세 비방하기를 두려워하지 아니하느냐, 여호와께서 그들을 향하여 진노하시고 떠나시매, 구름이 장막 위에서 떠나갔고 미리암은 나병에 걸려 눈과 같더라. 아론이 미리암을 본즉 나병에 걸렸는지라"우리도 모세와 같이 하나님과 동행하면서 대면하는 영성이 되어야 합니다.

하나님과 동행하면 기적은 우리 안에 있습니다. 하나님을 주인으로 모시고 동행할 때 하나님의 생명이 우리 안에 역사하는 것입니다. 하나님과 동행하면 하나님만이 하실 수 있는 일이 우리 삶에 이루어집니다. 한마디로 기적을 체험한다는 것입니다. 하나님께서 성령으로 감동하실 때 순종하면 기적을 체험하는 것입니다. 그런데 아무리 입으로 주여!를 일 년 내내 외쳐도 하나님만이 하실 수 있는 일이 우리 삶에 이루어 지지 않는 다면 하나님의 생명이 끊어진 죽은 자에 지나지 않습니다. 빨리 원인을 찾아 해결해야 합니다. 우리는 기적을 바라고 찬양도 하지만, 그 기적이 우리 삶에 실재로 이루어지리라고 기대하지 않습니다. 그래서 뜨겁게 기도하면서도 금방 불평하고 낙심하는 자리에 갑니다. 우리는 늘 하나님의 기적을 체험하며 살아가는 자가 되어야 합니다. 기적은 사소한 일상에서 일어나며 말씀과 성령으로 깨어있는 자는 볼 수 있습니다. 하나님과 동행하려면 우리들을 향하신 하나님의 생각을 알아내기를 열망해야 합니다. 우리는 자기 자신의 생각을 하나님이 알아주시고 이루어 주시길 바라는 데 익숙해 있습니다. 그렇게 되면 우리의 신앙은 자라나지 않습니다. 우리는 성령으로 기도하여 하나님의 생각을 알기를 열망하고 하나님의 생각대로 행동하려고 결단해야 합니다. 하나님과 동행하는 성도는 하나님의 생각을 알려고 열망해야 하고, 하나님의 생각을 따라 순종해야 합니다.

하나님이 무엇을 기뻐하시는지에 초점을 두어야 합니다. 자신의 생각을 붙잡는 자는 자기를 기쁘게 하는데 초점을 두고, 하나님의 생각을 붙잡는 자는 하나님이 기뻐하시는 데에 초점을 둡니다. 하나님은 하나님을 섬기려고 하는 종교의식을 기뻐하지 아니하십니다. "주께서는 제사를 기뻐하지 아니하시나니 그렇지 아니하면 내가 드렸을 것이라 주는 번제를 기뻐하지 아니하시나이다. 하나님께서 구하시는 제사는 상한 심령이라 하나님이여 상하고 통회하는 마음을 주께서 멸시하지 아니하시리이다"(시 51:16). 하나님과 동행하려면 하나님의 음성을 들어야 하며, 또 하나님의 음성 듣길 열망해야 합니다. 하나님의 음성을 들으려면 하나님께 끊임없이 질문해야 합니다. 우리가 하나님의 음성을 듣지 못하기 때문에 자기방식대로 하나님을 사랑하며 하나님을 섬기는 것입니다.

하나님과 동해하려면 하나님을 체험하기를 열망해야 합니다. 하나님의 길을 따라가야 합니다. 성령의 인도를 받으라는 말입니다. 그래서 늘 성경을 가까이 하고 성경을 볼 때에도 하나님의 관점에서 하나님이 무엇을 말씀하시고자 하는 지에 초점을 두어야 합니다. 하나님의 뜻대로 행하는 것이 의무가 아니라, 하나님과 교통하는 것이 즐거움이 되어야 하나님과 동행합니다.

셋째, 하나님과 동행하는 믿음 생활을 하기 위해서 어떻게 해야 합니까? 에녹과 같은 삶을 살아야 합니다. 창세기 5장 24절에서 "에녹이 하나님과 동행하더니 하나님이 그를 데려가시므로 세상에 있지 아니하였더라" 에녹은 도덕적 능력이 매우 약한 부패한 세대에 살았습니다. 그의 주위는 더러움이 만연하였으나 그는 하나님과 더불어 동행하였습니다.

에녹은 마음을 하나님께 바치도록 교육받았기 때문에 순결하고 거룩한 사물들을 생각하였습니다. 그러므로 에녹은 거룩하고 신령한 사물에 관하여 이야기하였습니다. 에녹은 하나님의 동료가 되었습니다. 에녹은 하나님과 동행하였으며 그의 권면을 받았습니다. 에녹은 우리와 마찬가지로 우리가 만나는 동일한 시험들과 더불어 싸우지 않으면 안 되었습니다.

에녹을 둘러쌌던 사회는 현재 우리를 둘러싸고 있는 사회보다 더 의롭지 못하였습니다. 에녹이 숨을 쉬는 분위기는 우리의 분위기와 마찬가지로 죄와 부패로 더럽혀져 있었습니다. 그러나 에녹은 그가 살았던 세대의 만연된 죄로 인하여 더럽혀지지 않았습니다. 그러므로 우리도 충실한 에녹이 행한 것처럼, 순결하고 부패되지 않은 채 남아 있을 수 있습니다. 그것은 성령의 인도를 받는 것입니다. 우리가 성령의 인도함을 받기 위해서는. 성령 안에서 기도하고, 성령 안에서 찬송하며, 성령 안에서 예배드리고, 성령 안에서 봉사하고, 성령 안에서 치유하며, 성령 안에서 사는 법을 배워야 합니다(빌3:3).

먼저, 성령 안에서 기도하는 생활을 통하여 성령의 인도를 받아야 합니다. 기도는 영혼의 호흡이요, 하나님과의 대화라 합니다. 이것은 가장 깊숙한 곳에 거하는 영의 흐름이 외부적으로 흘러나오는 것입니다. 영력이 흘러나오고 영적 생명이 흘러나옴으로 영에 몰입됨으로 인하여 성령 안에서 기도할 수 있게 되는 것입니다. 영력은 우리 몸의 지성소인 영속에 임재 하여 계시는 하나님의 능력입니다. 우리가 지성소에 계시는 하나님을 만나기 위해서는 성령의 인도를 받는 깊은 영의 기도가 되어야 합니다. 이 기도를 통하여 하나님으로부터 주어지는 각종 은혜와 능력과 응답을 받게 됩니다. 이러한 기도를 통하여 하나님으로부터 주어지는 생명이 우리의 심령을 거룩하게 만들어가고, 영적인 생명과 능력을 키워 나가는 것입니다. 열매가 맺어지고 영적인 지각이 예민해지고 영성이 개발되어집니다.

그러므로 성령 안에서 기도하는 훈련이 필요합니다. 우리의 간구는 마음의 소원이나 원하는 바를 구함으로 성령 안에서 기도하기가 심히 어렵습니다. 그러나 영으로 기도하고 마음으로 기도하면 성령 안에서 기도하기가 쉬워집니다. 성령에 몰입되어 아무런 자신의 생각이나 욕심도 없이 오로지 하나님으로부터 주어지는 것을 받게 되는 기회가 되기 때문에 영으로부터 주어지는 각종 은혜와 능력과 은사가 넘치게 됩니다.

영적인 기능과 지각이 발달됨으로 성령의 인도함을 따르는 성도가 됩니다. 성령 안에서 기도하기 위하여 성전 뜰에서 먼저 육신의 생각으로 기도하지만, 시간이 흐르고 마음이 안정이 되고, 생각이 주님의 사랑과 말씀을 묵상하면서 진지하고 순전한 마음으로 하나님의 성소에서 깊어지는 영의기도를 하게 됩니다.

그리고, 영으로 사는 삶을 통하여 성령의 인도를 받아야 합니다. 하나님은 데살로니가 전서 5장 17-18절에서 "항상 기뻐하라. 쉬지 말고 기도하라. 범사에 감사하라 이는 그리스도 예수 안에서 너희를 향하신 하나님의 뜻이니라." 고 말씀하십니다. 항상 영의 상태가 되게 하라는 것입니다. 영의 상태가 되어야 영이신 하나님과 동행하며, 교통하기 때문입니다.

25장 영원한 천국을 누리게 하시는 예수님

(계 22:1-5)"또 저가 수정같이 맑은 생명수의 강을 내게 보이니 하나님과 및 어린 양의 보좌로부터 나서 길 가운데로 흐르더라 강 좌우에 생명나무가 있어 열두 가지 실과를 맺히되 달마다 그 실과를 맺히고 그 나무 잎사귀들은 만국을 소성하기 위하여 있더라. 다시 저주가 없으며 하나님과 그 어린 양의 보좌가 그 가운데 있으리니 그의 종들이 그를 섬기며 그의 얼굴을 볼터이요, 그의 이름도 저희 이마에 있으리라. 다시 밤이 없겠고 등불과 햇빛이 쓸데없으니 이는 주 하나님이 저희에게 비취심이라 저희가 세세토록 왕노릇하리로다."

하나님은 예수를 믿는 하나님의 자녀들이 지금 천국과 아브라함의 복을 받아 누리면서 하나님의 나라를 건설하다가 영원한 천국에 입성하기를 원하십니다. 천국에 대하여 종합적으로 정리를 해보겠습니다.

첫째, 천국을 어떻게 체험할 수 있겠습니까? 우리는 먼저 내재적인 천국을 체험할 수 있는 것입니다. 예수님께서는 "회개하라 천국이 가까워왔느니라"고 말씀하고 계시는 것입니다. 천국은 우리가 죽어서 올라가는 곳이 아니라, 주님께서 이 땅에 오실 때 천국을 가지고 오셔서 우리가 마음속에 진심으로 예수님을 주인으로 모시고 회개만 하면 천국이 우리 속에 들어올 수 있다는 것을 말씀하신 것입니다. 그것은 누가복음 17장 22절에 "예수께서 말씀하시기를 하나님의 나라는 너희 안에 있느니라"고 말씀하셨기 때문인 것입니다. 그러므로 천국을 지상에서 체험하기 위해서는 성령의 임재 가운데 진실된 마음속에 회개가 이루어져야 합니다. 참된 회개 없이 천국이 우리 속에 들어와서 역사하지 않습니다. 회개란 지적으로 죄인임을 시인하는 것이 아닙니다. 회개란 성령으로 충만한 영의 상태에서 영의 차원에서 성령으로 하는 것입니다.

우리가 마음속에 깊은 통회와 자복을 가지고 회개하고 하나님 앞에 나아와서 예수 그리스도의 보혈로 씻게 되면 하나님이 우리의 마음을 점령하게 되는 것입니다. 하나님의 성령님은 바로 이 땅에서 천국을 누리게 하시는 분이신 것입니다. 하나님의 성령이 우리 마음을 점령하면 우리는 눈에 보이지 않고 귀에 들리지 않고 손으로 만져 보지 않았지만 천국의 임재하심이 온 우리 몸 전체를 감싸버려서 스스로 천국을 느끼고 보도록 하는 것입니다. 마치 어머니 품에 안기는 것처럼 성령님의 품에 안겨서 성령께서 우리 마음을 점령하므로 천국을 우리는 마음속에 체험적으로 흔들리지 않게 체험할 수 있는 것입니다.

성령은 우리의 마음속에 의의 체험을 가져다가 줍니다. 내적으로 깨끗한 마음을 주시며 마음이 담대해져서 하나님 앞에 과감하게 나아가 아버지, 아버지라고 불러도 조금도 마음에 부끄러움을 느끼지 않는 이러한 내적인 의로움을 허락하여 주시는 것입니다. 이것은 체험해 보지 않는 사람은 알 수 없습니다. 체험해 보지 않은 사람은 늘 하나님 앞에 주저주저 하고 나갈 때 자신이 없고 늘 마음속에 위축되고 죄인이라는 감정이 꽉 들어차 있지만 천국이 마음속에 성령으로 임하시면 그렇게 마음속에 의롭고 담대하고 하나님 앞에 조금도 부끄러움이 없이 설 수 있는 확신이 올 수 있는 것입니다. 거기에 보태어서 천국은 마음속에 평화를 가져오는 것입니다. 초자연적인 내적 평안인 것입니다. 인간의 두뇌로서는 도저히 상상할 수 없는 그와 같은 평화가 마음에 꽉 들어찹니다. 이 세상에는 불안과 공포, 초조와 절망이 꽉 들어찬 세상인 것입니다. 마귀는 와서 더 우리 마음속에 불안, 초조, 고통, 절망을 가져옵니다만, 예수 그리스도께서 천국을 우리 마음속에 주실 때 우리의 영혼 속에 깊이깊이 넘쳐오는 그 평안은 말로써 형언할 수 없습니다. 즉시로 천국이 내 속에 와 있구나 하는 것을 느낄 수가 있는 것입니다.

둘째, 우리는 환경에서 천국을 체험할 수 있는 것이다. 예수 그리스도를 구주로 믿을 때 다가오는 그 깊은 인격적인 변화는 천국이 실제적으로 있다는 것을 보여주는 것입니다. 유명한 찬송 작가인 존 뉴턴은 말할 수 없이 악한 사람이었습니다. 그는 노예 상인으로서 아프리카에 가서 무자비하게 아프리카 흑인들을 붙잡아 왔습니다. 그래서 남편을, 아내를, 자식을 각각 분리해 잡아서 배에다가 짐짝처럼 싣고 대서양에 가서 미국에 가서 팔아먹는 노예 상인이었습니다. 그러나 그가 한 때 바다의 큰 풍랑을 만나 죽음의 위기에 처했을 때, 그는 하나님 앞에 엎드려서 내 영혼을 구원해 주면 나의 여생을 주님을 위해서 살겠다고 기도한 결과로 바다의 풍랑 가운데서 예수님을 만나게 되고 그의 영혼은 깊은 변화를 받았습니다. 그는 완전히 새사람이 되었습니다.

그는 노예 상인으로서 노예를 잡아다가 미국에 팔은 그 죄악을 철저히 청산하고 회개하고 주의 종이 되어 일평생 목숨을 바쳐 주를 위해서 살았습니다. 그가 지은 노래가 '크신 은혜 복된 말씀 죽은 나 살렸네 죽은 영혼 다시 살았다'는 이 위대한 체험담을 노래하게 된 것입니다. 이와 같이 천국이 살아서 역사 한다는 것은 우리가 예수 믿을 때 그 인격적으로 깊은 변화가 다가오는 것을 보고 체험할 수 있는 것입니다.

또한 귀신을 쫓아낼 때 하나님의 천국이 우리 주위에 이미 와서 역사 하는 것을 알 수 있습니다. 누가복음 11장 20절에 "그러나 내가 만일 하나님의 손을 힘입어 귀신을 쫓아내는 것이면 하나님의 나라가 이미 너희에게 임하였느니라"고 예수님께서 말씀하신 것입니다. 이렇기 때문에 마가복음 16장 17절에 "믿는 자들에게는 이런 표적이 따르리니 곧 저희가 내 이름으로 귀신을 쫓아내며 새 방언을 말하며 뱀을 집으며 무슨 독을 마실지라도 해를 받지 아니하며 병든 자에게 손을 얹은즉 나으리라"고 한 것은 바로 천국이 오늘날 성령을 통하여 그 능력이 우리 가운데 나타나서 귀신이 쫓겨가는 것을 체험하고, 보게 되는 것입니다.

몇 년 전에 제가 어느 청년에게서 메일을 받았습니다. 자신은 정신병에 걸려서 두 번이나 자살을 기도했습니다. 한 번은 완전히 칼로써 자기의 목을 베었기 때문에 살아나더라도 다시는 말을 할 수 없는 사람이 된다고 그런 선고까지 받았습니다. 그러나 다행히 고침을 받고 잘 지내다가 정신병이 재발해서 자살을 기도했습니다. 고등학교 이후로 지금까지 계속해서 이 정신병원에서 저 정신병원으로 이 수용소에서 저 수용소로 처참한 고통 가운데 지옥 같은 인생을 살아가며 인간이 약물로써 해결할 수 없는 비극을 안고 살아갔었습니다. 그러나 그의 가족 중에 열심히 주를 믿고 교회에 출석하는 사람이 있어서 교회로 인도함을 받아 왔었습니다. 그리고 이 교회에 와서 하나님의 말씀을 듣고 안수 기도를 받고 성령으로 세례를 받고 난 다음에 귀신이 쫓겨 나가고, 이 한없는 정신적인 고통에서 깨끗이 고침을 받았습니다. 저의 삶은 지옥에서 천국으로 이동하였습니다. 그래서 직장을 얻고 정상적인 생활을 하면서 너무 감격하고 감사하여 이 사실을 목사님께 메일로라도 간증하지 않고 견딜 수 없어서 메일을 보낸다고 말한 것입니다. 이 말을 충만한교회 치유를 받으러 오는 분들에게 해달라는 것입니다. 오늘날도 지옥 같은 세상을 살아가는 분들에게 성령으로 천국은 나타나서 귀신들이 쫓겨나가 포로된 자에게 자유를 선포하는 위대한 역사를 베풀어주시는 것입니다.

병 고침은 역시 천국의 체험인 것입니다. 예수님께서 70인의 제자들에게 이런 말을 하신 것입니다. 누가복음 10장 9절에 "거기 있는 병자들을 고치고 또 말하기를 하나님의 나라가 너희에게 가까이 왔다 하라" 주님께서는 반드시 천국을 전파하고 난 다음에는 병을 고치고 병을 고친 다음에는 이것이 바로 하늘나라가 너희에게 가까이 왔다는 증거를 말하라고 한 것입니다. 이러므로 병 고치는 것과 천국은 분리하려야 분리할 수가 없는 것입니다. 천국이 전파되는 곳에 병 고침이 있고, 병 고침이 있는 곳에 천국의 전파가 있는 것입니다. 희한하게도 예수님 당시에는 예수님이 아무리 병을 고쳐도 예수님 병 고침에 대해서는 아무 논란을 안

했습니다. 그러나 예수께서 죄인을 용서해주자 그가 참람하다 어찌 사람이 죄를 용서하느냐고 예수님을 공격했습니다.

그러나 오늘날에 와서는 예수께서 사람들의 죄를 용서해 준 것에 대해서는 아무런 반발을 안 합니다. 그러나 예수 이름으로 귀신을 쫓아내고 병을 고치면 오늘날 사람들은 이제 병을 고치는 시대는 지나갔다, 교회에서 무슨 병을 고치냐고 오히려 반박하는 목회자가 있습니다. 그러나 천국이 전파되는 곳에는 오늘날에도 귀신이 떠나고, 병 고치는 역사로 불치의 질병들을 고침받고 우리는 건강하고 새로운 사람이 되는 것입니다. 예수께서 말씀하시기를 "도적이 오는 것은 도적질하고 죽이고 멸망시키려는 것뿐이요 내가 온 것은 양으로 생명을 얻되 더 풍성히 얻게 하려 함이라"고 말씀하신 것입니다. 이러므로 천국이 우리 가운데 임하여 계시기 때문에 병 고치는 역사가 우리 가운데 올 수 있는 것입니다. 우리는 병에서 놓여남을 받을 수 있는 것입니다.

천국의 임재는 또한 축복의 형태로 나타날 수 있는 것입니다. 고린도후서 6장 1절로 2절에 "우리가 하나님과 함께 일하는 자로서 너희를 권하노니 하나님의 은혜를 헛되이 받지 말라 가라사대 내가 은혜 베풀 때에 너를 듣고 구원의 날에 너를 도왔다 하셨으니, 보라! 지금은 은혜 받을 만한 때요, 보라! 지금은 구원의 날이로다" 하나님께서는 지금이 은혜 받을 때요, 지금이 구원을 얻을 때라고 하신 것입니다. 이 때 은혜를 받지 못하고 이때 구원의 체험을 하지 못하면 하나님의 책임이 아니라, 사람들이 믿지 않고 기도하지 않기 때문에 그렇게 된 것입니다.

이러므로 오늘날에 우리가 진실로 회개하고 그리스도의 십자가 대속의 그 깊은 은혜의 말씀을 깨닫게 되면 성령의 역사로 천국의 역사가 나타나서 우리가 저주와 가시덩굴에서 가난과 저주에서 벗어남을 받을 수가 있는 것입니다. 이것이 또한 우리 환경 가운데 천국의 역사인 것입니다. 하나님의 성령께서 역사 하는 곳마다 가시는 물러갑니다. 엉겅퀴도 물러갑니다. 하나님의 성령이 역사 하는 곳에 저주도 물러가고 가난도 물러가는 것입니다.

"예수 그리스도의 은혜를 너희가 알거니와 저가 부요하신 자로서 너희를 인하여 가난하게 되심은 저의 가난하심으로 인하여 너희로 부요케 하려 하심이라"고 성경은 밝히 말씀하고 있는 것입니다. "그리스도께서 우리를 위하여 저주를 받은바 되사 율법의 저주에서 우리를 속량하셨으니 이는 기록된바 나무에 달린 자마다 저주 아래 있는 자라 하였음이라" 이는 그리스도 예수 안에서 아브라함의 복이 이방인에게 미치게 하고, 자신에게 미치게 하고, 모든 믿는 자에게 미치게 하고, 믿음으로 말미암아 성령을 선물로 받게 하심이라고 성경은 밝히 말씀하고 있는 것입니다.

이러므로 축복의 체험은 바로 오늘날 천국이 우리 가운데 와서 역사 하는 체험인 것입니다. 이렇기 때문에 천국이 여기 있다 저기 있다고도 못합니다. 오늘날 천국은 우리 가운데서 역사하사 인격적인 변화를 가져오며, 귀신을 내어 쫓아내며 병을 고치며, 환경의 문제를 해결하고 우리에게 은혜와 축복과 구원을 주는 역사를 베풀고 있기 때문에 아무도 천국의 임재 함을 부인할 도리가 없는 것입니다.

셋째, 죽고 난 다음에 사후의 천국에 대해서 진실로 확실한 약속이 있을까요? 성경은 예수님께서 부자와 거지 나사로의 실례를 들어서 말하고 있는 것입니다. 주님께서는 예가 아니라 실재적인 인물을 들어서 말씀하신 것입니다. 한 곳에 부자가 살았었습니다. 그는 자색 옷을 입고 밤낮 연락하며 쾌락주의 자였습니다. 그는 무신론자였습니다. 그의 대문 밖에서 온 몸에 병이 들어서 앓아누워 있으면서 부자의 밥상에서 떨어지는 것을 주워 먹는 거지는 비록 생활은 어렵고 고통스러웠으나 그는 하나님을 공경하고 경외하는 사람이었습니다. 세월이 흘러갔습니다. 부자도 죽었습니다. 거지도 죽었습니다. 그들이 어떠한 아름다운 장례식을 했는지는 모르겠습니다. 그러나 성경은 밝히 말하기를 나사로는 천사들의 품에 안겨서 낙원으로 들어갔고 부자는 불붙는 음부에 들어가서 불꽃 가운데서 고통하며 고민하면서 천국을 바라보았습니다.

낙원에서 아브라함의 품에서 희희낙락하고 있는 나사로는 보고서 그는 외쳤습니다. "아버지 아브라함이여! 나사로를 보내어서 그 손가락으로 찬물 한 방울 적셔 내 혀를 서늘하게 하여 주옵소서. 내가 이 불꽃 가운데서 고민하나이다." 오늘날 사람이 죽고 나면 아무것도 없다는 것은 다 거짓말입니다. 예수께서 말씀하신 그 사실을 보면 분명히 희희낙락하는 낙원이 있고 불꽃 가운데서 영원히 고민하는 음부가 있는 것입니다. 그렇기 때문에 천국이 있고 반드시 음부가 있는 것입니다.

예수님께서도 요한복음 14장 1절로 3절에 말씀하시기를 "너희는 마음에 근심하지 말라 하나님을 믿으니 또 나를 믿으라. 내 아버지 집에 있을 곳이 많도다. 그렇지 않으면 네게 일렀으리라. 내가 너희를 위하여 처소를 예비하러 가노니 가서 처소를 예비하면 다시 와서 나 있는 곳에 너희도 함께 있게 하리라"고 말씀하신 것입니다. 예수께서 천국이 없는데 무엇 때문에 이런 말을 지어서 말할 리가 있겠습니까? 진리이신 하나님께서 거짓을 할 도리가 없는 것입니다.

예수 그리스도의 수제자인 바울 선생은 그의 체험을 통해서 고린도후서 12장 1절로 4절에 이렇게 말했습니다. "무익하나마 부득불 내가 자랑하노니 주의 환상과 계시를 말하리라. 내가 그리스도 안에 있는 한 사람을 아노니 14년 전에 그가 셋째 하늘에 이끌려 간지라. 그가 몸 안에 있었는지 몸 밖에 있었는지 나는 모르거니와 하나님은 아시느니라. 내가 이런 사람을 아노니 그가 몸 안에 있었는지 몸 밖에 있었는지 나는 모르거니와 하나님은 아시느니라. 그가 낙원으로 이끌려 가서 말할 수 없는 말을 들었으니 사람이 가히 이르지 못할 말이로다." 바울 선생은 이 편지를 쓰기 14년 전에 그는 하늘나라에 올라갔었습니다. 셋째 하늘에 올라가서 도저히 사람의 말로써는 설명할 수도 없는 희한하고도 영광스러운 천국의 광경을 그는 보았습니다. 그렇기 때문에 바울 선생은 담대하게 말했습니다. "내가 천국에 올라갈 때 어찌나 현실 세계보다 뚜렷한지 몸 안에서 올라갔는지 몸 밖에서 올라갔는지 내 스스로는 분간할 수가 없었다"고 말한 것입니다.

그러므로 사람들은 생각하기를 천국에 올라가면 희미한 꿈꾸는 안개 같을 것이라고 생각하는 사람이 많습니다. 그러나 바울은 말하기를 현실적인 세계에 사는 것보다 더욱 천국이 확실했기 때문에 내가 죽어서 천국에 올라갔는지 내가 살아서 올라갔는지 분간을 할 수 없었다고 바울은 분명하게 말한 것입니다.

오늘날 신학자들은 대개 여기에 동의합니다. 바울이 루스드라에서 복음을 전하다가 원수들에게 돌로 치어 맞아 죽었었습니다. 원수들이 죽은 바울의 시체를 끌어다가 저 시 변두리에 있는 시체 방치소에 내 던져 버렸습니다. 그런데 바울이 제자들이 기도하는 가운데 살아서 일어났습니다. 아마 그 동안에 바울은 셋째 하늘에 올라갔다가 내려 왔다고 믿고 있는 것입니다. 이러므로 바울 선생은 분명하게 천국의 체험을 하고 우리에게 말하고 있는 것입니다.

그렇기 때문에 고린도후서 5장 1절에 바울은 담대하게 말하기를 "만일 땅에 있는 우리의 장막 집이 무너지면 하나님께서 지으신 집 곧 손으로 지은 것이 아니요 하늘에 있는 영원한 집이 울이게 있는 줄을 안다"고 그는 확신해서 말했었으며, 빌립보서 1장 21절로 23절에 "이는 내게 사는 것이 그리스도니 죽는 것도 유익함이라. 그러나 만일 육신대로 사는 이것이 내 일의 열매일진대 무엇을 가릴는지 나는 알지 못하노라. 내가 그 두 사이에 끼였으니 떠나서, 그리스도와 함께 있을 욕망을 가진 이것이 더욱 좋으나"라고 말한 것입니다. 바울은 차라리 나는 이 육신을 떠나서 예수 그리스도와 함께 있는 욕망이 더욱 좋다고 말한 것입니다.

오늘날 우리 사람들은 천국을 체험하지 못하고 마음에 불안과 두려움이 있기 때문에 소똥 밭에 굴러도 세상에 살겠다고 애걸복걸하지만, 바울 선생은 말하기를 차라리 내게 선택권을 준다면 나는 내 몸을 떠나 예수 그리스도와 같이 있을 것이 더 좋다고 담대하게 말한 것은 바울은 천국을 직접 체험해 보았기 때문인 것입니다. 그래서 기독교는 체험의 종교입니다.

넷째, 우리가 장차 갈 천년 왕국은 어떠한 곳일까요? 이제 얼마 있지 아니하면 주님께서 재림하십니다. "주께서 호령과 천사장의 고함과 하나님의 나팔로 친히 하늘로 좇아 강림하시리니 주 안에서 죽은 자들이 먼저 일어나고 살아남은 우리들이 다 변화되어 공중으로 올라갈 것이라" 거기에서 우리들을 그리스도와 함께 천 년 동안 어린 양의 혼인 잔치에 참여하는 것입니다. 그리고 난 다음 7년 동안 세상에는 역사 이래 보지 못한 가장 처참한 환란이 있고 난 다음에 7년 환란 이후 예수 그리스도는 신부들, 주의 성도들과 함께 지상에 재림하는 것입니다.

그래서 지상에 재림해서 7년 환란 동안 그리스도를 위해서 순교 당한 사람이 모두 다 살아 일어나고 저들과 더불어서 이 땅에서 천년 동안 왕 노릇 합니다. 적그리스도와 거짓 선지자들은 불과 유황이 타는 못에 던져버리고, 마귀는 천 년 동안 무저갱에 가두어 버리고 그래서 죄가 없고 악이 없는 세상에 천 년 동안 왕 노릇하는 천년 왕국이 있는 것입니다.

성경은 요한계시록 20장 4절로 6절에 이렇게 말합니다. "또 내가 보좌들을 보니 거기 앉은 자들이 있어 심판하는 권세를 받앞더라. 또 내가 보니 예수의 증거와 하나님의 말씀을 인하여 목 베임을 받은 자의 영혼들과 또 짐승과 그의 우상에게 경배하지도 아니하고 이마와 손에 그의 표를 받지도 아니한 자들이 살아서 그리스도로 더불어 천 년 동안 왕 노릇 하니 (그 나머지 죽은 자들은 그 천 년이 차기까지 살지 못하더라) 이는 첫째 부활이라. 이 첫째 부활에 참예하는 자들은 복이 있고 거룩하도다. 둘째 사망이 그들을 다스리는 권세가 없고 도리어 그들이 하나님과 그리스도의 제사장이 되어 천 년 동안 그리스도로 더불어 왕 노릇하리라" 지금 예수를 믿고 성령으로 거듭난 사람들은 모두다 첫째 부활에 참석할 자들인 것입니다. 우리는 다 예수 안에서 첫째 부활에 참석하여 그리스도와 더불어 천 년 동안 왕노릇할 것인 것입니다.

다섯째, 이제 신천신지 영원무궁 세계가 우리 앞에 다가오는 것이다. 이것은 이제 천 년이 차고 난 다음에 하나님께서 마귀를 무저갱에서 풀어 놓으사, 잠시 동안 온 세계에 알곡과 쭉정이를 분별하게 하고 난 다음에 그 다음 주님께서 백보 좌를 베풀고서 역사 이래로 죽은 사람들이 다 부활하게 해서 주님께서 마지막 심판을 하는 것입니다. 생명책에 기록하지 않은 모든 사람들은 사탄과 그 사자들과 함께 모두다 영원히 불과 유황으로 타는 못으로 던져버립니다. 음부도 사망도 귀신도 마귀도 모든 저주도 그리고 인류를 괴롭히는 모든 일체의 것이 다 불과 유황으로 타는 못에 던져버립니다. 그리고 하나님께서는 일시에 옛 하늘과 옛 땅을 없애 버리고 새 하늘과 새 땅을 만드시며 거기에 새 예루살렘의 날이 오게 만드는 것입니다.

이것은 영원무궁 천지 세계인 것인데 요한계시록 21장 1절로 4절에 이렇게 말하고 있습니다. "또 내가 새 하늘과 새 땅을 보니 처음 하늘과 처음 땅이 없어졌고 바다도 다시 있지 않더라. 또 내가 보매 거룩한 성 새 예루살렘이 하나님께로부터 하늘에서 내려오니 그 예비한 것이 신부가 남편을 위하여 단장한 것 같더라 내가 들으니 보좌에서 큰 음성이 나서 가로되 보라 하나님의 장막이 사람들과 함께 있으매 하나님이 저희와 함께 거하시리니 저희는 하나님이 백성이 되고 하나님은 친히 저희와 함께 계셔서 모든 눈물을 그 눈에서 씻기시매 다시 사망이 없고 애통하는 것이나 곡하는 것이나 아픈 것이 다시 있지 아니하리니 처음 것들이 다 지나갔음이러라" 그리고 난 다음에 우리는 새 예루살렘의 모습을 볼 수 있습니다.

새 예루살렘에는 부활한 성도들이 예수님과 함께 들어가서 영원무궁토록 살 처소인데 요한계시록 22장 1절로 5절에 보면 "또 저가 수정 같이 맑은 생명수의 강을 내게 보이니 하나님과 및 어린양의 보좌로부터 나서 길 가운데로 흐르더라. 강 좌우에 생명나무가 있어 열두 가지 실과를 맺히되 달마다 그 실과를 맺히고 그 나무 잎사귀들은 만국을 소성하기 위하여 있더라. 다시 저주가 없으며 하나님과 그 어린양의 보좌가 그 가운데 있으리니 그의 종들이 그를 섬기며 그의 얼굴을 볼 터이요, 그의 이름도 저희 이마에 있으리라. 다시 밤이 없겠고 등불과 햇빛이 쓸데없으니 이는 주 하나님이 저희에게 비취심이라 저희가 세세토록 왕

노릇 하리로다" 그래서 결국에 우리는 신천신지 영원무궁 세계로 들어가서 이 전 우주를 상속으로 받아 그리스도와 함께 세세토록 다스리며 왕 노릇하는 날을 맞이하는 날을 맞이하게 되실 것입니다.

천국의 실재는 정직한 양심을 가진 인간이면 배우지 않고도 선험적으로 알고 있는 것입니다. 그러나 우리 크리스천은 수많은 증거와 언약을 통하여 의심할 수 없는 확신을 갖고 천국이 있는 것을 믿고 있는 것입니다. 우리들은 이미 요동치 않는 천국을 갖고 있으므로 이 요동하고 요란하며 변화무쌍한 세계에 살면서도 마음에 깊은 평안과 안식을 갖고 살 수 있는 것은 우리는 깨어질 수 없는 세계를 이미 마음속에 소유하고 있기 때문인 것입니다. 이 세상만 가지고 있는 사람은 세상이 흔들리고 흔들리며 깨어지고 깨어지는 자기의 있을 곳을 찾지 못하므로 당황하고 동분서주하고 좌왕우왕 하지만 우리는 이 땅에 우리의 발을 딛고 있지 않습니다. 우리는 영원히 흔들리지 않고 요동하지 않는 세계를 이미 마음속에 소유하고 있고 그곳에 시민권을 갖고 있기 때문에 우리는 언제고 이 땅을 훌쩍 떠날 수 있는 것입니다.

그러므로 이 땅이 흔들리고 흔들리며 깨어지고 깨어져도 두려워하지 않는 것은 우리는 이 땅을 피하여서 영원히 안식할 처소가 있기 때문인 것입니다. 이렇기 때문에 예수 믿는 사람들이 눈에 보이는 세상을 위하여 동요하지 아니하고 마음에 확신을 가지고 살 수 있는 것은 성경 말씀대로 눈에 보이는 것은 잠깐이요 눈에 보이지 않는 것은 영원한 것입니다. 이러므로 오늘날 하나님께서는 인류 전 세계를 향하여 회개하고 예수 그리스도를 믿고 보혈로 씻음 받고 성령으로 거듭나서 지금 천국과 아브라함의 복을 누리면서 하나님의 나라를 건설하다가 영원한 천국에 업성하기를 원하십니다. 오늘 하늘나라는 성령으로 말미암아 이 땅에 살고 있을 때 이미 우리 마음속에 들어와서 천국을 체험하게 하시며, 오늘날 하늘나라는 성령의 능력으로 우리 주위 환경 가운데 위대한 능력으로 스스로를 증거하고 있으며, 오늘 하나님은 육신의 장막 집을 벗는 사람들을 천사들을 데리고 가서 영원히 부활의 날까지 체험하게 하는 것이요, 영원한 천국은 주께서 가지고 와서 천 년 동안 왕 노릇하게 되고 그 다음 우리는 신천신지 영원무궁 세계에 들어가서 그리스도와 함께 영원토록 왕 노릇하며 살 수 있는 영광 속에 들어가게 되는 것입니다.

반드시 알아야 할 것은 사람이 한 번 나서 죽는 것은 정한 이치요, 죽고 난 다음에는 반드시 영원한 천국이냐, 지옥이냐, 영생이냐, 영멸이냐를 선택해야 되는 것입니다. 세상의 부귀영화 공명을 위해서도 목숨을 걸고 싸우는 이 세상에 그것은 잠시 있다 사라지는 모래알 같은 것에 불과한 것입니다. 그러나 우리에게는 참으로 값져서 영원토록 잃어버릴 수 없고 사라질 수 없는 영원한 생명과 영원한 천국이 예수 그리스도 안에서 우리에게 제공되어 있는 것입니다. 영원한 천국은 지금 성령의 인도를 받으면서 천국과 아브라함의 복을 누리면서 하나님의 군사로 쓰임을 받는 성도들이 들어가는 것입니다. 필자는 지금 성령의 인도를 받으면서 천국을 누려야 영원한 천국이 보장되지 않을까 생각됩니다.

이 책을 통해 예수님이 땅끝까지 전파 되기를 소원합니다.
(출판으로 인한 이익금은 문서선교와 개척교회 선교에 사용합니다.)

천국을 눈으로 보며 누리는 비밀

발 행 일 | 2016.4.01초판 1쇄 발행

지 은 이 | 강요셉

펴 낸 이 | 강무신

편집담당 | 강무신

디 자 인 | 강은영

교정담당 | 원영자

펴 낸 곳 | 도서출판 성령

신고번호 | 제22-3134호(2007.5.25)

등록번호 | 114-90-70539

주   소 | 서울 서초구 방배천로 4안길 20(방배동)

전   화 | 02)3474-0675/ 3472-0191

E-mail | kangms113@hanmail.net

유   통 | 하늘유통. 031)947-7777

ISBN | 978-89-97999-42-2 부가기호 | 03230

가   격 | 16,000원